早期中国共产党人
马克思主义观研究

陈桂香　著

山东大学出版社

山东省社会科学规划重点项目
“中国共产党人的马克思主义观研究”(06JDB002)
阶段性成果

国家社会科学规划一般项目
“科学的马克思主义观与当代中国的马克思主义化问题研究”
(07BKS012)阶段性成果

序

摆在读者面前的这部学术著作——《早期中国共产党人马克思主义观研究》，是陈桂香博士在其博士学位论文基础上修改而成的。作为本书作者的导师，我想，在这里首先谈谈该选题的由来，也许是有意义的。我本人的专业本来学的是哲学，由于工作的需要，20 世纪 90 年代末，到山东大学马克思主义学院从事马克思主义理论教学与研究工作。在工作中，我发现，当时的“马克思主义理论与思想政治教育”学科研究生培养方案中，缺乏对马克思主义整体性研究的课程，这与该学科的特点不完全吻合，于是建议增设一门这方面的课程，并将其命名为“马克思主义学研究”。这个建议，得到大家的认可，并让我来牵头开设这门课程。从那以后，我就把马克思主义学研究作为我的主攻方向。列宁说过，要透彻地说明问题，必须知道这个问题的历史。研究马克思主义学，不能不了解马克思主义学思想的历史。基于这样的看法，我注意加强了对马克思主义学思想史的研究，并将其作为我指导的研究生的重要选题。在这方面，我借鉴了匡亚明先生倡导的研究中国思想史的一个重要方法——从一个个有代表性的历史人物的思想研究起来，组织学生选择马克思主义发展史上代表人物的马克思主义学思想进行研究。我认为，马克思主义学思想与马克思主义观本质上是一致的。鉴于马克思主义学思想尚未为多数人接受，让研究生研究历史人物的“马克思主义学思想”，多是用“马克思主义观”这个提法。这样，十几年来下来，我指导的硕士研究生先后完成了《列宁的马克思主义观研究》、《普列汉诺夫的马克思主义观研究》、《斯大林的马克思主义观研究》以及《李大钊的马克思主义观研究》、《毛泽东的马克思主义观生成研究》、《艾思奇的马克思主义观研究》等学位论文。当陈桂香考上我的博士生后，考虑到她本来的中共党史的专业背景，我就建议她研究中国共产党人的马克思主义观，并以早期中国共产党人的马克思主义观研究为主攻方向。她欣然同意。在我指导的博士生中，她是第一个选择以中国共产党人马克思主义观研究作为博士论文选题的。这为后来的博士生进一步研究马克思主义观开了个好头。

马克思主义观研究是近年学界探讨得比较多的问题。所谓“马克思主义观”,就是关于马克思主义的基本观点或看法。它主要包含两方面内容:一是关于“什么是马克思主义”的看法。它要回答的是马克思主义的发生、发展、本质、特点、结构、体系、功能和命运等一系列问题,由此形成了不同的马克思主义发生观、发展观、本质观、特征观、结构观、体系观、功能观和命运观等。这是关于马克思主义的本体论说明,而且主要是对于马克思主义客观规律的认识。这是马克思主义观的首要内容。二是关于“怎样对待马克思主义”的看法。这方面内容包括对马克思主义的信仰、学习、宣传、研究、运用、捍卫、坚持和发展等一系列问题,由此形成了不同的马克思主义信仰观、宣传观、研究观、运用观、捍卫观、坚持观和发展观等。这是关于马克思主义的实践论说明,而且主要是对于马克思主义实践指导规律的说明。这是马克思主义观的重要内容。这两方面的内容既相互区别,又相互联系。本体论是实践论的前提和基础,实践论是本体论的体现和要求。本体论和实践论有机统一,构成了马克思主义观的整体框架。

马克思主义观的问题非常复杂,诸如形态问题、性质问题、层次问题等,但是这些问题都可以说是围绕着“什么是马克思主义”、“怎样对待马克思主义”这两个基本问题展开的,也都与对这两个基本问题的回答有直接的联系。对于在新的历史时期坚持和发展马克思主义、充分发挥马克思主义对建设中国特色社会主义事业的指导作用来说,树立正确、科学的马克思主义观尤为重要。这是近年来马克思主义观研究引起学界重视的重要原因。探讨如何树立正确、科学的马克思主义观,一个很重要的方面,就是研究和总结马克思主义产生之后科学马克思主义观形成和发展的历史经验和思想智慧,因而有必要开展对诸如恩格斯的马克思主义观、列宁的马克思主义观、“西方马克思主义”的马克思主义观等问题的研究。正是在这样的思考背景下,“中国共产党人马克思主义观”问题被提出并得到很多学者的关注。

中国共产党90余年的历史,是一部把马克思主义与中国实际相结合的历史。在这个“结合”的历史过程中,中国共产党领导中国人民在革命、建设和改革的道路上经历了两次历史性飞跃,产生了两大理论成果,即毛泽东思想和中国特色社会主义理论体系。这两次历史性飞跃之所以能够实现,两大理论成果之所以能够产生,原因固然是多方面的,但有一点是可以肯定的,那就是它与中国共产党人科学的马克思主义观有着不可分割的联系。从这个意义上说，研究中国共产党人马克思主义中国化的历史进程、理论成果和基本经验，必须对中国共产党人如何确立正确的、科学的马克思主义观加以研究。

从一定意义上说，中国共产党人的全部理论和实践，都是与创造性地探索和回答“什么是马克思主义，怎样对待马克思主义”这个重要问题，也就是马克思主义观的基本问题密切相关的。中国共产党从创立之初就非常注意正确地理解和对待马克思主义，“马克思主义观”这一概念也是党的创始人李大钊最早提出的。长期以来，在研究中国共产党、中国革命的历史、中国马克思主义的著作中，在研究李大钊、陈独秀、瞿秋白、毛泽东、邓小平等中国共产党各时代代表人物思想的论著中，“中国共产党人马克思主义观”的问题得到了不同程度的探讨，但“中国共产党人马克思主义观”始终没有作为一个具有独立理论意义的问题被提出来讨论，这也意味着学界对中国共产党人马克思主义观、对中国共产党人科学马克思主义观的形成和确立尚缺乏充分的重视。这种情况，到了 2001 年全国上下庆祝中国共产党建党 80 周年的时候才有所改变。（正是在那一年，我撰写了《论中国共产党人的马克思主义观》一文。该文成为“为全国纪念中国共产党建党 80 周年理论研讨会”的入选论文，发表在《马克思主义研究》上。）

“中国共产党人马克思主义观”是指中国共产党自成立至今，对“什么是马克思主义，怎样对待马克思主义”这两个基本问题的看法。对“中国共产党人马克思主义观”的研究应该从整体性研究和历时性研究两个方向入手，整体性研究重视对中国共产党人马克思主义观总体特征、独特性质的把握，往往以结构性、系统性的理论分析为主；历时性研究则注重探索中国共产党人马克思主义观形成、发展的历史进程，突出对马克思主义观的发生、发展的因素、脉络、过程的历史考察。当然，在具体研究过程中，“整体性”与“历时件”是不可分离的，必须相互结合。

“中国共产党人马克思主义观”问题提出已经有十余年时间了，期间发表过不少研究论文，也出版了一些研究论著，但总体上来说，对这一问题的研究还处在初级阶段，还需要一批功底扎实、质量上乘的论著出现。陈桂香博士这部《早期中国共产党人马克思主义观研究》是近年来“中国共产党人马克思主义观”研究中用力甚勤、有很好的学术质量的著作。陈桂香 2001 年攻读博士学位之后，开始致力于“中国共产党人马克思主义观”研究，并将研究方向确定在“早期”阶段。2006 年，她提交的《早期中国共产党人马克思主义观研究》学位论文得到了答辩委员会诸位专家的好评，顺利通过答辩。之后，在繁忙的教学工作之余，她继续坚持对早期中国共产党人马克思主义观的研究，相继发表了《试论毛泽东的早期马克思主义观》、《李达早期马克思主义观探析》、《“问题与主义”论争与李大钊马克思主义观之确立》、《早期中国共产党人马克思主义观的历史分期》、《关于李大钊与民粹主义的辨析——重读〈青年与农村〉》等有分量的论文。需要特别说明的是，2006 年和 2007 年，我先后承担了山东省社会科学规划项目“中国共产党人的马克思主义观研究”和国家社会科学规划项目“科学的马克思主义观与当代中国的马克思主义化问题研究”。在这两个项目研究中，陈桂香都是研究骨干，她承担的主要任务就是早期中国共产党人的马克思主义观研究。她现在即将出版的这部著作，是在博士学位论文基础上，在近六年时间里，深入研究，不断修改、完善的结果，应该说，基本质量是可以保证的。

从中国共产党人马克思主义观研究的角度来说，我个人认为，这部著作以下几点值得肯定和重视。

首先，是关于“马克思主义观”的界定。自李大钊《我的马克思主义观》一文发表后，“马克思主义观”在中国学界尤其是当代学界已讨论过很多次了，可以说，每个涉足这一问题的学者都有他自己对马克思主义观的界定。陈桂香博士在借鉴前人思考成果的基础上，将马克思主义观概括为“如何认识和理解马克思主义”、“如何看待和评价马克思主义”、“如何运用和发展马克思主义”三个理论层次，认为马克思主义观是由认识论、价值论、实践论紧密联系构成的理论整体。又将马克思主义观区分为“感性”、“知性”、“悟性”三种表现形态，以及“广义”与“狭义”、“一般”与“特殊”的不同含义。这些看法虽然不无可商榷之处，而且也很有必要做更深入的拓展，但就目前来说，它确实可以说是对马克思主义观有比较完整的理解和整体思考的。尤其是在马克思主义观的理论构成上区分出“如何看待和评价马克思主义”、“如何运用和发展马克思主义”这两个既密切联系又有严格区别的理论内容，在我看来，这确实是很有必要的。可贵的是，陈桂香博士在早期中国共产党人马克思主义观的整体和个案研究中，是严格按照自己对“马克思主义观”的完整理解进行的，这样就使该书的“上篇”与“下篇”很严密地结合起来了。

其次，是关于“早期中国共产党人马克思主义观”的说明。应该说，学界很早就注意到了中国共产党人早期马克思主义观与大革命以后马克思主义观的不同，但从来没有将其作为一个专题进行集中探讨。就这方面来说，陈桂香博士的研究说是首创或者填补空白并不过分。早期阶段之所以值得重视，一是因为这一阶段尚未形成占主导地位的马克思主义观，很多党的创始人都贡献出各自不同的马克思主义观，思想复杂多变，内容丰富，形态各异，有非常广泛的思考空间；二是因为处于初步接受和运用马克思主义阶段，有很多经验、教训可以思考借鉴；三是对此后中国共产党人科学马克思主义观的确立影响甚大。作者在该书的“上篇”对早期中国共产党人马克思主义观做了整体性的分析和论述，探讨了“影响因素”、“发展历程”、“基本内容”、“基本特征”、“历史地位”等问题，应当说对这方面的探讨是比较全面的。这里，我认为值得一提的是关于“发展历程”和“基本特征”的探讨。就“发展历程”来说，首先是断限问题，也就是如何确定“早期”的时间上限和下限。我以为，作者以十月革命发生为“早期”的起点，而以八七会议为其终点的看法，论证充分，观点可靠。其次是分期问题。“早期”阶段只有十年，但存在很多变化，原因也颇为复杂，要恰当分期非常不易。作者结合史实和影响因素，将“早期”分为“初步接受”、“形成确立”、“转变发展”三期，很清楚地梳理了早期阶段中国共产党人马克思主义观的发展演变和阶段性特征。应该说，关于“早期”的断限、分期都是在学界首次提出的重要问题，作者对这些问题的论证以翔实可靠的文献为依托，辨析深入，观点既具新意，也恰当、中肯。至于“基本特征”，作者概括了“个性与共性的统一”、“必然性与能动性的统一”、“在不断转变中前进”、“革命实践的品格”几个方面，虽然从字面上看来比较抽象，但就其具体内涵来说，如认为早期中国共产党人马克思主义观既有各代表人物不同理解的个性，又有倾向于激进的共性，它的形成既是各种历史动因共同作用的必然，也体现了早期中国共产党人迫切需要运用马克思主义拯救中国的能动，其本身随着中国革命形势的发展、世界历史发展的影响和接受共产国际、列宁主义而在形成确立后发展转变，就其总体特征来说更接近“革命的社会主义”，因而具有“革命实践的性格”等观点，应该说是切合实际、把握准确的。

再次，是关于主要代表人物的马克思主义观研究。该书在下篇重点论述了李大钊、陈独秀、李达、瞿秋白、毛泽东的马克思主义观，既分析了他们各自马克思主义观的形成过程，也论述了他们马克思主义观的主要内容。在这些人物中，李大钊、陈独秀的马克思主义观是此前已有研究的；毛泽东的马克思主义观，此前研究一般只重视大革命以后，“早期”则很少涉及；李达、瞿秋白的马克思主义观，在作者之前少有学者接触。这方面的研究值得注意的是，作者在前人研究的基础上提出的一些新看法。如关于李大钊马克思主义观的确立时间，作者认为不是《我的马克思主义观》发表之时，而是1920年《物质的变动与道德的变动》等三篇文章发表之间;关于陈独秀马克思主义观中关于中国革命道路的看法及其在对毛泽东马克思主义观的探讨上,作者借鉴了一些国外学者的研究成果,但又作了比较准确的辨析,指出毛泽东当时尚未形成明确的中国革命走“农村包围城市”道路的看法。这些看法,有独到见解,也给人以启迪。

最后,是学风上的优长。“早期”阶段虽然时间很短,但文献丰富,思想复杂,脉络模糊,研究难度很大。作者下了相当大的工夫,细读了大量党的历史文献、各代表人物的早期著作以及此前的中外研究文献,在此基础上通过细致的文本分析,准确地梳理出了早期中国共产党人马克思主义观的历史发展线索和每个代表人物马克思主义观形成的历程,全面、系统地概括了早期中国共产党人马克思主义观以及各代表人物马克思主义观的基本内容。这种耐心和坚持是值得肯定的。也正因为如此,作者由此上升到对中国共产党人早期马克思主义观的“基本特征”的分析以及对其“理论贡献”的概括和“历史局限”的辨析,都能做到比较恰当而令人信服。

总之,在我看来,《早期中国共产党人马克思主义观研究》是一部用功勤奋、学风扎实,既有新见和开拓,又具较高学术质量的著作。当然,作为对早期中国共产党人马克思主义观的初步探索,该书也有一些有待补充、深化和进一步完善之处。比如,早期中国共产党人马克思主义观的形成、发展与五四时期思想界的一些重大论战如“问题与主义”、“社会主义”等有紧密的联系,共产国际、列宁主义、“民粹主义”与早期中国共产党人马克思主义观形成、发展的关系也很重要。这些重要问题,在书中虽有涉及,但比较分散,很有必要做专题性探讨。再比如,“早期”阶段的主要代表人物除书中所论的几位外,像蔡和森等人的马克思主义观也很有特色和深度,该书对此尚缺乏必要的关注。此外,作者根据自己概括的马克思主义观的三个理论构成来探讨早期中国共产党人的马克思主义观,这样做虽然结构清晰、完整,但“早期”阶段各代表人物的思想丰富、复杂,各异其趣,该书在统一结构和个性突出的兼顾问题上处理得还不够完善。

指出上述缺点,是一种更高的期待。相信《早期中国共产党人马克思主义观研究》是对中国共产党人马克思主义观研究的一种推进。希望陈桂香博士能够在此基础上继续深入研究,贡献出更好、更多的学术成果。

周向军

2012 年 8 月 26 日于泉城

目 录

下　篇

导 论

一、研究的对象与内容

(一)研究对象

“早期中国共产党人马克思主义观”这个论题包含着几个相互联系的概念,如“马克思主义观”、“中国共产党人的马克思主义观”、“早期中国共产党人马克思主义观”。本书的研究对象与范围必须通过对上述几个概念的辨析予以阐明。

在汉语文献中,“马克思主义观”这个概念的最早出现,应该是李大钊1919年在《新青年》第6卷第5、6号发表的《我的马克思主义观》一文。但李大钊并没有具体阐释他所谓的“马克思主义观”的基本内涵,我们只能从该文的内容去理解其“马克思主义观”之所指。在此后中国马克思主义的发展中,尽管“马克思主义观”问题可谓无处不在、无时不在,但对这个问题却少有自觉的理论反思,甚至连“马克思主义观”这一概念也未再出现。20世纪80年代以来,随着马克思主义研究的深入以及对马克思主义理论与实践发展的历史总结,马克思主义观问题逐渐受到高度重视。其突出表现就是,“马克思主义观”逐渐成为对马克思主义发展尤其是对以毛泽东、邓小平为代表的中国马克思主义者和现代西方马克思主义理论家研究的一个重要的方向。随之,人们对“什么是马克思主义观”这一问题也开始有了比较自觉的理论认识。但是,必须指出的是:至今为止所有以“马克思主义观”为题的论著研究的几乎都是某某人的马克思主义观或某某党派的马克思主义观,对“什么是马克思主义观”问题一般只作极简略的概括论断。

为达到对马克思主义观问题的全面理解,综合分析所有以“马克思主义观”为题的学术论著对“什么是马克思主义观”问题的解释也许是非常必要的,但本书的主题和篇幅使我们不得不列举并分析在我们看来是对这一问题的较为系统并有代表性的论述。梁树发1999年在其所提交答辩的博士学位论文《"西方马克思主义"的马克思主义观辨析》的第一章对"马克思主义观"问题作了比较细致的探讨，认为"马克思主义观是关于马克思主义的认识。它不仅要回答什么是马克思主义的问题，而且要对马克思主义的存在状态和发展前景即马克思主义怎么样的问题提出看法。广义的马克思主义观还应包括关于马克思主义的认识的方法论。概括地说，马克思主义观是关于马克思主义的观点体系"[①]。梁树发将马克思主义观的内涵规定为"关于马克思主义的认识"，其内容可以概括为:(1)马克思主义"是什么";(2)马克思主义"怎么样";(3)如何认识马克思主义。马克思主义观是由这三方面构成的"关于马克思主义的观点体系"。这是从认识论角度对马克思主义观的基本规定。此外，梁树发在论述马克思主义观的"两个基本规定"时，还提出了马克思主义观应该有"价值评价意义"的问题，认为"马克思主义观不仅包含关于马克思主义的认识，而且还包含对马克思主义的评价，特别是认识者对马克思主义是认同还是排斥的意思。所以，马克思主义观是关于马克思主义的'认识论'和'价值观'的统一"[②]。周向军先生自2001年起将中国共产党人的马克思主义观作为自己的重要研究方向，他的研究的一个突出特点就是对马克思主义观本身问题给予了高度重视，并且作出较系统的理论阐述。在《论中国共产党人的马克思主义观》一文中，周向军先生提出，马克思主义观应当包括"关于什么是马克思主义的看法"和"关于怎样对待马克思主义的看法"这两个既相区别又有密切联系的基本内容，指出"马克思主义观的基本问题，就是什么是马克思主义和怎样对待马克思主义的问题"[③]。2003年发表的《论科学的马克思主义观》指出：

> 在我们看来，所谓马克思主义观，一般地说，就是人们关于马克思主义的基本观点或看法。具体地说，它至少具有既相互区别又相互联系的两方面内容。一是关于什么是马克思主义的看法。这里涉及到马克思主义的发生、发展、本质、特点、结构、体系、功能和命运等等一系列问题。对这些问题的不同回答，就形成不同的马克思主义发生观、发展观、本质观、

① 梁树发:《"西方马克思主义"的马克思主义观辨析》，博士学位论文，中国人民大学马克思主义学院，1999年，第1页。

② 梁树发:《"西方马克思主义"的马克思主义观辨析》，博士学位论文，中国人民大学马克思主义学院，1999年，第1页。

③ 周向军:《论中国共产党人的马克思主义观》，载《马克思主义研究》2001年第5期。

> 特征观、结构观、体系观、功能观和命运观等等。这是对马克思主义“是什么”、“不是什么”问题的回答，也可以说是关于马克思主义本体论的说明，从本质上说，主要是关于马克思主义客观规律的说明。这是马克思主义观的首要内容。
>
> 二是关于怎样对待马克思主义的看法，这里涉及到对马克思主义的信仰、学习、宣传、研究、运用、捍卫、坚持和发展等等一系列问题。对这些问题的不同回答，就形成不同的马克思主义信仰观、宣传观、研究观、运用观、捍卫观、坚持观和发展观等等。这是对马克思主义应“怎样做”、“不怎样做”问题的回答，也可以说，是关于马克思主义实践论的说明，从本质上说，主要是关于马克思主义的实践指导规律的说明。这是马克思主义观的重要内容。
>
> 以上两方面内容的区别是明显的，但也有不可分割的联系，前一方面，即关于什么是马克思主义问题的看法，是后一方面即怎样对待马克思主义问题的看法的前提和基础，后一方面，则是前一方面在主体方面、实践方面的体现，前一方面归根结底要落实在后一方面上。两方面的有机统一，构成了马克思主义观的整体框架。
>
> 马克思主义观的问题很多，也很复杂，但基本的问题，就是什么是马克思主义和怎样对待马克思主义这样两个问题。马克思主义观的其他许多问题，都是围绕着这两个基本问题而展开的，而且，其解决也都与对这两个基本问题的回答有直接的联系。[①]

就我们目前掌握的研究状况来看，这应该是自“马克思主义观”这一概念提出以来对其内涵和外延的比较清晰、明确的理论规定。它概括地总结了此前学术界关于这一问题的一些基本看法，并将其上升到系统性、理论化高度，因而成为马克思主义观研究中有代表性的观点。程明欣2003年提交答辩的硕士学位论文《中国共产党人的马克思主义观述评》认为，马克思主义观“表现为对两个密切相关的根本问题的回答，即‘什么是马克思?’(或者‘马克思主义是什么?’)和‘怎样对待马克思主义?’”[②]这一理解很明显是受到了周先生2001年

① 周向军:《论科学的马克思主义观》，载《山东大学学报》2003年第6期。

② 程明欣:《中国共产党人的马克思主义观述评》，硕士学位论文，中国人民大学马克思主义学院，2003年，第1页。这是目前为止我们发现的唯一一篇以“中国共产党人的马克思主义观”为题的学位论文。

发表的《论中国共产党人的马克思主义观》等相关论述的影响。2002 年，侯树栋先生在一次学术访谈中指出："所谓马克思主义观，概括地说，就是对马克思主义本质特征和精神实质的理解和把握，就是照理论和实践相结合的原则在实践中不断推进马克思主义的发展。"①侯先生所理解的马克思主义观包括"对马克思主义本质特征和精神实质的理解和把握"和"照理论与实践相结合的原则在实践中不断推进马克思主义的发展"两个方面，前者属于认识论，后者则应属于实践论。

如果将上述三种代表性观点加以综合，我们可以得到关于马克思主义观理论内涵和内容结构的基本认识。在我们看来，完整的马克思主义观应该包括三个基本内容：一是如何认识和理解马克思主义。这是关于马克思主义的本质、体系、性质、功能等方面的认识，它要回答的是马克思主义"是什么"的问题。这方面的看法属于认识论范畴。二是如何看待和评价马克思主义。这是对于马克思主义的意义与作用的价值评价，具体来说，它包括两个方面：首先是理论价值，即对于马克思主义在人类精神文化发展史上的价值定位；其次是实践价值，即关于马克思主义在推动和指导人类社会实践、尤其是在无产阶级社会主义革命与建设方面的意义与作用的看法。这方面的认识应属于价值论，它的直接的、极端化的表现就是是否赞同马克思主义，是否认可马克思主义对人类社会实践的指导意义。三是如何运用和发展马克思主义。这是指对如何在社会实践中坚持马克思主义的指导，如何运用马克思主义观点方法进行社会主义革命和建设并不断用这种实践丰富和发展马克思主义等问题的看法。这方面认识的突出表现，就是或者机械地、教条主义地运用马克思主义，或者坚持理论与实践相结合的原则在实践中运用和发展马克思主义。这是马克思主义观的实践论内容。马克思主义观就是由"认识论"、"价值论"和"实践论"紧密联系构成的统一整体。② 其中，"认识论"内容是马克思主义观的基础，它直接决定着对马克思主义的价值评价，而"价值论"方面的选择也直接决定着"实践论"问题。同样，来自"实践论"方面的认识也给予"价值论"以重要影响，并不断地丰富、深化着"认识论"内容。

---

① 侯树栋、辛国安：《树立科学的马克思主义观——关于如何理解马克思主义观及其理论品质的对话》，载《中国特色社会主义研究》2002 年第 5 期。

② "认识论"、"价值论"、"实践论"作为哲学范畴都各有其独特内涵，本书只是在较宽泛的意义上使用这些概念。

关于马克思主义观，还有几个问题需要说明。首先，我们所研究的是具有“理性规定性”的马克思主义观，“是关于马克思主义的理性的、自觉的认识”，是以一定的理论形态表现出来的“关于马克思主义的根本的系统的看法”①。在实际生活中，马克思主义观的表现形态是复杂多样的，有着深浅广狭等不同情况。我们可以将实际生活中的马克思主义观分为“感性”、“知性”、“悟性”三个层次。大多数人的马克思主义观处于“感性”层次，他们主要通过切身感受、教育学习、传媒影响等渠道接触、了解马克思主义，形成关于马克思主义的朴素的，在很大程度上是不自觉的看法。其突出特点是缺乏自觉的、深刻的理论反思，认识模糊而缺乏深度，对马克思主义无论是肯定还是否定，赞成还是反对都很容易受到外在影响而发生变化。“知性”层次的马克思主义观为大多数马克思主义者、共产党人甚至马克思主义研究者所拥有，他们对马克思主义有自觉的理论反思和深刻的理性认识，能够领会马克思主义的本质和意义，甚至可能对马克思主义有较深刻的研究。他们对马克思主义的评价立场坚定、态度鲜明，绝大多数人信仰马克思主义并走上了实践马克思主义的道路。“悟性”层次的马克思主义观是对马克思主义的全面系统的、更高层次的理性认识，它通常表现为体系化的理论阐述，因而只为少数马克思主义思想家、理论家所拥有。这一层次的马克思主义观不仅对前两个层次有深刻的影响，而且对于那些信仰马克思主义的政党来说，甚至能够成为具有指导意义的根本意识形态，从而在理论上和实践上产生巨大的社会影响。

其次，关于马克思主义观的广义、狭义问题。所谓马克思主义观的广义、狭义问题实质上应该是“一般”与“特殊”的问题。一般来说，凡是对马克思主义有所接触、有所感知的人都有他们对马克思主义的认识、理解和看待、评价，反马克思主义也是一种马克思主义观，尽管这些马克思主义观并不总是自觉的。“一般马克思主义观”应该是对所有拥有马克思主义观者的马克思主义观的共同性质、特征的概括和总结，它应该能够解释所有关于马克思主义的认识、理解与看待、评价问题。而“特殊马克思主义观”主要是指那些信仰马克思主义并以之为社会实践的思想指南的人或政党的马克思主义观。“一般”与“特殊”的不同，不仅表现在是否赞同并信仰马克思主义，而且表现在他们马克思主义观内容上的差异。显然，只有对那些信仰马克思主义并以之为社会实践的思想指南的人或政党来说才存在如何将马克思主义运用于实践、如何在

① 梁树发：《谈谈马克思主义观》，载《马克思主义研究》1999 年第 6 期。

实践中丰富和发展马克思主义的问题。也就是说,“一般马克思主义观”可以只包含“认识论”和“价值论”两个层面,而“特殊马克思主义观”则是由“认识论”、“价值论”和“实践论”三者有机构成的统一整体。本书上述对马克思主义观内涵的界定属于特殊马克思主义观,本书的研究当然也是属于特殊马克思主义观研究的范畴。

再次,关于科学马克思主义观问题。严格说来,任何层次的马克思主义观、马克思主义观的任何组成部分都存在着正确与错误、科学与非科学的问题。所谓科学马克思主义观当然以科学地、正确地认识和理解马克思主义为前提,但它主要是以“价值论”为核心的。也就是说,正确与错误、科学与非科学主要集中表现在如何看待和评价马克思主义问题上。同时,科学马克思主义观固然是马克思主义观中的一个普遍性的命题,但一般来说,我们的探讨主要是在特殊马克思主义观的范畴内进行的。也就是说,是在认同和信仰马克思主义的前提下探讨如何正确地、科学地对待马克思主义,如何正确地、科学地将马克思主义运用于社会主义革命和建设的社会实践中。于是,树立科学的马克思主义观便成为研究的重要课题。近年来,这一问题得到学术界的普遍重视,很多有关马克思主义观的研究实际上大多集中在对这一问题的探讨上。这也可以说是、本书探讨早期中国共产党人马克思主义观的一个基本出发点。但是,目前这方面的研究还不能令人满意。人们在正确地提出这一问题的同时,并没有令人信服地回答究竟“什么是科学的马克思主义观”这一关键问题。很多研究论著大谈树立科学马克思主义观的重要性以及科学马克思主义观的如何树立,但却在回答“什么是科学的马克思主义观”问题时大多强调“正确”、“科学”地对待和运用,对于如何判断一种马克思主义观是否正确、科学,也就是判断科学的马克思主义观的基本标准问题,或者避而不谈,或者语焉不详。这说明,严格确定科学的马克思主义观的标准确实是一个难题。本书的研究对象是早期中国共产党人的马克思主义观,对于早期中国共产党人来说,他们对于马克思主义处于初步学习、理解、研究、实践阶段。由于各方面因素的影响,当时还不可能全面掌握马克思主义,也很难说对马克思主义有深入系统的研究。因此,判断早期中国共产党人马克思主义观是否科学,主要是看他们对马克思主义的理解、阐释在多大程度上符合马克思主义的基本精神或者说精神实质。对于中国共产党人来说,科学马克思主义观的形成确立是一个在长期的革命和建设实践中艰难学习、摸索的过程。就这一点来说,早期中国共产党人的马克思主义观即使存在着一些不正确、不科学的因素或倾向，也不能因此否定这一探索的价值与意义。其实，关键的问题倒是真正弄清早期中国共产党人马克思主义观形成发展的具体过程、理论成就、主要特征等。

“中国共产党人马克思主义观”这个论题，是周向军先生 2001 年发表的《论中国共产党人的马克思主义观》一文首先提出的。根据我们关于“马克思主义观”概念的界定，所谓“中国共产党人的马克思主义观”，当然是指中国共产党人在如何认识、评价和运用马克思主义问题上的基本观点。总体来说，它应该有三个基本层次：一是所有中国共产党人的马克思主义观，二是党的历史上各时期的党章以及路线方针政策所体现出来的马克思主义观，三是中国共产党历史上各时期的主要代表人物的马克思主义观，如毛泽东思想、邓小平理论、“三个代表”重要思想等。这三个层次之间当然有着紧密的联系：一方面各历史时期主要代表人物的马克思主义观往往直接影响着党章和党的路线方针政策的确立，而党章和党的路线方针政策也直接影响和决定着所有中国共产党人的马克思主义观；另一方面，每个中国共产党人、各时期党的其他理论家对马克思主义的认识、评价、研究也给党章的制定、党的路线方针政策的确定和党的思想领袖的马克思主义观以积极的影响，而党的思想领袖的马克思主义观则集中代表了一定历史时期内中国共产党人的马克思主义观。研究中国共产党人的马克思主义观主要应以第二、三个层次为主要对象，而就以往这方面研究来看，第三个层次应得到突出重视。

关于“中国共产党人马克思主义观”的研究，其实很早就已经开始了。长期以来，人们在研究马克思主义在中国的发展和探讨李大钊、陈独秀、瞿秋白、毛泽东、邓小平、江泽民等中国共产党几代主要思想领袖对马克思主义的阐述、运用、发展等问题时，从各方面涉及对中国共产党人如何认识、看待、运用马克思主义问题的探讨。20 世纪 80 年代以来，相关的专题性探讨也颇有成效地展开了，而且主要集中在对毛泽东、邓小平马克思主义观的研究上。我们研究的是“早期中国共产党人的马克思主义观”，因此首先要解决的是如何确定“早期”的范围。中国共产党人马克思主义观的历史是中国共产党人接受、认识、评价以及运用马克思主义解决中国革命和建设问题的过程。它一方面始终与中国革命和建设的发展紧密联系，另一方面也与马克思主义在中国的发展历程有着密切的关系。因此，在中国共产党人马克思主义观历史分期的问题上，我们应主要参照中国革命和建设与马克思主义在中国发展的历史进程予以确定。1945 年 4 月 21 日，毛泽东在中国共产党第七次全国代表大会上回顾建党以来的历史时，曾将这段历史分为三段：“七年是从建党到北伐战争，十年国内战争，八年抗日战争。”[①]这里所说的“七年”，就是从 1921 年 7 月中国共产党成立到以 1927 年 4 月 12 日的第一次国内革命战争时期。李泽厚 1988 年出版的《马克思主义在中国》一书将马克思主义在中国的发展分为四期，即“从一九一八到一九二七年大革命，是以李大钊、陈独秀为主要代表的早期。一九二七年大革命失败到一九四九年胜利，是以毛泽东、刘少奇等人为主要代表的‘毛泽东思想’的成熟期。第三个阶段是一九四九年胜利到一九七六年毛泽东逝世，这是毛的思想占据绝对统治地位以及其片面发展的时期。从一九七六年以后至今是新时期”[②]。两者分期的标准虽然不同，但都将马克思主义与中国共产党历史的第一时期确定为 1927 年之前的时期。[③] 程明欣的《中国共产党人的马克思主义观述评》中主要依据中国共产党领导中国革命、建设和改革的实践历程将中国共产党人科学马克思主义观的形成、发展分为三个重要时期：建党前后为第一时期，是科学马克思主义观的初步萌芽阶段；20 世纪 30 年代后期到 40 年代中期为第二时期，是中国共产党人科学马克思主义观的最终确立阶段；20 世纪 80 年代开始的改革开放以来为第三时期，是中国共产党人科学马克思主义观的第二次历史飞跃阶段。[④] 这只是提出了中国共产党人马克思主义观发展的三个重要时期，还很难称为明确的历史分期。她在论文的“早期共产党人对马克思主义的初步认识”一节中提到：“‘五四’和党的创立时期，是中国共产党科学马克思主义观形成发展过程中的一个重要阶段。”[⑤]这个断限也是很模糊的。即使我们不必强调在“五四”之前很多早期共产党人就已经开始了他们的马克思主义历程，“党的创立时期”也是一个不确定的概念。如果作者是指党的“一大”，就显然没有注意到中国共产党人马克思主义观在“二大”之后发生了明显的转变。同时，作者将第二时期的开始确定为“30 年代后期”，似乎是以毛泽东取得党的领导权为标志的。但这一断

① 毛泽东：《中国共产党第七次全国代表大会的工作方针》，载《毛泽东文集》(3)，人民出版社 1996 年版，第 292 页。

② 李泽厚：《马克思主义在中国》，三联书店 1988 年版，第 31 页。

③ 美国著名学者莫里斯·迈斯纳也认为：“中国共产主义运动的第一个时期结束于 1927 年。”(参见《李大钊与中国马克思主义的起源》，中共北京市委党史研究室编译组译，中共党史资料出版社 1989 年版，第 1 页)

④ 参见程明欣：《中国共产党人的马克思主义观述评》，硕士学位论文，中国人民大学马克思主义学院，2003 年，第 7 页。

⑤ 参见程明欣：《中国共产党人的马克思主义观述评》，硕士学位论文，中国人民大学马克思主义学院，2003 年，第 7 页。

限又明显忽略了毛泽东后期成熟的马克思主义观其实早在第一次国内革命时期即已萌芽这个事实。

我们认为,早期中国共产党人马克思主义观应该是指从俄国十月革命到1927年"八七"会议这一历史时期的马克思主义观。这样分期,至少有如下两个主要理由:其一,就上限来说,首先,不能以中国共产党的成立为早期中国共产党人马克思主义观的历史起点。因为从中共"一大"通过的《决议》和《纲领》来看,此时中国共产党人已经将马克思主义运用于中国实际并确立了社会主义革命的道路,这一马克思主义观显然需要经历一个更早的形成阶段。其次,尽管马克思主义早在1898年即已为中国人所知,这或许可以成为中国马克思主义的历史起点,却不能成为中国共产党人马克思主义观的起点。最早向国内介绍马克思主义的显非共产党人,最早对马克思主义产生兴趣的也不是共产党人而是资产阶级改良派、革命派中人,如梁启超、孙中山、朱执信等。在早期中国共产党人中,李大钊可能在1912年就已对"社会主义"有所了解,陈独秀在1915年已经知道"社会主义"与"马克斯"的关系。但这也不能成为早期中国共产党人马克思主义观的起点。因为无论对李大钊还是对陈独秀来说,在十月革命之前,社会主义、马克思主义都没有对他们的思想产生明显的影响。李大钊只是在十月革命之后的1918年7月1日发表《法俄革命之比较观》赞颂十月革命为"立于社会主义上之革命"[①]时才开始他的马克思主义历程。而陈独秀要到1919年4月才称颂"二十世纪俄罗斯的社会革命"将成为"人类社会变动和进化的大关键"[②]。这两位中国共产党创始人之所以走向马克思主义,可以说都直接受到了十月革命的启发。不仅如此,十月革命还直接影响着他们对马克思主义的看法。其他早期中国共产党人尽管接触、接受马克思主义的具体途径各有不同,但可以肯定的是,他们都是在十月革命的直接启发下或至少是在十月革命、五四运动之后才相继走上马克思主义道路的。其二,就下限来说。首先,中国共产党人对马克思主义的认识、评价与实践始终是与对中国革命道路的探索与思考紧密结合在一起的,以"八七"会议为标志,中国共产党对中国革命道路的思考发生了明显的改变。中国共产党成立之初就提出了社会主义革命纲领,并将党的工作集中到领导工人运动上。党

① 李大钊:《法俄革命之比较观》,载《李大钊文集》(2),人民出版社1999年版,第217页。

② 陈独秀:《二十世纪的俄罗斯革命》,载《陈独秀文章选编》(上),三联书店1984年版,第381页。

的"二大"以后，在列宁主义的影响和共产国际的指导下，中国共产党对中国革命的性质有了比较正确的认识，提出了反帝反封建的民主革命纲领，作出了通过"国共合作"领导资产阶级民主革命的决策。这一时期党仍然主要依靠城市无产阶级进行民主革命，虽然已经开始重视农民在国民革命中的重要地位，但还没有将农民革命视为中国革命的基本道路。毛泽东在大革命后期提出了国民革命的中心问题是农民问题，认为农村农民运动比城市工人运动更有"阶级争斗"意义，这意味着早期中国共产党人在将马克思主义运用于中国革命问题上的重要发展。但一则这一思考远不能说是成熟的，二则这一思考也没有成为党领导中国革命的指导思想。这与早期中国共产党人对马克思主义的理解和运用有着非常深刻的关系。只是在"八七"会议之后，中国共产党才真正开始在领导革命实践中独立摸索如何将马克思主义与中国国内革命的实际科学地结合起来走出一条独特的中国革命之路。尽管在这一历史时期党经历了曲折与失败，尽管党内一直存在着不同思想路线的斗争（这同时也可以说是科学马克思主义观与非科学马克思主义观的斗争），但以毛泽东思想为代表的中国共产党人的科学马克思主义观终于发展成熟并对中国革命起着指导作用。其次，陈独秀、李大钊、李达、瞿秋白、毛泽东是早期中国共产党的创立者或主要领导人，他们的马克思主义观对中国共产党人的马克思主义观有着直接影响。在"八七"会议之前，李达于 1923 年秋退党，李大钊于 1927 年 4 月 28 日英勇就义。在"八七"会议上，陈独秀被解除中央总书记之职。此后，他不仅远离中国共产党领导核心，而且对马克思主义的理解和对中国革命道路的思考也有了明显的变化。瞿秋白虽然在"八七"会议之后一度成为党的主要领导人，但他的马克思主义观并没有非常明显的变化。至于毛泽东，只是在"八七"会议之后，他才在长期艰难的领导中国革命的实践中将其早期关于中国革命道路的思考应用于革命实践并逐步发展成熟。从这个意义上说，"八七"会议标志着马克思主义在中国的一个时代的结束和新时代的起点。因此，我们认为，将早期中国共产党人马克思主义观确定在从十月革命到"八七"会议这十年之间，是有充分理由的。根据这一断限，陈独秀、李达、瞿秋白、毛泽东等"八七"会议之后的马克思主义观就不在我们的研究范围之内了。

这里需要特别说明的是，本书所说的"马克思主义"是包含着"列宁主义"在内的，尽管我们充分注意到传统马克思主义与列宁所发展的马克思主义之间的差异[①]。本书一个基本观点认为，在中共"二大"之前，早期中国共产党人马克思主义观更接近于列宁所发展的马克思主义即李大钊、李达所说的"革命的社会主义"和蔡和森、瞿秋白所说的"革命的马克思主义"[②]，尽管这一马克思主义观的形成究竟在多大程度上受到列宁主义的影响，包括早期中国共产党人在多大程度上意识到这一点，还是一个需要深入探讨的问题，而"二大"以后的中国共产党人马克思主义观虽然明显地受到列宁主义的影响，但这种影响的性质不是发展了"革命的社会主义"而是强化了"科学的马克思主义"[③]，因而可以说是向传统马克思主义或曰"前列宁主义马克思主义"回归。[④]

(二)研究的基本内容

在明确了研究对象和研究范围之后，我们有必要对本书研究的基本内容进行概括介绍。本书主要从以下几个方面对早期中国共产党人马克思主义观展开研究。

第一，影响因素研究。这一研究意在弄清那些直接或间接影响着早期中国共产党人接受、理解、评价以至运用马克思主义的诸多因素以及这些因素的影响性质。马克思主义虽然在 19 世纪末就已经传入中国，但在 20 世纪 20 年代之前始终没有在中国思想界产生影响。可以说，新文化运动扩大了马克思主义、社会主义在中国的传播，俄国十月革命启发了正在寻求救亡图存之路的进步知识分子，五四运动所激发起的社会改造思潮最终促使早期中国共产党人选择了马克思主义。建党以后，国际共产主义运动尤其是列宁主义的影响和共产国际的指导使中国共产党人真正意识到马克思主义应该如何与中国革命的具体情况相结合的问题，从而产生了建党之后马克思主义观的重要转变。近代以来饱受列强欺凌以至面临亡国灭种危险的国家民族命运，中国社会半殖民地半封建的社会性质，近代工业虽有初步发展但农业仍是国民经济主体

① "传统马克思主义"这一概念我们是在马克思、恩格斯所创立的马克思主义或者说是由马克思、恩格斯原著所体现出来的马克思主义这个意义上使用的，以区别于列宁所发展的马克思主义。

② 马克思主义是"革命性"和"科学性"的统一，但在中共"二大"之前，中国共产党人对马克思主义性质的理解更重视"革命性"，强调马克思主义的阶级斗争学说，主张在中国进行社会主义革命。

③ 所谓"科学的社会主义"是在强调马克思主义的"革命性"与"科学性"统一的基础上更重视马克思主义的"科学性"，强调生产力发展水平对社会革命的决定作用，注意把马克思主义与中国革命具体实践相结合。正是在这种马克思主义观指导下，中共"二大"提出了中国革命的性质是反帝反封建的资产阶级民族民主革命。

④ 参见[美]本杰明·I·史华慈：《中国的共产主义与毛泽东的崛起》，陈玮译，中国人民大学出版社 2006 年版，第 42 页。

的经济结构，工人阶级作为先进生产力代表的出现和为数众多苦、难深重的农民阶级的存在以及软弱妥协的民族资产阶级等阶级力量，对早期中国共产党人理解和运用马克思主义也产生了直接而且重大的影响。绝大多数早期中国共产党人是在他们原有的资产阶级民主思想的背景下接触、理解、看待马克思主义的，而新文化运动及"五四"时期思想界各种西方学说的传播也不可能不对他们对马克思主义的认识与看法产生重要影响。即使在马克思主义、社会主义阵营内部也存在着不同流派的问题，如传统马克思主义与列宁主义，当时国内所流行的"社会主义"也存在着不同的流派，科学社会主义之外，如行会社会主义、基尔特社会主义、无政府主义社会主义等。随着马克思主义在国内的传播以及中国共产党的创立，马克思主义与诸多非马克思主义的思想斗争也日趋激烈。"五四"以后相继发生的"问题与主义之争"、"社会主义论战"、"无政府主义论战"等就是其突出表现。早期中国共产党人在这些论争之中不仅表述了他们对马克思主义的理解，而且深化了对马克思主义的认识和信心。同时，中国传统文化的一些意识、观念也在不自觉之间渗透到早期中国共产党人对马克思主义的认识和理解。此外，文献的影响是一个值得重视的因素。早期中国共产党人接受马克思主义的渠道是不同的，李大钊、陈独秀、李达等主要通过日文、英文文献接受马克思主义，蔡和森、周恩来等则主要在旅欧期间接受马克思主义，瞿秋白等则通过访俄系统接受马克思主义，而更多的早期中国共产党人是通过李大钊、陈独秀等在"五四"前后对马克思主义的宣传介绍接受马克思主义的。就国内马克思主义传播的影响来说，考察这一时期有哪些马克思主义著作以及阐述马克思主义的著作被译介到中国是非常有必要的，这两类著作的基本内容及其侧重点无疑会影响到早期中国共产党人对马克思主义的认识和理解。同样，在早期中国共产党人的论著中，哪些马克思主义原著以及阐述马克思主义的著作受到重视，他们在谈到马克思主义时对哪些问题比较重视，着重阐发了哪些问题，也可以成为考察他们马克思主义观的重要依据。当然，文献因素的影响是一个相当复杂繁难的问题，需要专题研究。总之，早期中国共产党人马克思主义观是在多重动因的"合力"作用下形成、发展的，对这些因素与他们马克思主义观关系的研究有可能深化我们对一些关键问题的认识。

第二，历史发展研究。这一研究主要是探讨早期中国共产党人接受、理解、看待以至运用马克思主义思考中国社会改造和社会革命道路的历史过程。在探讨这一问题之时，进行一定的分期是相当必要的。虽然从十月革命到"八七"会议只有仅仅十年时间，但早期中国共产党人马克思主义观的形成发展仍然表现出比较明显的阶段性。在我们看来，从十月革命到五四运动为第一阶段。这一时期，那些即将成为中国共产党的创立者的进步知识分子对马克思主义开始有比较多的了解，李大钊在十月革命的影响下已经开始转向马克思主义；从五四运动到中国共产党第二次代表大会为第二阶段。"五四"时期，救亡图存成为进步知识分子肩负的巨大历史责任，极大地促进了早期中国共产党人对马克思主义的接受。在基本转向马克思主义并建立了马克思主义政党之后，他们根据马克思主义原则提出了社会主义革命的任务。从党的"二大"到"八七"会议为第三阶段。在列宁主义的影响和共产国际的指导下，中国共产党人马克思主义观发生了重要转变，从主张社会主义革命到参与和领导资产阶级民主革命，并从主要依靠城市工人阶级领导民主革命开始，向把无产阶级政党领导下的农民革命作为中国革命的基本道路转变。当然，这三个阶段划分着眼于早期中国共产党人马克思主义观的总体发展趋向，并不意味着每个早期共产党人的马克思主义观都有如此清晰的发展阶段。

第三，基本内容研究。早期中国共产党人在十月革命之后到"八七"会议期间发表了大量宣传和介绍、阐述和运用马克思主义并从而表现其马克思主义观的论著，无论是涉及的问题还是所表达的看法都是相当复杂多样的，因而对这些内容进行概括性的、主题式的分析是非常必要的。当然，我们的概括既要原则上根据本书对马克思主义观理论内涵和理论构成的基本规定，又要充分考虑到早期中国共产党人马克思主义观发展的具体实际。

第四，基本特征研究。尽管早期中国共产党人接受、理解、运用马克思主义为时甚短，但由于政治、经济、思想文化等多重因素影响，他们对马克思主义的认识、评价、运用，尤其是他们对于如何认识、评价和运用马克思主义问题的看法，都表现出一些非常明显的共同特征。科学总结、准确概括这些特征，无论对全面、准确、深入地认识早期中国共产党人马克思主义观，还是对于科学地评价早期中国共产党人马克思主义观并从而进一步探讨其当代价值等，都是有重要意义的。

第五，理论贡献和历史局限研究。早期中国共产党人马克思主义观虽然处在中国共产党人马克思主义观形成发展的最初阶段，但无论是它的理论贡献还是它的历史局限都深刻影响着此后中国共产党人马克思主义观的发展。因此，对早期中国共产党人在如何认识、评价、运用马克思主义问题上所作出的理论贡献、所存在的历史局限进行科学评价，既是本书研究的题中应有之义，又是进一步探讨中国共产党人马克思主义观的基本起点。

第六，主要代表人物的马克思主义观研究。我们将中国共产党人马克思主义观研究的对象规定为党的历史上各时期的党章以及路线方针政策所体现出来的马克思主义观和党的历史上各时期的主要代表人物的马克思主义观这两个层次。一般来说，党章和由党的各类文件所阐述宣传的路线方针政策应该是最能代表中国共产党人的马克思主义观的，但是，早期中国共产党的几个党章很少直接表达党对马克思主义及马克思主义与中国革命关系问题的看法，而这一时期的各种路线方针政策固然可以视为马克思主义与中国革命实际相结合的产物因而可以从中分析出它所体现的马克思主义观，但却是间接的和不成系统的。因此，我们对早期中国共产党人马克思主义观的研究将不可能不主要依靠对那些在这一时期表述过对于马克思主义看法的文献论著。当然，我们实际上不可能对早期共产党人在这方面的所有文献都进行历时性的、全面的分析论述，而只能选择其中最有代表性的理论家和论著作为研究对象。在早期共产党人中，李大钊、陈独秀、李达、瞿秋白、毛泽东、蔡和森、施存统、恽代英等都曾具体阐述过他们对马克思主义的认识和看法。李大钊、陈独秀不仅是中国共产党的主要创始人，而且又是其中对马克思主义认识最为全面、理解最为深刻、对党的思想路线影响最大的代表性人物。李达、瞿秋白在建党前后的相关论述以及对马克思主义与非马克思主义论战的积极参与也对党的马克思主义观的发展作出了重要贡献。这一时期，毛泽东虽然很少直接表述他对马克思主义的看法，但大革命后期他关于农民革命在中国革命中作用的独特认识，不仅显示了较高的马克思主义理论水平，而且提示出中国共产党人运用马克思主义解决中国革命道路问题的一个新的走向，因而具有一定的典型意义。

本书的研究内容大体由以上六个主要部分构成。前五个方面研究构成了本书上篇的基本内容，我们在坚持历时性原则的前提下将主要作综合性的概括论述，这也是问题本身所要求的。第六方面研究则是本书下篇的基本内容，不过，我们将集中论述李大钊、陈独秀、李达、瞿秋白、毛泽东的马克思主义观，对于其他人物在马克思主义观的形成和发展方面较有特色的看法，我们将在上篇综合性研究中予以介绍和论述。

二、研究的意义与价值

我们为什么要选择“早期中国共产党人马克思主义观”这个论题？研究这

个选题将要达到什么目的？这一论题研究的意义与价值又是什么？这三个提问是相互紧密联系的，它们之间的差异其实远不如联系更为重要。也就是说，对其中某一问题的回答同时也可以是对另一项提问的解答。因此，为了节省篇幅和避免重复，本书将集中阐述这个选题研究所具有的重要意义与价值。

首先，我们来看早期中国共产党人马克思主义观的地位问题。中国共产党人科学马克思主义观有一个漫长的发展过程，而从 1918 年到 1927 年这十年间正是中国共产党人接受马克思主义并将其初步运用于解决中国革命道路问题的时期，也是中国共产党人科学马克思主义观初步形成时期。就这个意义来讲，可以说没有早期的探索就不会有后来发展成熟的作为中国共产党领导中国革命和建设之指导的毛泽东思想。而毛泽东思想之所以能成为中国革命和建设取得胜利的指导思想，无疑是由于他将马克思主义基本原理与中国革命的特殊情况结合起来从而发展出具有中国特色的科学的马克思主义观。历史地看，毛泽东这种科学的马克思主义观一方面在第一次国内革命战争时期即已萌芽，另一方面也是吸收、借鉴了李大钊、陈独秀等党的早期领导人物在这方面的初步探索。毛泽东后来曾承认，自己是陈独秀“他们那一代人的学生”[①]。最近的研究也足以证明，毛泽东思想在很多方面继承和发展了李大钊、陈独秀、瞿秋白的思想成果。[②] 可以说，不弄清早期中国共产党人马克思主义观的重要性和它的贡献，就不能科学地解释毛泽东的科学马克思主义观的来源问题。当我们强调毛泽东思想是中国共产党人集体智慧的结晶时，应当注意在这个集体中也包括早期共产党人的智慧，无论是为革命献身的李大钊、瞿秋白，还是饱受非议的陈独秀。

其次，研究早期中国共产党人马克思主义观对准确把握中国共产党自建党以来对中国革命道路的思考及其经验教训是有重要意义的。很多人之所以不重视早期中国共产党人的马克思主义观，在很大程度上可能是由于大革命

---

① 毛泽东：《中国共产党第七次全国代表大会工作方针》，载《毛泽东文集》(3)，人民出版社 1996 年版，第 294 页。

② 参见吴清安：《李大钊对青年毛泽东世界观转变的影响》，载《喀什师范学院学报》1998 年第 1 期；陈增辉：《毛泽东对李大钊思想的继承和发展》，载《上海大学学报》1996 年第 6 期；郭华清：《毛泽东与陈独秀关系述论》，载《广州大学学报》2002 年 3 期；张怀民、石义清：《毛泽东与陈独秀对农民问题认识之思考》，载《学海》2001 年 1 期；林源：《瞿秋白在毛泽东思想形成过程中的突出贡献》，载《南京化工大学学报》2001 年 3 期；张建荣、徐爱玉：《试论毛泽东思想萌芽和形成时期的瞿秋白与毛泽东》，载《绍兴文理学院学报》2002 年 4 期等。

的失败。但是，对于大革命失败与早期中国共产党人的马克思主义观究竟存在着什么样的关系，后来中国共产党领导革命取得的胜利是否与早期的马克思主义观完全没有关系等问题，却没有进行比较深入的思考。早期中国共产党人之所以选择接受马克思主义，就是因为他们认为马克思主义可以拯救中国，中国共产党领导中国革命也是按照马克思主义原则进行的。我们曾经指出，早期中国共产党人运用马克思主义思考中国革命道路有一个重要转变。在建党前后，大多数中国共产党人主张在中国通过领导工人运动进行社会主义革命。这种马克思主义观的形成有其相当复杂的原因，但其中很重要的一点就是早期中国共产党人对马克思主义尚缺乏比较全面的认识，同时尽管他们大都注意到要将马克思主义与中国革命的实际情况结合起来，但很显然他们还不善于运用马克思主义科学地认识和思考中国革命的性质和道路。直到中共“二大”才正式确立了民族民主革命纲领，投身于对资产阶级民主革命的领导。后来中国革命的发展虽然经历了曲折、失败，但仍然在这个纲领指导下取得了最后的胜利。因此，这一转变是符合中国革命的实际的，应给予充分的适当的评价。至于大革命的失败，大多归咎于党的幼稚和陈独秀所领导的中央的“右”倾机会主义（或曰“投降主义”）路线。但如果从马克思主义观角度看，在“二大”之后，虽然中国共产党将中国革命的道路确定为通过领导资产阶级民主革命发展到社会主义革命，但仍然将主要精力集中到领导工人运动，农民在国民革命的地位问题虽然得到李大钊、瞿秋白等的高度重视，但他们从来没有将农民革命视为中国革命获得胜利的基本途径。因此，大革命的失败不仅是资产阶级民主革命的失败，而且也是中国共产党领导的城市工人运动的失败。这当然并不是否定党对工人运动的领导，也不是说中国革命不应该依靠工人阶级的力量。但是在半封建半殖民地社会，由于资本主义极不发达，工人阶级虽然表现出坚定的革命性，但相对于帝国主义、封建军阀和大资产阶级来说毕竟力量仍很弱小。同时，也由于近代工业的不发达，封建生产关系还是当时中国占主要地位的生产关系，不彻底改变这一生产关系，就不可能完成资产阶级民主革命的任务。因此，资产阶级民主革命的中心任务是如何在反抗帝国主义压迫、争取民族独立的同时完成反封建的革命，这就不能不在无产阶级领导下主要依靠农民的力量。毛泽东在大革命后期所说的“农民问题乃国民革命的中心问题”[①]，才真正明确提出这一问题。但是，由于当时中国共产

① 毛泽东：《国民革命与农民运动》，载《毛泽东文集》(1)，人民出版社 1993 年版，第 37 页。

党的马克思主义观仍然存在着机械理解和运用马克思主义的倾向，毛泽东的这一思想并没有成为党思考国民革命与农民运动关系的主导思想。这至少是大革命失败的重要原因。中国共产党正是在总结这一失败的教训才逐渐摸索出进行"土地革命"、走"农村包围城市，武装夺取政权"的革命成功道路。因此，研究早期中国共产党人的马克思主义观，可以为我们思考如何树立科学马克思主义观提供可资借鉴的经验教训。

再次，就对中国共产党人马克思主义观本身的研究来说，"早期"这一阶段也有相当值得重视的价值。从一定意义上讲，后来中国共产党人马克思主义观的发展情形以及发展过程中出现的一些问题，都可以在这种马克思主义观形成初期找到原因或得到解释。这是因为中国共产党人马克思主义观在形成阶段受到了来自各方面因素的影响，对这些因素与早期中国共产党人马克思主义观之间复杂关系的研究，一方面可以科学地解释早期中国共产党人为什么选择马克思主义，另一方面也有利于揭示中国共产党人马克思主义观发展中一些问题产生的根源。以无政府主义为例，众所周知，很多早期共产党人如李大钊、毛泽东、瞿秋白、恽代英等在接受马克思主义之前都曾受到无政府主义的影响。对李大钊来说，无政府主义甚至成为他理解俄国十月革命的一个重要前提，在他后来的马克思主义观形成过程中，克鲁泡特金的"互助论"无政府主义曾扮演过重要角色。[①] 尽管随着马克思主义观的成熟，李大钊在思想上清算了"互助论"无政府主义的影响，但可以肯定的是，"五四"时期无政府主义迅速打破强权政治、建立美好社会的理想和激情仍然影响着李大钊、也包括陈独秀等人的马克思主义观。这也是早期中国共产党人刚刚转向马克思主义之后不久就提出要在中国进行社会主义革命的一个重要原因。其实，对早期中国共产党人的马克思主义观产生影响的完全不止无政府主义。需要指出的是，这些影响很多并未随着中国共产党人对马克思主义理解的加深而完全隐去，在此后中国共产党人马克思主义观的发展中仍然会因形势的变化等因素而表现出来。当然，对各种因素之于早期中国共产党人马克思主义观的影响应该有比较客观的估量。例如，近年来学术界对"民粹主义"与中国共产党人马克思主义观问题比较重视，虽然这些研究主要集中在毛泽东后期马克思主义观，但在对早期中国共产党人研究中也有涉及。很多学者受到美国学者莫里斯·迈斯纳《李大钊与中国马克思主义的起源》的影响，倾向于认为李大钊

① 参见拙文《"互助论"无政府主义与李大钊的马克思主义观》，载《山东大学学报》2006年第2期。

马克思主义观的形成受到了俄国早期革命民粹派的影响，并由此推论早期中国共产党人对农民革命的重视都带有民粹主义倾向。[①] 有人甚至主张，“与其说‘十月革命一声炮响，给中国送来了马克思主义’（毛泽东语），倒不如说，‘十月革命’实际上送给中国的主要是民粹主义”[②]。此外，对无政府主义之于早期中国共产党人马克思主义观的影响，学术界也存在着估量过当的问题。从这个角度说，研究当时各种因素对早期中国共产党人马克思主义观的影响并对这些影响进行比较客观的判断，不仅对探讨整个中国共产党人马克思主义观有相当重要的意义，对纠正当前在这些问题的探讨上的一些偏激的认识也有积极意义。

最后，鉴于当前对中国共产党人马克思主义观研究的重后期（主要指毛泽东、邓小平）而轻早期的倾向，研究早期中国共产党人马克思主义观至少有弥补学术研究空白的意义。作为思想史研究，探讨这一论题也有对历史负责的意义。也就是说，要对早期一些有代表性历史人物在中国共产党人马克思主义观发展上的功绩给予客观的合乎实际的评价。长期以来，在早期中国马克思主义者的研究中，一直存在着重李大钊而轻陈独秀，对李大钊的评价过高而对陈独秀评价过低的倾向，陈独秀是个不好的马克思主义者的说法在研究者中间相当流行。在马克思主义观研究中，这种倾向也占主要地位。这当然有比较复杂的政治、历史原因。此外，其他一些很重要的代表人物，如李达、瞿秋白等，在早期马克思主义观研究中还处于被无视的状态。根据我们的研究，李大钊的《我的马克思主义观》远没有学术界一般认为的那样成熟，它的发表可以表明李大钊对马克思主义的接受和对马克思主义理论体系达到了基本正确的认识，但却不能代表李大钊马克思主义观的成熟。至于陈独秀，尽管他接受马克思主义要比李大钊晚一些，但若对其“八七”会议之前的马克思主义观作总体评价，应该承认并不逊于李大钊，他在建党前后对马克思主义的宣传甚至可以说比李大钊影响要大。至于陈独秀一直饱受诟病的所谓“二次革命论”问题，如果根据陈独秀这一时期对国民革命前途的多次论述来考察，这实在是一

① 参见王素莉：《五四时期李大钊对民粹主义思潮的认识与超越》，载《中共党史研究》1991 年第 1 期；李帆：《李大钊与民粹主义》，载《吉林大学社会科学学报》1994 年第 5 期；李泽厚：《试谈马克思主义在中国》，载许纪霖编《二十世纪中国现代思想史论》（下），东方出版中心 2006 年版，第 455～517 页；高力克：《李大钊与民粹民主主义》，载《二十一世纪》（网络版）2002 年第 6 期等。

② 顾昕：《从“平民主义”到“劳农专政”——五四激进思潮中民粹主义和中国马克思主义的起源（1919～1921）》，载《当代中国研究》1999 年第 2 期。

个很大的误解(或是有意误读)。在我们看来,陈独秀对国民革命前途的看法不仅没有所谓的"二次革命论",甚至可以说更接近毛泽东的新民主主义论。在对陈独秀马克思主义观的研究上,我们应该避免以政治上的功过评价其马克思主义观的功过,同时更应该避免以后期思想上的错误否定前期的功绩。同样,我们极其景仰李大钊为中国革命而献身的无畏精神,但这不应该成为我们研究其马克思主义观的情感动力和干扰因素。对早期中国共产党人马克思主义观的研究,我们所遵循的只有一个原则,就是根据他们留下的文献结合其思想发展的实际,给予历史的、客观的、恰如其分的评价,这是对历史负责,也可以说是对研究对象的充分尊重。我们完全相信,只要真正遵循这一原则,就能够纠正长期以来存在的对历史人物不恰当、不公正的评价。

三、研究的历史与现状

学界关于中国共产党人马克思主义观的研究最早是通过对中国共产党历史上主要代表人物的马克思主义思想的研究进行的。也就是说,人们主要是通过这方面的研究来思考中国共产党人是如何认识、评价与实践马克思主义并促进其历史发展的。就对于早期中国共产党人马克思主义观的研究来说,由于历史的原因,人们比较重视的是李大钊、瞿秋白、毛泽东等人,对陈独秀则批判多于研究。但无论如何,马克思主义观都没有成为研究的主题。十一届三中全会以后,中国共产党重新确立了解放思想、实事求是的思想路线。随之,中国共产党人的马克思主义观开始成为人们关注的问题。这可能有几个方面原因:首先,出于总结几十年来中国共产党内一直存在的对马克思主义的教条主义的理解与运用的教训;其次,也是由于对如何在新的历史形势下树立科学的马克思主义观,坚持和发展马克思主义的思考;再次,就是要解决如何正确对待改革开放以来西方马克思主义的影响问题。

当前中国共产党人马克思主义观研究大体存在着两种不同的研究取向:一是整体研究,也就是把中国共产党人作为一个整体探讨其马克思主义观。二是单个人物的研究,主要是探讨中国共产党历史上几代主要思想领袖的马克思主义观。1980 年张圻福发表的《试论五四时期陈独秀的马克思主义观》[①],是我所见到的新时期关于早期中国共产党人马克思主义观研究的最早的一篇专题论文。整体研究起步比较晚,周向军先生 2001 年正式提出"中国

① 载《内蒙古大学学报》1980 年第 2 期。

共产党人马克思主义观”这一论题。就实际研究的情况看，整体研究表现为三种方向：一是结构性、体系性的探讨。周向军先生在这个问题的探讨上先后发表了《论中国共产党人的马克思主义观》和《略论中国共产党人科学马克思主义观的形成机制》[①]等文章。目前，这方面研究还处于起步阶段，涉足其间的学者为数甚少。因为它要求研究者不仅要非常熟悉中国共产党形成发展的历史，而且必须具备相当深厚的马克思主义理论功底。二是历史的、发展的探讨。唐宝林 1998 年发表的《马克思主义在中国的曲折历程——兼论两种马克思主义观》[②]、文山和梁由之的《中国共产党的两种马克思主义观——学习〈中共中央关于加强和改进党的作风的决定〉》[③]和上节提到的程明欣的《中国共产党人的马克思主义观述评》，以及满益勇和符原菁的《中国共产党马克思主义观的两次历史性飞跃》[④]可视为这一方向的代表。三是现实的、宣传性的探讨。王心富的《略论党的第三代中央领导集体的马克思主义观》[⑤]、周向军先生的《科学马克思主义观的深化和拓展——论党的第三代中央领导集体的马克思主义观》[⑥]、夏文斌的《党的马克思主义观与“三个代表”重要思想》[⑦]、梁树发《“三个代表”重要思想的马克思主义观》[⑧]等是这一方向的主要论著。在单个人物研究方面，涉及了中国共产党历史上许多重要的代表人物，贯穿了整个中国共产党的历史，但主要集中在对毛泽东、邓小平的马克思主义观的研究上。在这些探讨中，整体的研究很少涉及对早期中国共产党人马克思主义观的研究，只有程明欣的论文对此有较综合的论述。因此，早期中国共产党人马克思主义观的研究是以单个人物为主的。就目前出现的专题性研究也就是以“马克思主义观”题名的研究论著来看，这方面研究涉及李大钊、陈独秀、施存统、高君宇、吴玉章、向警予等人，而又以李大钊最受重视，其次是陈独秀。对李达、瞿秋白等人的马克思主义观，尚没有专题性论述。毛泽东和邓小平虽然都是第一代中国共产党人，但人们对他们马克思主义观的探讨却主要集中在

① 载《发展论坛》2002 年第 2 期。

② 载《广东党史》1998 年第 4 期。

③ 载《中共党史研究》2002 年第 1 期。

④ 载《湖南经济管理干部学院学报》2005 年第 3 期。

⑤ 载《湖北社会科学》2000 年第 1 期。

⑥ 载《理论学刊》2003 年第 5 期。

⑦ 载《马克思主义与现实》2003 年第 4 期。

⑧ 载《马克思主义研究》2005 年第 1 期。

毛泽东马克思主义观的成熟期和邓小平20世纪80年代以来的马克思主义观。因此，这些研究严格来说不属于“早期”。

以下，本书将对当前学界有关早期中国共产党人马克思主义观的研究状况作综合性评述。需要说明的是，限于篇幅，我们主要着眼于关于这一问题的专题性探讨，那些关于早期中国共产党人马克思主义观的附带性探讨将不纳入到我们的考察、评述范围之内。

(一)关于早期中国共产党人马克思主义观的整体研究

如上所述，程明欣将“早期”确定为“五四”以后到中国共产党的创立时期。在她看来，这一时期代表中国共产党人马克思主义观水平的主要有李大钊、陈独秀、李达、周恩来、蔡和森、施存统、李汉俊、毛泽东、恽代英、杨匏安等，认为这一时期中国共产党人“形成了初步的、但基本是正确的马克思主义观，孕育了中国共产党科学马克思主义观的萌芽”。在这一判断之下，作者从三个方面探讨了早期中国共产党人对马克思主义的认识：其一是“关于马克思主义学说一般性质、地位和价值的认识——即关于马克思主义阶级性、真理性、科学性的认识”，指出了早期共产党人普遍将马克思主义作为社会主义理解，并将其视之为“济世唯一选择”，认为马克思主义适合于中国。其二是“关于马克思主义内容体系和内容结构的认识”。作者通过对李大钊的《我的马克思主义观》、李达的《什么是社会主义》、陈独秀的《社会主义批评》、蔡和森的《马克思主义与中国无产阶级》等重要论著的考察分析了早期共产党人对马克思主义理论体系的整体认识，强调了早期共产党人对唯物史观和阶级斗争学说的普遍重视。其三是“关于在实际运用中如何科学地对待马克思和马克思的固有学说体系”，认为早期中国共产党人在这方面的思考表现出他们已经注意到理论与实践应该相互结合而不能固守教条，体现了一种“将理论活用到实际中去”的精神。[①] 应该承认，作为第一次对早期中国共产党人马克思主义观的综合性探讨，这篇论文还是有一定意义的。但作者没有将这一探讨延伸到早期中国共产党人马克思主义观的形成发展过程及其内在变化等重要问题，不能不说是个很大的缺憾。

(二)关于李大钊马克思主义观的探讨

目前，这方面的文章大概有5篇。黄敏兰的《李大钊的科学的马克思主义

---

① 参见程明欣：《中国共产党人的马克思主义观述评》，硕士学位论文，中国人民大学马克思主义学院2003年，第7～23页。

观》[①]是我们所见到的较早的且比较全面论述李大钊马克思主义观基本内容的文章。其后，沙健孙为纪念北大百年校庆发表了《李大钊的马克思主义观与北大的马克思主义传统》[②]，着重论述了李大钊如何选择接受马克思主义及其在中国马克思主义运动史的地位。署名文君的论文《陈独秀李大钊马克思主义观之比较》[③]则将李大钊的《我的马克思主义观》与陈独秀的《马克思学说》进行比较，探讨他们马克思主义观的各自特色。张东鹏的《李大钊马克思主义观的发生学分析》[④]对李大钊马克思主义观的形成过程和他接受马克思主义的内在原因进行了探讨。最近的研究是刁世存的《李大钊的马克思主义观》[⑤]，主要从如何看待马克思主义角度探讨李大钊马克思主义观。根据我们对上述文章内容的考察，学者们比较重视的是如下几个方面：其一，李大钊马克思主义观的形成发展问题。如沙健孙指出："李大钊在接受马克思主义之前对资产阶级民主主义思想的怀疑和他早期思想中的唯物论和辩证法思想，为他尔后接受马克思主义准备了合适的土壤；同时他对俄国十月革命的弘扬和对马克思主义理论的研究，也为尔后接受马克思主义理论奠定了基础；所以，李大钊强调走俄式之路，中国的出路只能是社会主义。"张东鹏则认为："李大钊马克思主义观的形成表现为间接过程和直接过程两个阶段。直接过程从1918年12月李大钊在《Bolshevism的胜利》中宣告接受马克思主义，到1919年11月李大钊发表《我的马克思主义观》这是从李大钊开始认真研究马克思主义到对马克思主义形成自己初步观点的过程。间接过程则是指在这之前，李大钊在社会经历、知识结构、思想状况、感情倾向等方面的准备过程。"他所谓的"间接过程"实际应当理解为影响李大钊马克思主义观形成的个人方面的诸种因素。此外，张东鹏还认为，《我的马克思主义观》的发表"标志着李大钊马克思主义观的初步形成"。其二，李大钊对马克思主义的理解。黄敏兰、文君不约而同地主要根据《我的马克思主义观》探讨李大钊对马克思主义的理解。黄敏兰在分析了李大钊对马克思主义理论体系的概括之后，将其与列宁对马克思主义来源和内容的论述进行了比较，认为"李大钊对马克思主义来源及体系的阐述具有极高的理论价值。它表现出中国先进的知识分子所具有的

① 载《人文杂志》1997年第6期。

② 载《北京大学学报》(哲学社会科学版)1998年第2期。

③ 载《漳州师范学院学报》(哲社版)2001年第3期。

④ 载《山东科技大学学报》(社科版)2003年第1期。

⑤ 载《当代世界与社会主义》2005年第3期。

优秀理论素质和对马克思主义的现实理解"。这一评价是中肯的，但作者在比较之时似乎刻意强调李大钊思想的"理论价值"，对李大钊在《我的马克思主义观》中对马克思主义的一些批评则避而不谈。文君在比较李大钊和陈独秀对马克思主义的理解时比较全面地介绍了李大钊对马克思主义基本理论内容的理解及其特点，认为李大钊"对马克思主义的整个体系及其革命思想的了解，无疑是正确的"，同时，文章也注意到李大钊"对马克思主义个别观点的认识，尚有误解和不够准确的地方"。值得提出的是，在这方面研究中，学者们大都注意到李大钊对唯物史观的高度重视。例如，黄敏兰就专门概述了李大钊对唯物史观的理解和阐述，但没有涉及曾经使李大钊颇为忧虑的唯物史观与阶级斗争学说的"冲突矛盾"问题。其三，李大钊对待马克思主义的态度问题。这是众多学者都注意探讨的问题。黄敏兰论述了李大钊学习和运用马克思主义的原则，包括：(1)重视研究马克思主义的适用性。"李大钊主张，要采用一种学说，首先要研究它的适用性。一是要研究这一学说产生的时代和环境条件，二是要研究我们自己的时代和环境，看两者之间究竟有多少差异。"(2)学习马克思主义的方法而不是简单接受结论。在李大钊看来，"经济决定论这一具体结论是受西方近代社会环境影响的，具有一定的局限性。因此对它的应用要慎重。但是马克思以社会为单位认识历史的角度以及对社会组织、社会结构的重视，体现着对社会的整体性认识方法，这是值得学习和应用的。"(3)不迷信和盲从马克思主义。"李大钊用学者的态度，严肃、谨慎地对待马克思的学说。""把马克思主义看作是人类认识史发展到一定阶段的产物，认为将来随着人类认识的不断进步，还会有更新的、更优越的学说代替它。"沙健孙则重视李大钊对马克思主义的学习和运用，他从三个方面论述了这一问题，即"五四"时期对马克思主义理论的学习和传播，运用马克思主义理论解决中国实际问题从而为马克思主义的中国化进行了初步探讨，将马克思主义理论搬上大学讲堂。刁世存以如何对待马克思主义为中心从"严肃、认真、谨慎地对待马克思主义"，"深入探讨和整体概括马克思主义的理论来源和思想体系"，"辩证理解、独特审视马克思主义唯物史观"，"科学研究和运用马克思主义，为马克思主义在中国的发展积累宝贵的经验"四个方面比较全面地概述了李大钊的马克思主义观。这是目前李大钊马克思主义观研究的基本情况。

(三)关于陈独秀马克思主义观的研究

由于历史和政治等原因，陈独秀研究一直处于比较冷寂的状态。只是在改革开放以后，才有比较多且严肃的研究，但长期以来形成的一些定性的评价一时还不容易打破,批判多于研究的现象也仍然存在。因此,相对于李大钊来说,对陈独秀马克思主义观的研究还比较少。除了上面提到的文君的文章外,张圻福1980年的《试论五四时期陈独秀的马克思主义观》①是最早关于这一问题的探讨,但文章的主要内容是论述陈独秀在"五四"时期对马克思主义的接受和宣传,认为"五四时期的陈独秀,思想比较复杂,受进化论影响较大"。但是,"随着时间的推移,十月革命的影响和马克思主义在中国的传播,他的思想发生了很大变化,特别是一九二〇年以后,他的许多论著都能比较正确地阐述马克思主义观点,从而使他成为一个具有很大影响的马克思主义宣传者"。文章从三个方面介绍了陈独秀对马克思主义的宣传:(1)关于社会主义必然代替资本主义的问题,认为"陈独秀对于资本主义的认识是有一个过程的,他从赞赏、美化、向往到抨击资本主义,直至认识到了资本主义必然要为社会主义所代替的社会发展的规律,并公开表示中国必须'走俄国人的路'。'俄国式的方法是唯一的道路'"。(2)关于无产阶级革命和无产阶级专政的理论,认为"陈独秀对马克思的阶级斗争学说的认识也是经历了一个由反对到接受的过程。巴黎和会后,他提出了'非用阶级战争的手段来改革社会制度不可'的战斗口号。并说:必须用'革命手段建设劳动阶级国家','除阶级战争外都是枝枝节节的问题'。同时他还强调,无产阶级革命胜利后,无产阶级专政'乃是由完成阶级战争消灭有产阶级做到废除一切阶级所必经的道路'"。(3)关于剩余价值学说。陈独秀曾运用马克思的剩余价值学说批判上海纺纱厂资本家对工人的剥削,张圻福认为,"陈独秀指出,这种抢劫工人剩余价值的资本主义分配方法,实在是清平世界里不可赦的罪恶。因此,他主张在社会主义社会里,应该废除这种不平均的分配方法,取消私人营业的利息制度,对于劳动者所生产的价值,虽然不能全部归劳动者所有,但是也要由国家收取一部分间接用在劳动者身上,决不能把它变为资本家的私有财产。由此出发,他又进一步论述了劳动创造世界的原理"。1990年,王树棣发表《简评陈独秀早期的马克思主义观》②。文章探讨了陈独秀建党前后的马克思主义观,但实际上仍侧重于对陈独秀宣传马克思主义的探讨,认为陈独秀1920年转变为马克思主义者,他在宣传马克思主义的过程中,"突出地宣传了马克思主义关于阶级斗争学说,并用以分析中国的社会",批判资产阶级议会制和第二国际的修正主义路线,

① 载《江苏师范学报》1980年第3期。

② 载《晋阳学刊》1990年第3期。

提出了“劳动阶级掌权思想”，在与张东荪的论战中体现了他对科学社会主义的认识和见解，并且认为社会主义适合中国国情。王树棣肯定了陈独秀建党前后宣传马克思主义的功绩以及他对中国共产党确立马克思主义为指导思想的贡献，但又认为“陈独秀是一个不好的马克思主义者”。文君的《陈独秀李大钊马克思主义观之比较》比较全面地介绍了陈独秀《马克思学说》的内容，肯定了“其基本面无疑是正确的，对普及和促进马克思主义的宣传是有意义的”，但又认为“陈独秀此时虽然对马克思主义已有一定的研究，但是他的研究不够深入，也不系统，对马克思主义体系的宏观把握能力还是很有限的，其理论水平并没有达到应有的高度”。在将陈独秀与李大钊的比较中，作者认为两者在“对待马克思主义的基本态度”，“对马克思主义的思想体系和理论来源的理解和把握”和“关于马克思主义产生的时代条件及其适用性问题”，“宣传马克思主义的具体效果”四个方面存在着明显的差异。应该指出的是，作者对陈独秀的整体评价是比较低的，似乎在有意论证“陈独秀是一个不好的马克思主义者”，以至认为“陈独秀在五四前后虽然以启蒙思想家而著称于世，但他实际上是一个急于活动的政治革命家，具有强烈的政治表现欲，同时，在思想方法和学风上又有主观片面性的倾向，往往喜欢用故作激烈和走极端的方法来显示自己的革命性。陈独秀这种思想方法和政治品格显然与马克思主义的科学态度是格格不入的，也是不利于马克思主义在中国的传播及发展的”。这一批评仍然带有“左”的遗迹，无论如何不能说是公允的。实际上，在目前我们所见到的探讨陈独秀马克思主义观包括对陈独秀大革命时期的整个思想的论著中，这类评价仍然是相当有市场的。

(四)对其他早期中国共产党人马克思主义观的研究

李俊、周军的《试论五四时期施存统的马克思主义观》[①]认为，施存统于1920年6月留学日本后，“逐步由一名无政府主义者转变为马克思主义者，并积极地投身于马克思主义的介绍和研究中”，指出“这些工作既为共产党人进一步研究马克思主义提供了重要的思想资料，同时也使施存统本人的马克思主义理论水平大为提高，成为中国早期马克思主义者中水平相对较高的一位”。文章认为，施存统的马克思主义观主要体现在以下几点：第一，马克思主义使“社会主义才具备了科学的体系”。作者指出，施存统在《马克思底共产主义》认识到了马克思的“社会主义是有科学体系的。在他以前的社会主义，都

① 载《洛阳师范学院学报》2004年第4期。

是空想的社会主义，没有科学的体系；自从他出来之后，社会主义才具备了科学的体系，划了一个新纪元”，从而建立了马克思主义信仰，“我此后决不信单有理想而没有实行计划的主义，……我信他无益，不从实际上做工夫，革命决不会成功”。第二，“马克思主义底特色，在于注重物质的条件”。文章认为，施存统把握到了马克思主义唯物史观的基本精神，“马克思主义底特色，一言以蔽之，就在于有唯物史观。唯物史观底特色，即在于注重物质的条件。所以我们可以说：马克思主义底特色，在于注重物质的条件”，并且认识到社会主义革命和建设要以唯物史观为基础，“我们要实行社会主义，也应当遵守唯物史观，把树立社会主义的经济组织筑好，然后社会主义才能稳固”。第三，“马克思主义底本身，并不是一个死板板的模型”。文章认为，施存统初步提出了马克思主义与各国国情相结合的问题，认为“那种只知道马克思说过的是才是马克思主义的人，正是不懂马克思主义为何物的人”！“我们对于马克思主义底根本原理，一一承认；至于一切实行政策，自然不能完全一致，一定要参酌中国情形。”由此，文章认为，“施存统在研究马克思主义的过程中，紧紧地抓住了这一科学本质。他指出：‘我们很知道：如果在中国实行马克思主义，在表面上或者要有与马克思所说的话冲突的地方；但这并不要紧，因为马克思主义底本身，并不是一个死板板的模型。所以我以为我们只要遵守马克思主义底根本原则就是了；至于枝叶政策，是不必拘泥的。’‘我们研究一种学说一种主义，决不应囫囵吞枣，食古不化，应当把那种主义那种学说底精髓取出。’只有这样，才能正确地指导中国革命的实践，也就在实践中既坚持了马克思主义基本原理的方法论指导，又以新的内容、新的形式丰富并发展了马克思主义”。(4)“只有共产主义才能挽救支那”，但是具体操作“一定要参酌中国情形”。文章认为，“随着自身马克思主义理论水平的不断提高，施存统开始尝试运用马克思主义的唯物史观分析中国革命的问题。经过再三的研究，施存统认为：‘只有共产主义才能挽救支那，只有这个主义比较地能在支那实行。’‘要改造中国社会，只有实行社会主义；要实行社会主义，只有遵守唯物史观’。这是我唯一的答案”。解建国的《略论高君宇马克思主义观的形成》[①]认为：“1920 年底到 1921 年初，随着革命斗争的深入发展，高君宇的各种非无产阶级思想逐步得到克服。当时在中国知识界正在进行一场‘社会改造’的讨论，‘社会主义’的概念成为人们的热门话题。高君宇坚定地站在李大钊一边，驳斥左舜生抵触社会

① 载《太原大学学报》2002 年第 6 期。

主义的论调。与此同时，他还与无政府主义划清了界线，他用马克思主义的武器驱散了无政府主义的迷雾：‘革命的最终目的是要消灭国家的，但在消灭阶级以前，还得要国家，而且要有强有力的无产阶级专政的国家。’”文章突出了高君宇在民主革命时期对于马克思主义阶级斗争的重视，还具体分析了高君宇对中国革命的主客观条件的论述。莫志斌、胡建红的《向警予马克思主义观的形成、发展及其特点》[①]分析了向警予马克思主义观的形成发展过程的四个阶段，认为“一是以教育救国为主要特征的民主主义时期(1914 年秋～1919 年春)，二是以参加新民学会为主要标志的激进民主主义时期(1919 年春～1920 年初)，三是留法勤工俭学过程中初步形成马克思主义观的时期(1920～1921 年底)，四是在亲自参加和领导革命实践过程中发展马克思主义观的时期(1922 年初～1928 年 5 月)”。文章指出：向警予 1920 年 5 月所写的重要文章《女子解放与改造的商榷》，“标志着她开始用马克思主义观点研究中国实际问题”，建立了共产主义信仰。文章梳理了向警予 1922 年回国后在领导全国妇女运动过程中马克思主义观的发展，并对向警予马克思主义观的特点作了集中概括，认为“其一，向警予是我国妇女界最早、最成熟地运用马克思主义立场、观点和方法思考中国革命问题的代表人物之一……其二，向警予不仅在妇女运动的理论和实践上具有发轫之功，而且在她经历的有关中国革命道路的大是大非的原则立场上，她能高瞻远瞩，辨识真伪，摒弃错误，始终立于正确的立场，摸索中国革命发展的固有的特殊规律，这在当时处于幼年时期的党组织中也是不多见的……其三，向警予始终忠于理想，严于律己，对革命身心以赴，具有崇高的人格，这也是值得我们称道和学习的”。刘文耀的《吴玉章马克思主义观的形成》[②]首先论述了吴玉章接受马克思主义的条件，指出“自治运动及自治联合会，是吴玉章的一次重要尝试，是他政治思想史上重要一步，对此后政治思想的发展演进有重要影响。正是从自治运动的迅速蜕化和自治联合会的迅速解体，使吴玉章得到一个深刻的教训，使他萌生了组织像俄国布尔什维克那样的政党的想法”。文章认为，吴玉章对中国国情有比较正确分析，即认为“中国社会之现状是以‘贫富不均为之基’。是少数者之幸福，大多数者之痛苦；中国社会的贫富不均与欧美的贫富不均只是程度不同而非性质之异”，因此，“吴玉章的国情观是正确的，他对中国社会经济政治的认识是深刻的。

① 载《求索》1996 年第 5 期。

② 载《四川党史》1994 年第 3 期。

国情观作为一个重要的基本思想和前提，影响着政治思想的走向。正是由于对中国社会经济政治根本问题的认识迥然不同，决定了吴玉章从国民党阵营里分离出来，从三民主义的旗帜下跨出来，继续前进，接受并信仰马克思主义”。文章指出，“吴玉章成立中国 YC 团，而且 YC 团的纲领和章程即吴玉章关于无产阶级革命政党的思想，基本体现了无产阶级革命政党的本质特征：它代表无产阶级整体的最高利益；它彻底地反帝反封建，并反对一切机会主义、修正主义；它要以无产阶级革命的手段，建立无产阶级专政的政权；它以民主集中制的原则建立和规范自己的组织”。文章还论述了吴玉章的社会主义观，指出：“什么是社会主义，吴玉章已说得很明白，那就是铲除私有制、劳农专政、生产消费都归社会全体共有共管，以谋社会全体利益的新制度。”吴玉章认为：“据现在的时势看来，尤其是马克思派的社会主义为最流行。因为经过苏俄的试验，人人已知道它有实现的可能性。”同时，吴玉章又“批评了中国不能实行社会主义的观点”。但对于如何实现社会主义，他指出：“不先把政治问题解决，不把社会上最有力的机关打倒，部分的、零碎的操练是不可能的。因为旧的社会制度、资本制度都建筑在武力之上，不用武力是万不能打破，所以革命是不能免的。”

以上就是目前我所掌握的学术界早期中国共产党人马克思主义观研究的基本情况。对于这些初步探讨来说，或许我们不应要求太高。应当承认，目前这方面研究确实取得了不少成果，尤其是对李大钊的研究。对个别人物如施存统等，研究且较深入。同时，即使我们不能满足于这些研究的整体水平，也还是应该肯定学者们探索性思考的贡献。但总体来看，目前这一领域的研究状况是不能令人满意的。首先，研究相对沉寂的状况没有改变。一直以来，学术界非常重视中国共产党如何运用和发展马克思主义问题，但这方面探讨主要集中在对毛泽东和邓小平的研究上，而对于早期中国共产党人如何接受并初步运用马克思主义思考中国革命道路问题则相对忽视。这一倾向同样也表现在对早期中国共产党人马克思主义观的研究上。据我们利用《中国期刊全文数据库》检索，自 1994 年至 2006 年 8 月，凡题名“马克思主义观”的论文总计 109 篇，涉及中国共产党人的有 79 篇，其中仅研究邓小平马克思主义观的就多达 44 篇，而与早期中国共产党人有关的则只有 16 篇。这显现出当前学界对早期中国共产党人马克思主义观问题的有意回避或普遍性的忽视。其次，当前的研究除对李大钊有较多探讨外，对陈独秀的研究显然不够，已有的研究或者只注重其“五四”时期或者评价有欠公允。并且如上所述，对早期中国共产党人中对马克思主义传播、阐释以及马克思主义观的确立作出重要贡献的重要人物如李达、瞿秋白、毛泽东等，尚完全没有论及。这种情况至少不能说是全面的。再次，除程明欣的硕士论文外，尚缺乏涉及整个时期的全面性的历史研究。而且目前的研究不仅缺乏广度，同样也缺乏深度。这使我们很难窥见作为整体的早期中国共产党人马克思主义观的形成发展历程，也无法对其中复杂问题诸如早期中国共产党人马克思主义观的基本特征，影响其形成发展的多重历史动因等进行有针对性的探讨。

综上所述，我们以为，当前深入探讨早期中国共产党人马克思主义观不仅是非常必要的，而且也是相当迫切的。更重要的是，这个领域尚有许多问题需要解决。它给我们的研究领域是很广阔的，当然，这同时也是对我们的挑战。

四、研究的方法与框架

(一)研究方法

对于任何学术研究来说，研究方法的选择与确定都要适应研究对象自身的特点和研究目的的要求。这里的关键在于处理好“一般性”与“特殊性”的关系。所谓“一般性”是指要根据研究课题所属的学科领域遵行这一学科领域通行的一般性的、基本的研究方法。每一学科领域都有其经过长期学术积累形成的一套行之有效的研究方法，这一学术传统的形成实际是由学科领域本身的性质决定的。所谓“特殊性”则是指要根据每一研究对象及这一研究所要达到的目的来选择和确定其所应有的研究方法。每一研究对象都有其个性，因此一般的、基本的研究方法在应用到具体研究对象之时应当有所变化。即使同一研究对象，由于研究目的的不同对研究方法也提出不同的要求。所谓研究方法的创新，我们以为它的意义并不在于独出心裁、标新立异，而在于如何更切近研究对象、如何更有效地达到研究目的。这才是决定学术水平和学术质量的关键。基于这样一种研究立场，本书在研究方法上遵循几个基本原则：一是“史”与“论”结合而以“史”为主，二是立足于基本文献，三是总体研究与具体研究相辅相成。

“中国共产党人马克思主义观”这个论题属于思想史研究范围，思想史研究的重要任务在于梳理思想形成发展的轨迹、分析影响思想发展的诸种动因、系统总结思想发展的理论成就以及社会影响。因而，这一论题的研究可能有两种基本的研究取向：一是总体的、综合的研究；二是历史的、发展的研究。前者重视对中国共产党人马克思主义观总体特征、独特性质的把握，往往以结构性、系统性的理论分析为主;后者则注重探索中国共产党人马克思主义观形成发展的历史进程,突出对思想观念自身的发生、发展的因素、脉络、过程的历史寻绎。这也就是思想史研究的一般的、基本的研究方法,即“史”的方法和“论”的方法。这两种研究方法各有优势,“论”的方法以条理分明见长,着眼于把握总体,能够比较全面、系统地呈示思想成就和基本特征,而“史”的方法则以脉络清晰著称,善于揭示思想、观念自身生成演化的轨迹。当然,各有其长也同时就各有局限,因而“史”“论”相互结合、相互补充就成为思想史研究的基本原则。这对于研究早期中国共产党人马克思主义观来说也是适用的。如前文所述,以往的早期中国共产党人马克思主义观研究以对单个人物的探讨为主,研究方法大多是综合的、结构性的,而“史”的意识并不明显。对“论”的方法的高度重视当然是力求全面系统的总结早期中国共产党人马克思主义观(主要是代表人物)的成就,但是由于缺乏历史的、发展的意识,我们从以往这方面的研究论著中只能看到一些片断性的论述,很难准确地把握到早期中国共产党人为何选择马克思主义,如何选择马克思主义,选择了马克思主义的哪些内容,这些选择对他们的思想发生了哪些影响,这些影响与中国革命形势的发展又有何关系这样一些重要问题。因此,本书的研究遵循“史”“论”结合、以“史”为主的原则。我们坚持这一原则并非否定综合性、结构性研究的重要性,但这种研究必须建立在历史的、发展的研究的前提下,做到立论有据,以免空泛和表面化。同样,任何“史”的研究如果离开“论”的意识的参与和补充都将成为纪事年表式的资料排比而丧失其应有的研究意识。任何研究都应该有明确而强烈的问题意识,马克思主义观研究自然也不例外。但是,这并不意味着问题意识只有通过单纯的“论”才能体现出来。

坚持“史”“论”结合、以“史”为主的原则就意味着本书的研究要以思想自身发展历程为基本线索,始终坚持以基本文献为依据,力戒脱离文献作空泛的综合性、概括性论述。所谓“基本文献”就是早期中国共产党人马克思主义观形成、发展过程中出现的那些直接或间接表达对马克思主义认识、理解和阐释、评价以及表明如何看待和运用马克思主义问题的文献。这些文献既有党的文件,也有主要代表人物的论著。显然,只有按照时间线索分析、解读以至比较这些文献,我们才能更为切近把握到早期中国共产党人马克思主义观产生、发展、演变的具体情形,从而使我们对早期中国共产党人马克思主义观的主要成就、基本特征、影响因素等的概括、判断更为接近历史的真实。在我们看来,坚持以基本文献为依据不仅可以避免空泛的论断和抽象的概括从而提高研究质量,而且可以使我们的研究不为已有的成见所束缚,跳出先入为主的怪圈。这并不意味着我们完全无视或有意回避在这个论题上已有的研究成果,但显然长期以来流行的被视为"定论"的看法和思路往往成为研究创新性的阻碍,甚至使研究无法进行。同时,以基本文献为依据也并非有意颠覆已有"成见",它固然可能改变"成见",但也可以完善或补充某些"前理解"。

但是,以"史"为主和"立足基本文献"的原则并不意味着本书的研究仅是单纯的思想发展历程研究,而是强调对早期中国共产党人马克思主义观要以基本文献为依据摸索出其产生发展的具体历程、分析影响其产生发展的动因。在此基础上,还必须上升到对其基本内容、主要特征的总体把握、总体评价。这就是"史""论"结合的重要性之所在。这两个方法论原则的具体体现就引出了本书研究的第三个原则,即"总体研究与具体研究相辅相成"。所谓"总体研究",着眼于早期中国共产党人马克思主义观的整体,而"具体研究"一方面指对作为整体的每一具体问题(当然主要解决其中主要的)的探讨,更主要的是对早期中国共产党人的主要代表人物的马克思主义观的探讨。根据我们对中国共产党人马克思主义观三个基本层次和主要研究对象的确定,"总体研究"与"具体研究"必须相互结合、相辅相成,具体来说,"具体研究"是"总体研究"的前提和基础,早期中国共产党人马克思主义观的发展历程、影响因素、基本内容、主要特征及其成就与局限都主要是通过其主要代表人物的马克思主义观体现出来的。同时,"总体研究"又是"具体研究"的提升和深化,只有从总体上探讨才能真正弄清早期中国共产党人马克思主义观的关键问题。从这个意义上讲,只有"总体研究"与"具体研究"相辅相成,才能真正达到"总体研究"和"具体研究"的目的。

(二)结构框架

根据对研究对象和研究内容的确定,本书的结构将由导论、上篇、下篇和结语四个部分构成。

导论部分具体地阐述本书的研究对象与内容、揭示研究的意义与价值、总结研究的历史与现状、介绍本书的研究方法与框架结构。首先,通过对"马克思主义观"、"中国共产党人马克思主义观"、"早期中国共产党人马克思主义观"等几个论题内涵的辨析确定本书研究的基本对象。根据对当前学界在"什么是马克思主义观"问题上的几种有代表性观点的分析、总结,界定"马克思主义观"基本内涵和理论构成,探讨与此相关的几个问题,并由此具体地阐述所谓"中国共产党人马克思主义观"之所指,再参照马克思主义在中国发展的历史和中国革命与建设的历史具体确定“早期中国共产党人马克思主义观”的时限。然后，从总体上概括“早期中国共产党人马克思主义观研究”的影响因素研究、历史发展研究、基本内容研究、基本特征研究、理论贡献及历史局限、主要代表人物马克思主义观研究等六方面内容。其次，具体论述研究早期中国共产党人马克思主义观所具有的多方面价值和意义。再次，回顾当前学界关于“早期中国共产党人马克思主义观”研究的基本取向，总结主要研究成果和基本看法，指出当前研究所存在的主要问题。最后，提出并解释本书研究所遵循的基本方法论原则，交代本书的基本结构框架。

本书上篇侧重对早期中国共产党人马克思主义观的总体研究，具有总论性质。第一章主要探讨影响早期中国共产党人马克思主义观形成、确立、发展的国际国内政治因素、经济因素、思想文化因素等，并论述各方面因素的影响性质。第二章论述早期中国共产党人马克思主义观形成、确立、发展的历史分期，概括每一历史时期早期中国共产党人马克思主义观发展的基本状况和总体趋向。第三章概括论述早期中国共产党人马克思主义观三个方面基本内容；第四章总括早期中国共产党人马克思主义观的几个基本特征。第五章全面总结早期中国共产党人马克思主义观的主要理论贡献，分析其历史局限。

本书下篇是对在早期中国共产党人马克思主义观的形成、确立、发展过程中发挥主要作用的李大钊、陈独秀、李达、瞿秋白、毛泽东五位代表人物的马克思主义观的研究，属于分论性质。这部分共分五章，每章首先以马克思主义观的形成发展为中心梳理每位代表人物从接触马克思主义到“八七”会议之前的马克思主义道路。其次，基本上根据对马克思主义观理论内涵和理论结构的界定并参照每位代表人物的具体情况概括论述他们马克思主义观的基本内容，全面系统地总结他们马克思主义观的主要成就。

上篇与下篇纵横交错，相互结合，构成了本书的主体。

结语部分首先概括总结本书的主要内容和基本观点，然后探讨早期中国共产党人马克思主义观的当代价值问题，并对如何实现它的当代价值提出一些自己的思考。这部分既是本书研究的现实延伸，也是对本书研究之价值的揭示。

上　篇

早期中国共产党人马克思主义观是一个整体，有其自身的理论构成和形成、确立、发展、演变的历程。这使我们对它的研究，一方面必须从总体上把握其基本内容、概括其主要特征，另一方面必须历史地梳理其形成发展历程，探讨影响其形成发展的诸多因素。当然，"史"的寻索与"论"的分析在这一研究中是相互结合、纵横交错的。对早期中国共产党人马克思主义观的基本内容的把握和主要特征的概括都必须从客观实际出发，立足于基本文献，这就必须着眼于它的历史发展，突出对影响因素的关注。同样，对早期中国共产党人马克思主义观的形成发展历程的梳理要着眼于整体上的历史分期，把握各阶段的基本状况和总体趋向，而对诸影响因素的探讨要重点落实在其影响性质的分析上。同时，这两方面研究的相互结合还必须在此基础上上升为对早期中国共产党人马克思主义观的理论贡献的总结和历史局限的科学评价。

第一章
早期中国共产党人马克思主义观形成发展的影响因素

早期中国共产党人马克思主义观的形成、发展并不是一个单纯的自我发展的历程，有很多因素不断从各方面影响着早期中国共产党人认识、评价和运用马克思主义以及他们对马克思主义内容的选择、意义的阐释和运用的取向。因此，要全面地认识早期中国共产党人马克思主义观的形成、发展，把握它的主要内容及其基本特征，确定其历史地位，我们必须对那些重要的影响因素及其影响性质作比较深入的探讨。

在探讨这一问题时，我们面临着繁杂多重的困难。显然，我们无法具体地分析每一个早期中国共产党人的马克思主义观形成过程的多重因素。尤其是他们独特的人生经历、文化教养、阶级地位，乃至个性气质之于他们马克思主义观的特殊影响。我们只能注意当时国际、国内的政治、经济、思想文化等方面的一些重大事件对早期中国共产党人马克思主义观的总体性的影响。同样，我们也充分注意到那些影响早期中国共产党人马克思主义观的重要因素往往是交互作用，相互纠缠着发挥作用的，对其中每一因素及各因素之间的复杂联系都有必要作主题式探讨。限于篇幅，本书只能就其中的主要方面作专题性论述。

一、政治因素的影响

政治方面的影响因素，主要是指在早期中国共产党人马克思主义观形成发展过程中发生的国际、国内重大政治事件。

就国内政治因素来说，首先应该是辛亥革命。辛亥革命结束了中国两千多年封建社会的历史，使资产阶级民主革命成为中国现代史的主题，建立资产阶级民主共和制成为进步知识分子的理想追求。许多早期中国共产党人在转向马克思主义之前都不同程度地受到资产阶级民主主义的影响，很多民主主义观念曾经成为早期中国共产党人认识、理解社会主义、马克思主义的前提和基础。例如，李大钊（1889～1927）最初就是从“人道”、“自由”的角度理解俄国十月革命的，[①]陈独秀（1879～1942）也曾认为十月革命后的俄国苏维埃政府是“共和”政治。[②] 同时，资产阶级革命派、改良派在宣传资产阶级民主共和思想的同时也曾热衷于介绍马克思主义的一些学说，孙中山（1866～1925）、马君武（1881～1940）、朱执信（1885～1920）、廖仲恺（1877～1925）、宋教仁（1882～1913）、胡汉民（1879～1936）、戴季陶（1891～1949）等都在这方面作出了许多贡献。尤其是朱执信，他曾被毛泽东（1893～1976）称赞为“马克思主义在中国的传播的拓荒者”[③]。这一方面无疑扩大了马克思主义在中国的影响和传播，使早期中国共产党人有可能较早地接触到马克思主义；另一方面，他们认识、评价马克思主义的侧重点也不能不给很多早期中国共产党人以一定的影响。例如，孙中山宣传和提倡社会主义的一个基本目的是预防资本主义的流弊。在他看来，中国由于经济落后反而更容易避免资本主义的弊病，“夫欧美社会之祸，伏之数十年，及今而后发见之，又不能使之遽去；吾国治民生主义者，发达最先。睹其祸害于未萌，诚可举政治革命、社会革命毕其功于一役”[④]。陈独秀接受马克思主义之后就不断批判资本主义制度的“罪恶”和“弊病”，他之所以主张社会主义革命，在很大程度上也是基于这一批判。在1920年12月1日致罗素和张东荪讨论社会主义的信中，陈独秀还为中国经济不发达而能避免资本主义的罪恶而庆幸：“幸而我们中国此时才创造教育、工业在资本制度还未发达的时候，正好用社会主义来发展教育及工业，免得走欧、美、日本的错路。”[⑤]这与孙中山的论调是非常相近的。再如，马君武在介绍马克思主义、社会主义时曾将马克思的阶级斗争学说与达尔文的生存竞争论相混淆，并用进化论解释社会主义。李大钊在《我的马克思主义观》中也曾引述社会进化论者斯宾塞的观点解释马克思的“阶级竞争说”，[⑥]他的《物质变动与道德变动》

---

① 参见李大钊：《法俄革命之比较观》，载《李大钊文集》(2)，人民出版社1999年版，第219页。

② 参见陈独秀：《驳康有为〈共和平议〉》，载《陈独秀文章选编》(上)，三联书店1984年版，第254页。

③ 《中共党史文摘年刊》，浙江人民出版社1982年版，第78页。转引自钟家栋、王世根主编：《20世纪：马克思主义在中国》，上海人民出版社1998年版，第38页。

④ 孙中山：《〈民报〉发刊词》，载《孙中山选集》，人民出版社1981年版，第76页。

⑤ 陈独秀：《致罗素、张东荪的信》，载《陈独秀文章选编》(中)，三联书店1984年版，第52页。

⑥ 参见李大钊：《我的马克思主义观》，载《李大钊文集》(3)，人民出版社1999年版，第29页。

又运用达尔文的进化论和马克思的唯物史观探讨道德的起源和历史发展问题。[①] 但是，辛亥革命不仅没有真正建立一个资产阶级民主共和国，反而使中国陷入反动军阀统治、内忧外患愈加严重的困境，迫使进步知识分子不得不继续寻找救亡图存之路。辛亥革命的失败肯定会使很多人对资本主义、资产阶级民主制度是否适合中国产生怀疑，而这种怀疑也将会对他们选择用社会主义实现中国问题的"根本解决"产生影响。同样，辛亥革命所没有完成的反帝反封建的历史任务也使早期中国共产党人能够比较容易地接受共产国际对中国革命性质和任务的指导，从而提出反帝反封建的民族民主革命纲领。

其次是五四运动。瞿秋白（1899～1935）回顾五四运动时曾指出："当时爱国运动的意义，绝不能望文生义的去解释他。中国民族几十年受剥削，到今日才感受殖民地化的况味。帝国主义压迫的切骨的痛苦，触醒了空泛的民主主义的噩梦。学生运动的引子，山东问题，本来就包含在这里。工业先进国的现代问题是资本主义，在殖民地上就是帝国主义，所以学生运动倏然一变而倾向于社会主义，就是这个原因。"[②]巴黎和会上争取主权的失败，使中国人民深切感受到救亡图存的迫不及待，激发起广泛的爱国运动。这一方面使许多早期中国共产党人坚定了走俄国道路以拯救中国的信念，或促使许多先进知识分子义无反顾地选择了走俄国道路，另一方面，五四运动也使早期中国共产党人认识到人民群众集体行动的伟大力量，尤其是中国工人阶级开始作为先进生产力的代表登上历史舞台，不仅有利于早期中国共产党人深化对马克思主义的理解，而且使他们在刚刚转向马克思主义不久就迫不及待地将马克思主义运用于拯救中国的实践。"五四"以后，"社会改造"的思潮席卷全国，加之早期中国共产党人对马克思主义的宣传，促使马克思主义在"五四"进步思潮中影响扩大，使很多原本向往资产阶级民主共和制度的进步知识分子从激进的民主主义走向马克思主义。这一点可以从陈独秀"五四"以后马克思主义观的发展中得到很好的证明。由于这些复杂因素的影响，许多早期中国共产党人开始明确地把马克思主义视为拯救中国及世界的思想指南。如陈溥贤（1891～1957）以"渊泉"为名在 1919 年 4 月发表于《晨报》的《近世社会主义鼻祖马克

① 参见李大钊：《物质变动与道德变动》，载《李大钊文集》(3)，人民出版社 1999 年版，第 100～116 页。

② 瞿秋白：《饿乡纪程》，载《瞿秋白文集·文学编》(1)，人民文学出版社 1985 年版，第 26 页。

思之奋斗生涯》就声称："吾侪固深信马氏的学说，乃现代万恶社会之唯一疗法也。"[①]李大钊在《我的马克思主义观》中称马克思主义为"世界改造原动的学说"[②]。蔡和森(1895～1931)1920 年 8 月在法致信毛泽东，称"我近对各种主义综合审谛，觉社会主义真为改造世界对症之方，中国也不能外此"[③]。这些说法代表了很多早期中国共产党人对马克思主义的评价。

再次是国共合作。中共"二大"接受列宁主义和共产国际"二大"关于被压迫民族和殖民地革命方针，提出了反帝反封建的民族民主革命纲领，从前期主张社会主义革命转向领导资产阶级民主革命，并在共产国际指导下与国民党建立了统一战线。国共合作的建立既与中国共产党人运用马克思主义对中国革命性质、任务的认识紧密相关，又是中共领导国民革命的主要方式。但是，随着国民革命的发展，早期中国共产党人一方面充分认识到资产阶级的妥协性和软弱性以至反动性，从而促使他们向更广泛的农民阶级寻找国民革命的支持力量，于是提出了无产阶级在国民革命的领导权和农民在国民革命中的作用与地位问题；另一方面由于国共矛盾的加剧尤其是与国民党"右派"势力的斗争，早期中国共产党人对马克思主义关于民族和殖民地革命与世界革命的关系、阶级斗争与民族斗争的关系的基本思想有了更为深刻的理解，陈独秀、李大钊、瞿秋白等对"戴季陶主义"的批判都对此有深刻的阐发。而国共合作的破裂，更促进早期中国共产党人进一步将马克思主义与中国国情结合起来，探讨领导中国革命的新道路。

就国际政治因素来说，最重要的当属俄国十月革命。毛泽东的"十月革命一声炮响，给我们送来了马克思列宁主义"[④]，已经对此作出了权威论断。[⑤] 十月革命给早期中国共产党人提示出一个按照马克思主义进行的社会革命的成功实例，从而扩大了马克思主义在中国的影响，使很多寻求救亡图存出路的进步知识分子开始了向马克思主义的转变，也从而成为早期中国共产党人马克

① 渊泉：《近世社会主义鼻祖马克思之奋斗生涯》，载林代昭、潘国华编：《马克思主义在中国——从影响的传入到传播》(下)，清华大学出版社 1983 年版，第 6 页。

② 李大钊：《我的马克思主义观》，载《李大钊文集》(3)，人民出版社 1999 年版，第 15 页。

③ 《新民学会会员通信集》(3)，转引自钟家栋、王世根：《20 世纪：马克思主义在中国》，上海人民出版社 1998 年版，第 72 页。

④ 毛泽东：《论人民民主专政》，载《毛泽东选集》(4)，人民出版社 1991 年版，第 1471 页。

⑤ 李泽厚 1988 年的《马克思主义在中国》仍然承认毛泽东的这一论断"是相当准确的"。(参见李泽厚：《马克思主义在中国》，三联书店 1988 年版，第 3 页)

思主义观形成的历史起点。十月革命之后，马克思主义在中国的传播进入了一个新的历史时代，相当多的早期中国共产党人由此接触、接受并转向马克思主义。金观涛、刘青峰以《新青年》为案例，利用数据库方法，探讨重大事件与观念演变之间的互动，发现在《新青年》杂志提及的重大事件中，"频度最高、变化最大的是第一次世界大战，因此我们认为它是《新青年》杂志观念史图像中最重要的事件"，而在"十月革命发生的1917年，它被提及的频度颇低，这表明当时中国知识分子对它并不特别关心。对十月革命的注重发生在1919年以后甚至20年代初，也就是五四运动以后。……实际上是中国知识分子在认同了社会革命甚至是接受了马克思主义的过程中，才对十月革命愈来愈有兴趣"。"十月革命对中国现代观念系统转化的功能主要表现在它作为社会革命成功的样板，促使列宁主义在中国的传播和形成中国式的马列意识形态体系"[①]。这一探讨颇具启发性。但当时宣传十月革命的中国杂志不只《新青年》，仅以《新青年》为例是否能全面地说明问题，尚存疑问。并且，上述论断也存在着自我矛盾的问题。因此，我们并不认为这一探讨可以推翻从十月革命到马克思主义这一影响关系。我们关注的是十月革命对早期中国共产党人马克思主义观的深刻影响，在这个问题上，我们认为，美国学者莫里斯·迈斯纳的看法值得重视。他根据对李大钊马克思主义道路的考察提出，对早期中国马克思主义运动来说，十月革命的影响甚至大于马克思主义理论的影响。[②]这不仅可以从五四运动以后许多早期中国共产党人选择走俄国的道路得到证明，而且也可以解释早期中国共产党人马克思主义观的激进倾向。也就是说，尽管早期中国共产党人尤其是其中的重要代表如李大钊、陈独秀等都比较准确地把握到马克思主义理论体系及其主要内容，但他们都把社会主义革命作为中国问题之"根本解决"之路。这主要是因为他们相信社会主义既然可以在经济、文化相当落后的俄国取得胜利，当然也可以在经济、文化同样落后的中国获得成功，于是走俄国革命道路成为许多进步知识分子自觉选择。这也是为什么早期中国共产党人似乎并未受到列宁主义的明显影响，但他们的马克思主义观却仍然接近于列宁的"革命的社会主义"的重要原因。同样，也正是

① 金观涛、刘青峰：《五四新青年群体为何放弃"自由主义"？——重大事件与观念演变互动之研究》，载《二十一世纪》2004年4月号。

② 参见[美]莫里斯·迈斯纳：《李大钊与中国马克思主义的起源》，中共北京市委党史研究室编译组译，中共党史资料出版社1989年版，第104页。

由于十月革命的影响，早期中国共产党人虽然很早就认识到马克思主义的“科学的社会主义”性质，但是在中共“二大”之前，他们对马克思主义的“革命的社会主义”性质更为重视，不仅批判第二国际的改良主义、议会主义和国家社会主义道路，并且自觉地将马克思主义与其他社会主义流派如工团主义、基尔特社会主义区别开来。

其次是巴黎和会。第一次世界大战的胜利曾经使相当多数的中国进步知识分子对资产阶级“自由”、“民主”充满期待和向往，“公理战胜强权”成为当时思想界讨论的主题，陈独秀曾为此大声疾呼。但是欧美列强在巴黎和会上无视中国的主权要求将战前德国在华利益移交日本，暴露了帝国主义强权政治的面目，加之此后不久苏俄政府宣布放弃前沙皇俄国的在华利益，使许多进步知识分子对欧美资本主义国家由失望、怀疑变至激烈批判，不再寄希望于欧美列强或资本主义制度来拯救中国，对被列强视为洪水猛兽的苏俄政府及其“主义”则有了更多同情的了解。陈独秀“五四”时期批判欧美列强对苏俄的诬蔑，高度评价十月革命在人类发展史上的伟大意义，提出了“强力拥护公理”、“平民征服政府”①和“直接行动”②的主张。这种激进倾向比较典型代表了“五四”进步知识分子的思想历程。也正是这种激进倾向促使许多像陈独秀一样的进步知识分子逐渐接触、同情、接受马克思主义。同时，他们对马克思主义的理解无疑也受到这一重大政治因素的影响。如陈独秀此后激烈批判资产阶级民主政治，揭露资本主义剥削本质，并和李大钊等一样提出世界历史已进入到从资本主义向社会主义进步的阶段，认为中国在这一历史趋势下可以选择社会主义避免走上资本主义的“错路”是一种幸运，从而积极主张“我们中国不但有进社会主义底可能，而且有急于讲社会主义底必要”③。

再次是国际共产主义运动的发展。十月革命胜利后，社会主义运动在德、奥等国声势浩大地展开，给倾向于马克思主义的李大钊等以极大的希望，“劳工神圣”也成为中国思想界讨论的重要问题。随后，第三国际成立，开始指导和支持国际共产主义运动。这不仅极大地推动中国的共产主义运动，而且直接影响到早期中国共产党人对马克思主义的“革命的社会主义”性质的理解，强化了他们马克思主义适用于中国的信念。尤其是列宁在共产国际“二大”的

---

① 陈独秀：《山东问题与国民觉悟》，载《陈独秀文章选编》(上)，三联书店 1984 年版，第 412 页。

② 陈独秀：《北京市民宣言》，载《陈独秀文章选编》(上)，三联书店 1984 年版，第 425 页。

③ 陈独秀：《社会主义批评》，载《陈独秀文章选编》(中)，三联书店 1984 年版，第 92 页。

关于民族和殖民地革命的报告以及大会的相关决策对早期中国共产党人马克思主义观从主张社会主义革命向领导资产阶级民主革命的转变更有积极的、重大的影响。这一点，我们将在下一章详细探讨。

二、经济因素的影响

所谓“经济因素”，本书主要是指中国的经济形势、经济结构和社会性质、阶级力量等。

首先，就经济形势来说，近代以来，帝国主义列强挟近代工业发展成就大量向中国倾销廉价商品，并以强权优势侵略、控制中国经济，导致了中国家庭手工业破产、民族资本主义无力发展，国势极度衰微。这种经济形势一方面使早期中国共产党人对资本主义的剥削本质和帝国主义与中国民族的矛盾有切身体会，有利于他们理解和接受马克思主义；另一方面也使他们认识到中国命运已与世界形势的发展息息相关、中国问题的解决之路离不开对世界形势的判断。李大钊、陈独秀、蔡和森等之所以认为中国已经具备发生社会主义革命的条件，就在于他们将中国问题的解决与世界历史发展的趋势结合起来思考，认识到俄国十月革命以后，世界历史的发展已经进入到无产阶级与资产阶级“最后的阶级竞争”阶段，资本主义即将为社会主义所替代，而中国在世界经济上处于“世界的无产阶级”地位，是“无产阶级的国”，因而有资格参与世界范围的社会主义革命。同样，也正由于将中国命运与世界形势联系起来，早期中国共产党人在转向民主革命之后，仍然坚持马克思主义民族斗争与阶级斗争、民主革命与世界革命相统一的原则，强调中国的国民革命是世界革命的重要组成部分。经济形势直接关系到国家民族命运，因此，对经济形势的认识往往通过对国家民族命运的关注影响到早期中国共产党人马克思主义观。中国自近代以来饱受列强欺凌的屈辱命运使谋求救亡图存之路成为一代代进步知识分子向西方学习的基本目的，也是许多早期中国共产党人最终放弃资产阶级民主共和梦想而选择马克思主义的根本原因。很多早期中国共产党人之所以选择马克思主义，最基本的原因就是在他们看来只有马克思主义和社会主义，只有“走俄国人的路”才能摆脱被列强奴役的命运，拯救中国。这也是他们刚刚接受马克思主义便急于在中国发动社会主义革命以实现中国问题的“根本解决”，使其马克思主义观表现出激进倾向的根本原因。很多研究早期中国共产主义运动的学者所特别重视的民族主义因素的影响[①]以及我们上文提出的十月革命对早期中国共产党人马克思主义观影响甚至比马克思主义更大等问题，也只有结合早期中国共产党人的这种追求才能得到合理的解释。

其次，就经济结构来说，中国近代工业虽有所发展，但在国民经济中所占比重有限，而家庭手工业在帝国主义列强经济压力下日益破产，自给自足的农业经济仍然是经济结构的主体。尽管如此，中国近代工业的初步发展，工人阶级作为先进生产力的代表而出现并愈来愈显现其坚定的革命性和坚强的战斗力，为早期中国共产党人认识和理解马克思主义提供了有利条件。但也正是由于中国近代工业极不发达，生产力水平低下，也在很大程度上影响了早期中国共产党人（实际上不止他们）对产生于欧洲发达的资本主义国家的马克思主义理论的认识和理解。我们看到，尽管李大钊、陈独秀等在理解马克思主义理论体系之时都非常重视"剩余价值论"或"资本主义经济论"，但或者仅限于阐述基本理论，或者用之于揭露和批判资本主义生产方式的"罪恶"和"弊害"，而对于强调社会主义的必然到来的唯物史观和揭示社会主义革命实现途径的阶级斗争学说却都表现出极大的兴趣。经济结构的影响与社会性质的影响紧密联系，早期中国共产党人很早就注意到中国半殖民地的社会性质，对这一社会性质的认识也成为他们主张社会主义革命、在党成立之后着力领导工人运动的重要原因。而中国社会的半封建性质至少在中共"二大"之前并没有引起他们的特别重视，这无疑与他们对马克思主义的认识和理解有关。但是，在中共"二大"之后，由于接受列宁关于民族和殖民地革命思想的指导，反帝反封建的革命纲领的提出，中国共产党人开始通过对中国社会性质的认识来理解中国革命的性质和任务。于是，工农联盟、农民在国民革命中的作用与地位等开始成为早期中国共产党人马克思主义观发展所要解决的重大问题。毛泽东在国民革命后期根据对中国社会半封建性质的认识提出打破地主阶级土地所有制是国民革命的中心任务、国民革命的重心应转向农村农民革命，就体现了早期中国共产党人马克思主义观发展的一个重要趋向。因此，对中国社会性质的认识直接影响到早期中国共产党人马克思主义观的形成与发展。

再次，就阶级力量来说，在中共"二大"之前，早期中国共产党人按照马克

---

① 如美国学者莫里斯·迈斯纳对李大钊马克思主义观的研究便很强调这一点。（参见[美]莫里斯·迈斯纳：《李大钊与中国马克思主义的起源》，中共北京市委党史研究室编译组译，中共党史资料出版社 1989 年版，第 191～211 页）

思主义原则将工人阶级视为先进生产力的代表，提出了社会主义革命纲领，将党的工作集中在领导工人运动上，很少关注到农民与社会主义革命的关系问题，更极力反对与任何资产阶级政党发生关系。转向国民革命之后，根据对国民革命性质、任务的认识确立了国共合作的方针，提出了工人、农民、小资产阶级、民族资产阶级的革命联盟问题。既然国民革命的性质是资产阶级民主革命，那么如何处理无产阶级与资产阶级在国民革命中的领导地位问题？既然农业在国民经济中占主体地位，农民不仅人数众多而且饱受压迫，困苦不堪，工人阶级虽然代表着先进的生产力但毕竟力量弱小，那么，如何看待农民在国民革命中的地位与作用问题？① 所以，"无产阶级领导权"、农民在国民革命中的地位由此成为早期中国共产党人将马克思主义运用于中国革命实践中所遇到的最突出问题。对这些问题的思考和解决，也直接促进了早期中国共产党人马克思主义观的发展。其中更为重要的是后者，这其实涉及马克思主义如何与中国革命的具体实际相结合的问题。当然，这也是早期中国共产党人尤其是领导层意见分歧比较大，而且直到大革命失败之后很长一段时间都没有得到很好的解决的问题。在我们看来，无论李大钊、瞿秋白等如何重视农民革命的地位与作用，他们与被认为是轻视农民革命的陈独秀之间其实只有重视程度上的差异而没有马克思主义原则上的区别。也就是说，他们都没有将无产阶级政党领导下的农民革命作为中国革命的独特道路来思考。即使毛泽东大革命后期对农民革命问题的思考很独特，也远不能说是成熟的。

三、思想文化因素的影响

所谓"思想文化因素"，既包括近代以来流行于中国思想界的西方近现代进步思潮，又包括马克思主义在中国传播过程中出现的思想论战，同时，中国传统文化的一些意识、观念也应该纳入思考之中。

近代以来，资产阶级进步知识分子不断向西方寻求中国富强之道，大量西方近现代思想文化学说被介绍到中国，其中当然也包括马克思主义、社会主

① 本杰明·I·史华兹认为，1923 年"二七"罢工的失败使陈独秀意识到中国工人阶级力量的弱小，从而真正接受共产国际对中国革命性质和任务的指导。（参见《中国的共产主义与毛泽东的崛起》，陈玮译，中国人民大学出版社 2006 年版，第 42 页）莫里斯·迈斯纳也认为，由于中国北方近代工业不发达，并且处在北洋军阀统治之下，工人运动难以有成效地开展，使李大钊不得不向农民去寻求中国革命的力量。（参见《李大钊与中国马克思主义的起源》，中共北京市委党史研究室编译组译，中共党史资料出版社 1989 年版，第 251～254 页）

义。尤其是新文化运动以后，在批判封建传统的旧文化、提倡“民主”和“科学”的旗帜下，各种西方思潮流行于进步思想界。从这个角度说，马克思主义在中国的传播是与其他西方近现代思潮相互联系、交互作用着的。这种情况不仅影响着马克思主义传播的内容、性质和方向，而且由于马克思主义在五四运动以后才在进步思想界产生重大影响，这些思潮一方面会对人们认识、评价马克思主义产生重要影响，另一方面也不能不使马克思主义与其他思潮产生矛盾和斗争。就早期中国共产党人马克思主义观形成、发展来说，我们以为对其产生重要影响的主要有进化论、民主主义、无政府主义和其他社会主义流派。进化论自 1898 年严复翻译赫胥黎的《天演论》即传入中国，对中国近代思想产生相当深刻影响。即使进入 20 世纪后，进化论仍然构成了进步知识分子信仰资产阶级民主主义的基础。在马克思主义传播过程中，资产阶级革命派如马君武等曾用进化论解释唯物史观，李大钊、陈独秀等不仅早期思想有进化论色彩，如陈独秀曾将进化论、社会主义、人权说视为“近世三大文明”[①]，而且他们也都曾用进化论理解马克思主义，尤其是唯物史观，“进化”概念遍见于他们阐述马克思主义的论著之中。应该说，进化论使他们比较容易理解唯物史观对人类社会发展的必然性和最终将臻至理想境界的强调。但是，可能也正是进化论的影响，使他们对唯物史观的理解过分侧重于必然性而对唯物史观所主张的人类社会历史发展的规律性有所忽视。因此，他们虽然都比较全面地把握了马克思主义，但不同程度地忽视马克思主义所特别重视强调的社会主义必然发生在资本主义发展的高级阶段，同时也没有充分注意到中国是否具备进行社会主义革命的客观经济条件。当然，随着马克思主义观的逐渐成熟，李大钊根据唯物史观对进化论也有了新的认识。[②] 至于民主主义的影响，其一，民主、自由、人道等民主主义观念是许多早期中国共产党人接受、理解马克思主义、社会主义的前提和背景。其二，随着转向马克思主义，早期中国共产党人虽然强烈地批判资产阶级民主的伪善，但也致力于对社会主义民主、自由等问题的探讨。尤其对李大钊来说，人道主义曾经与“互助论”相互结合对其马克思主义观发展有相当大的影响，他对社会主义的理解和论述也特别重视“平民主义”这一视角。其三，由于曾普遍具有民主主义这一前马克思主义思想，早期中国共产党人也能够比较顺利地接受共产国际关于中国革命的性质和任

① 陈独秀：《法兰西人与近世文明》，载《陈独秀文章选编》（上），三联书店 1984 年版，第 81 页。

② 参见吕明灼：《李大钊思想研究》，河北人民出版社 1983 年版，第 280～282 页。

务的指导，实现其马克思主义观的重大转变。

"五四"以后，在马克思主义传播过程中，曾经发生三次比较大的论战。这三次论战被人们从马克思主义发展的角度进行多次讨论，我们所重视的是它之于早期中国共产党人马克思主义观的影响。李大钊与胡适(1891～1962)之间的"问题与主义"之争的核心问题，在我们看来是用胡适的实验主义还是用李大钊的马克思主义来解决中国问题，或者说解决中国问题是应该采取一点一滴的改良主义方法还是采取"根本解决"的方法。虽然这次论战仅在两三人间进行，社会影响似乎并不明显，但是，第一，它使早期中国共产党人坚定了"根本解决"的信念。胡适的实验主义方案只适用于政治秩序稳定、主权得到充分保障的国家，正如李大钊所说："在没有组织没有生机的社会，一切机能，都已闭止，任你有什么工具，都没有你使用他作工的机会。这个时候，恐怕必须有一个根本解决，才有把一个一个的具体问题都解决了的希望。"[①]第二，它促使早期中国共产党人充分重视理论研究与宣传应该与实践问题的解决紧密结合起来。李大钊在论战中承认："我们最近发表的言论，偏于纸上空谈的多，涉及实际问题的少，以后誓向实际的方面去作。"[②]陈独秀在接受马克思主义之后特别强调马克思的"实际研究的精神"和"实际活动的精神"，甚至提出"宁可少研究点马克思的学说，不可不多干马克思革命的运动"。[③] 这里需要讨论的是陈独秀对"问题与主义"之争的态度。陈独秀接受马克思主义之后曾多次强调"我们改造社会是要在实际上把他的弊病一点一滴、一桩一件、一层一层渐渐的消灭去，不是用一个根本改造底方法，能够叫他立时消灭的，更不是单单在理论上笼统的否认他，他便会自然消灭的"[④]。这与胡适的论调颇为相似。因此，董德福、史云波认为，陈独秀对李、胡之争采取的是"中立偏胡"的立场，并认为早期中国共产党人"理想主义因素远远大于对中国革命具体道路的探索"，这"使中共在革命初期一再犯严重的教条主义错误"，而"胡适的文章对脱离中国实际的理想主义的幼稚病具有一定的纠偏作用"。[⑤] 这种看法是不能令人信服的。陈独秀曾明确指出，他批判所谓"根本改造"、提倡"一点一滴

① 李大钊：《再论问题与主义》，载《李大钊文集》(3)，人民出版社1999年版，第6页。

② 李大钊：《再论问题与主义》，载《李大钊文集》(3)，人民出版社1999年版，第2～3页。

③ 陈独秀：《马克思的两大精神》，载《陈独秀文章选编》(中)，三联书店1984年版，第177～178页。

④ 陈独秀：《答郑贤宗》，载《陈独秀文章选编》(中)，三联书店1984年版，第44～45页。

⑤ 董德福、史云波：《陈独秀和"问题与主义"之争》，载《安徽史学》2002年第4期。

地努力创造”都是“专为空谈主义不去努力实行的人而发的”[①],也就是说主要是针对无政府主义。早期中国共产主义运动的“左”倾倾向的产生有相当复杂的历史动因,决非胡适的一种主张、一篇文章所能“纠偏”的。实际情况是,声称“多研究些问题”的胡适等人并没有实际地研究如何解决中国社会问题。“具有讽刺意味的是,就在自由主义者提出‘多研究些问题’建议后不久的1920年,很多社会主义者及其追随者开始走向工人和农民中去研究他们的生活状况,而自由主义者却很少参加这种社会调查和劳工运动”[②]。与无政府主义者的论战正处在早期中国共产党人马克思主义观确立的关键阶段,因此这次论战的影响是比较大的。在“五四”前后,无政府主义在中国思想界的影响要大过马克思主义,而且无政府主义流派对马克思主义、社会主义在中国的传播曾经作出一定的贡献,很多早期中国共产党人如李大钊、毛泽东、恽代英(1895～1931)、周恩来(1898～1976)等在接受马克思主义之前都曾不同程度地受到无政府主义的影响。同时,“五四”以后的一段时间早期中国共产党人与无政府主义者也曾保持比较良好的关系。但当马克思主义的影响越来越大时,无政府主义者开始严厉批判马克思主义。从1920年到1922年,以陈独秀、李大钊为代表的早期中国共产党人与无政府主义者展开相当激烈的论战。就论战之于早期中国共产党人马克思主义观的影响来说,我们以为以下几点值得注意:其一,由于无政府主义与马克思主义在很多问题上有相近之处,如批判资本主义制度、主张暴力革命、憧憬共产主义理想等,[③]使得很多早期中国共产党人一时难以分辨两者的界限,并受其影响。因此,论战的一个重要意义在于:它使相当一部分早期中国共产党人在思想上、理论上划清了马克思主义与无政府主义的界限,促进了对马克思主义的比较正确的理解。其二,论战给早期中国共产党人表达他们马克思主义观的机会。在论战所涉及的马克思主义国家学说、阶级斗争学说、无产阶级专政、社会主义经济制度等许多重要问题上,早期中国共产党人都达到了比较正确的认识。其三,对早期中国共产党人马克思主义观来说,无政府主义的影响是更深层次的。也就是说,无政府主义迅速改变罪恶的社会制度和强权政治、建立美好社会的理想仍然作为一

① 陈独秀:《主义与努力》,载《陈独秀文章选编》(中),三联书店1984年版,第63页。

② [美]周策纵:《五四运动:现代中国的思想革命》,周子平等译,江苏人民出版社1999年版,第226页。

③ 参见马承伦:《试论无政府主义对早期马克思主义者产生影响的原因》,载《党史研究与教学》1998年第2期。

种激情在影响着早期中国共产党人。这一影响与其他方面的影响纠缠在一起，对早期中国共产党人激进的马克思主义观的形成起了重要作用。因此，我们认为，无政府主义对早期中国共产党人马克思主义观的影响主要不是在理论方面和思想层次，而是作为一种激情、一种情感因素在发挥着作用。近代以来流行于中国思想界的“社会主义”流派鱼龙混杂，李大钊、陈独秀等在学习、研究马克思主义过程中对马克思主义与社会主义阵营诸多流派之间的区别给予了充分的重视。陈独秀在1921年和1923年发表的两次关于社会主义的长篇演讲，都将“应讲何种社会主义”作为一个重要的主题。[①] 至于与基尔特社会主义者的论战，对早期中国共产党人选择社会主义革命也起着重要作用。我们认为，这次论战的关键问题不在于社会主义能否发展实业或能否比资本主义更好地发展实业，而在于在当时的社会政治、经济形势下中国的首要问题是发展实业还是进行社会革命。早期中国共产党人明确地意识到在政治秩序混乱、经济不独立的形势下无论是用资本主义还是用社会主义去发展实业都将成为不可能，因而只能通过社会主义革命来获得民族独立，建立良好的政治秩序。当然，正如我们已经指出的，早期中国共产党人受十月革命影响，坚信“走俄国人之路”是可能的，没有充分意识到当时的中国并不具备进行社会主义革命的客观条件。因此，这次论战对早期中国共产党人马克思主义观的最直接、最明显的影响就是强化了他们发动社会主义革命的信念和迫切感。

思想文化因素的影响还表现在中国传统文化的一些重要、观念对早期中国共产党人认识、理解马克思主义的渗透。尽管早期中国共产党人大都经历了新文化运动以来对传统文化的批判，并且大都表现出比较强烈的反传统意识，但他们都是在传统文化的熏陶下成长起来的，这使他们在认识、理解马克思主义之时常常不自觉地受到传统文化的影响。最突出的是，他们都具有传统知识分子以天下为己任和“天下兴亡，匹夫有责”的责任感、使命感，这使他们把寻求中华民族救亡图存之路作为实现自己人生价值的基本途径，从而选择和接受了马克思主义。李泽厚曾经探讨过中国传统的“实用理性”在早期中国共产党人接受马克思主义过程中的作用，[②]很有启发意义。传统文化的“大同”理想也对早期中国共产党人理解社会主义、共产主义产生一定的影响，并且似乎也成为他们受到无政府主义影响的一个重

① 参见陈独秀：《社会主义批评》，载《陈独秀文章选编》（中），三联书店1984年版，第85～98页；《关于社会主义问题》，载《陈独秀文章选编》（中），三联书店1984年版，第287～303页。

② 参见李泽厚：《马克思主义在中国》，三联书店1988年版，第19～21页。

要因素。例如,李大钊1918年下半年以后的许多阐述马克思主义的论著中,“世界大同”这一概念曾经频繁出现。至于民粹主义与早期中国共产党人马克思主义观的关系,自美国学者莫里斯·迈斯纳在对李大钊与中国共产主义起源问题的研究中突出强调其受到俄国早期民粹派影响,并将这一探讨深入到对李大钊关于农民与中国革命关系问题的思考之后,国内外都有不少学者关注这一问题。李泽厚1988年的《马克思主义在中国》突出强调了李大钊的“民粹主义的色彩”,并提出“中国近现代民粹思潮”“一开始便渗入了马克思主义之中,而发生了作用和影响”。[①] 实际上,在此前的1984年,李泽厚将中国近现代民粹主义思潮追溯到先秦墨家,提出“在中国近代以至今日,我以为,始终有一股以农民小生产者为现实基础的民粹主义思潮的暗流在活跃着”,“这种思潮仍然是或明或暗地、强有力地渗入和影响着中国近代政治和思想舞台,特别是在与农村有较深关系的知识分子或具有农民气质的思想家政治家身上自觉或不自觉地表现出来,甚至也可以渗入马克思主义革命家们的思想深处”[②]。应当承认,早期中国共产党人马克思主义观确实受到民粹主义的影响。但我们反对将凡是重视农民与革命关系问题、向农民寻求革命的支持力量者都笼统地归之于民粹主义。李大钊的《青年与农村》与其说是受到俄国民粹派思想的影响,毋宁说是受到民粹派革命行动的影响[③],他对农民问题固然极其重视,但从来都没有认为农民有“天生的社会主义本性”,也并没有明确表示农民仅凭其革命性而可以无需无产阶级领导就能够完成革命。更为重要的是,早期中国共产党人如李大钊、瞿秋白、毛泽东对农民革命力量的重视与强调都是在列宁的《讨论民族与殖民地问题》的框架内进行的,将其笼统地归结为“民粹主义思潮”,我们认为是不恰当。或许是鉴于从理论上很难解释早期中国共产主义运动的“民粹主义”倾向问题,近来一些学者倾向于将“五四”以后思想界尤其是早期马克思主义者表现出来的激进倾向都理解为“民粹主义”,[④]因而存在着滥用“民粹主义”概念的问题。

---

① 李泽厚:《马克思主义在中国》,三联书店1988年版,第155、157页。

② 李泽厚:《墨家初探本》,载《中国古代思想史论》,人民出版社1985年版,第74页。

③ 即使极力主张李大钊有民粹主义倾向的迈斯纳,也不得不承认这一点。(参见中共北京市委党史研究室编译组译:《李大钊与中国马克思主义的起源》,中共党史资料出版社1989年版,第92页)

④ 如顾昕的《从“平民主义”到“劳农专政”——五四激进思潮中民粹主义和中国马克思主义的起源(1919～1921)》(载《当代中国研究》1999年第2期)、高力克的《李大钊与民粹民主主义》[载《二十一世纪》(网络版)2002年第6期]。

第二章
早期中国共产党人马克思主义观的发展历程

早期中国共产党人马克思主义观的历史虽然为时仅十余年时间，但其形成、确立及发展、转变却仍然有着明显的阶段性。我们以为，将早期中国共产党人马克思主义观的发展分为三个阶段。

一、从俄国十月革命到五四运动前的初步接受期

这是早期中国共产党人从开始了解马克思主义到初步接受马克思主义的阶段。现在可以确定的是，"马克思"这个人名和马克思的学说至迟到1898年已为中国人所知。在辛亥革命前后，外国传教士在中国所办的杂志，留日中国学生译介的日本社会主义论著，资产阶级改良派和革命派乃至无政府主义派等都曾大量介绍马克思、恩格斯及其学说以及社会主义。在俄国十月革命之前，国内关于马克思主义的介绍初步涉及马克思、恩格斯的生平与功绩以及他们的主要著作、唯物史观的某些观点，尤其是对马克思的剩余价值学说给予了相当重视，并用马克思学说批判资本主义罪恶，提出了中国能否走社会主义、走何种社会主义道路的问题。① 但是，这些初步传播虽然对资产阶级改良派、革命派以及无政府主义派都产生了一定影响，但却是相当有限的。同时，传播者各自的立场及其传播取向也不可能使其达到对马克思主义的准确介绍。再者，十月革命前国内马克思主义的传播究竟在多大程度上对早期中国共产党人接触、了解马克思主义产生过影响，也仍然是很难判定的。由于自身的思想发展和人生经历等各方面因素的影响，第一批中国共产党人的马克思主义道

① 参见高军、王桧林、杨树标等编：《五四运动前马克思主义在中国的介绍与传播》，湖南人民出版社1986年版，第11～15页。

路各具特色。总体上说,“有的是在打破了民主主义的幻想之后,接受了马克思主义;有的是在各种新思想的影响和鉴别中选择了马克思主义;有的是在国外大量阅读马克思主义著作后,建立起对马克思主义的信仰;有的是在国内的现实探索中逐步形成了马克思主义的立场”[①]。由于史料的缺乏,我们很难一一确定每个早期共产主义者接触、了解马克思主义的准确时间和具体情况。当然,即使对那些大体能够确定其接触、了解马克思主义、社会主义的时间的人来说,我们也不能将这一时间视为其马克思主义观形成的起点。作为中国共产党的创立者,李大钊在1912年就已经了解“社会主义”,并且在日本留学期间受到日本社会主义学者的影响,但直到他1917年4月29日发表的《政治之离心力与向心力》[②],“社会主义”这一概念仅在他的文章中出现一次。陈独秀1915年9月发表于《新青年》1卷1号的《法兰西人与近世文明》将“社会主义”视为“近世三大文明”之一,并了解到社会主义与“马克斯”的关系。[③] 此外,他在《新青年》1卷2号发表的《今日之教育方针》一文中第一次提到了“唯物论”。[④] 但是,无论是对李大钊还是对陈独秀来说,在十月革命之前,“社会主义”都没有对他们的思想产生明显的影响,陈独秀甚至认为社会主义不适合于中国。[⑤] 因此,我们认为,十月革命应该成为早期中国共产党人马克思主义的历史起点。

十月革命之后,最早接受和传播“革命的社会主义”和马克思主义的早期中国共产党人无疑应属李大钊。他自1918年7月起先后发表了《法俄革命之比较观》、《庶民的胜利》、《Bolshevism的胜利》、《新纪元》等文章,盛赞十月革命,明确指出“俄罗斯之革命是二十世纪初期之革命,是立于社会主义上之革命,是社会的革命而并著世纪的革命之采色者也”[⑥],“俄国Bolsheviki所抱的主义”“就是革命的社会主义;他们的党,就是革命的社会党;他们是奉德国社会主义经济学家马客士为宗主的;他们的目的,在把现在为社会主义的障碍的

---

① 钟家栋、王世根主编:《20世纪:马克思主义在中国》,上海人民出版社1998年版,第52页。

② 该文指出:“对于专制主义而有民主主义,对于资本主义而有社会主义。”[参见《李大钊文集》(2),人民出版社1999年版,第141页]

③ 参见陈独秀:《法兰西人与近世文明》,载《陈独秀文章选编》(上),三联书店1984年版,第80~81页。

④ 参见陈独秀:《今日之教育方针》,《陈独秀文章选编》(上),三联书店1984年版,第86~87页。

⑤ 参见陈独秀:《答褚葆衡》,载《陈独秀文章选编》(上),三联书店1984年版,第170页。

⑥ 李大钊:《法俄革命之比较观》,载《李大钊文集》(2),人民出版社1999年版,第217页。

国家界限打破，把资本家独占利益的生产制度打破”。[①] 陈独秀当时虽然对李大钊欢呼十月革命、宣传马克思主义没有给予积极的回应，但他从民主共和角度对十月革命也有了解。1918 年 3 月，他在驳斥梁启超的《共和平议》时就指出：“二十世纪俄罗斯之共和，前途远大，其影响于人类之幸福与文明，将在十八世纪法兰西革命之上，未可以目前政象薄之。”[②]这里所谓的“俄罗斯之共和”指的就是十月革命后成立的苏维埃政府。李达也是十月革命后较早接受、宣传马克思主义的早期中国共产党人。他在留学日本期间从 1918 年 6 月开始专攻马克思主义理论，阅读了日文本《共产党宣言》、《资本论》第 1 卷、《〈政治经济学批判〉导言》等大量文献，并在 1918～1919 年间翻译了《唯物史观解说》、《社会问题总览》、《马克思经济学说》等著作，在国内陆续出版，比较系统地介绍了马克思主义。

当然，从十月革命到五四运动之前这一时期，大多数早期中国共产党人只是初步了解马克思主义。相对于他们对马克思主义的了解来说，十月革命的影响无疑是更为重大的。因为，十月革命对于那些正在探索中国出路问题的进步知识分子来说更具有启示意义，对此后中国共产党人马克思主义观的形成有非常深刻的影响，他们也正是在十月革命的启发下才开始重新体认早已传入中国的马克思主义的价值。因此，这一时期还谈不上形成了某种确定的马克思主义观。就李大钊来说，他虽然可能是最早接受马克思主义的早期中国共产党人，但对他来说，马克思主义仍然可以说是应该深入了解和潜心研究的对象，直到“五四”之后他才形成关于马克思主义的一些明确看法。

二、从五四运动到党的“二大”的形成确立期

这一阶段是早期中国共产党人马克思主义观基本确立并形成关于中国革命道路的基本看法的时期。巴黎和会上的外交失败再次将救亡图存的重任摆在中国人面前，促使五四运动以后“社会改造”的呼声高涨。在建立资产阶级民主政治的理想幻灭之后，受到俄国十月革命启发的进步知识分子迅速接受俄国布尔什维克党所奉行的“革命的社会主义”。因此，五四运动成为大多数早期中国共产党人转向马克思主义、形成其马克思主义观的重要标志。李大钊经过“五四”前后的潜心研究，已经基本掌握了马克思主义的理论体系，在

① 李大钊：《Bolshevism 的胜利》，载《李大钊文集》(2)，人民出版社 1999 年版，第 242、243 页。
② 陈独秀：《驳康有为〈共和平议〉》，载《陈独秀文章选编》(上)，三联书店 1984 年版，第 254 页。

“五四”之后先后发表了《阶级竞争与互助》、《我的马克思主义观》、《物质变动与道德变动》、《由经济上解释中国近代思想变动的原因》、《由纵的组织到横的组织》、《唯物史观在现代史学上的价值》等一系列重要文章，阐述马克思主义理论，并逐步确立了他的马克思主义观。陈独秀不仅领导了五四运动，而且在“五四”精神推动下思想越来越激进，迅速完成了从倾向于马克思主义到接受马克思主义的转变。1920 年 9 月《谈政治》等文章的发表，标志着陈独秀已经成为一名马克思主义者。李达(1890～1966)在“五四”后先后发表了《什么叫社会主义》、《社会主义的目的》、《马克思还原》等阐述马克思主义、社会主义的著作，为中国共产党人马克思主义观的形成确立作出了重要的理论贡献。此外，李汉俊(1890～1927)、陈溥贤、杨匏安(1896～1931)、陈望道(1891～1977)等“五四”以后的译介及评述马克思主义的著作，也极大地丰富了早期中国共产党人马克思主义观。在法国，蔡和森以“霸蛮”精神译出了马克思、恩格斯的《共产党宣言》、恩格斯的《社会主义从空想到科学的发展》和列宁的《共产主义“左派”幼稚病》、《国家与革命》、《无产阶级革命和叛徒考茨基》等著作的重要章节，并组织在法新民学会会员讨论“改造中国与世界”问题，“其主旨与方法多倾向于现在之俄”[①]。在国内，毛泽东逐渐摆脱了无政府主义、“新村”建设等思潮的影响，在李大钊、陈独秀等的影响下迅速转向马克思主义。

“五四”以后大批马克思主义著作包括研究马克思主义著作的译介以及大量阐述马克思主义的论著的发表，不仅使早期马克思主义者取代了资产阶级革命派和无政府主义派成为传播、宣传马克思主义的主体，也使他们的马克思主义观逐渐成熟。在中国共产党成立前后，大多数早期中国共产党人已经完成了向马克思主义的转变。1920 年 11 月，陈独秀领导的上海共产主义小组曾以中国共产党的名义制定了《中国共产党宣言》，阐述了“共产主义者的理想”、“共产主义者的目的”、“共产党的任务”等问题。[②] 这一宣言所表现的思想在 1921 年 7 月中国共产党第一次全国代表大会通过的党的《纲领》和《决议》上得到了集中体现，代表了大多数早期中国共产党人的马克思主义观。《纲领》和《决议》都没有明确表示中国共产党以马克思主义为指导，但《纲领》

---

① 《新民学会会员通信集》(3)，转引自钟家栋、王世根主编：《20 世纪：马克思主义在中国》，上海人民出版社 1998 年版，第 71 页。

② 参见林代昭、潘国华编：《马克思主义在中国——从影响的传入到传播》(下)，清华大学出版社 1983 年版，第 126～129 页。

强调：

> (1)革命军队必须与无产阶级一起推翻资本家阶级的政权，必须支援工人阶级，直到社会的阶级区分消除为止；
>
> (2)承认无产阶级专政，直到阶级斗争结束，即直到消灭社会的阶级区分；
>
> (3)消灭资本家私有制，没收机器、土地、厂房和半成品等生产资料，归社会公有。[①]

《决议》则根据《纲领》精神指出："本党的基本任务是成立产业工会"，"党应在工会里灌输阶级斗争的精神。……勿使工会执行其他的政治路线"，"教育工人，使他们在实践中去实现共产党的思想"。[②] "一大"通过的纲领无疑是一个社会主义革命纲领，它体现了早期中国共产党人自觉地将马克思主义运用于中国革命的伟大实践。在"一大"之前，李大钊、陈独秀等已经形成了通过进行社会主义革命实现中国问题的"根本解决"的思路。在党成立前后，李大钊、陈独秀、李达、李汉俊、陈望道等早期共产党人在与基尔特社会主义者关于社会主义的论战中都明确表示社会主义适合于中国、通过社会主义发展实业是必由之路的看法。"一大"以后中国共产党对中国革命的领导基本上是依照这个方针进行的，主要依靠城市无产阶级力量，领导和组织工人运动从事社会主义革命。

以中国共产党的成立为标志，马克思主义在中国已经从介绍、宣传、研究发展到指导社会革命的实践。这既是马克思主义的重要发展，也是早期中国共产党人马克思主义观确立的主要标志。这一时期中国共产党人的马克思主义观与其说符合马克思、恩格斯时代的马克思主义，毋宁更接近于列宁所发展的马克思主义，即李大钊、李达等所说的"革命的社会主义"。而这种马克思主义观的形成与其说受到了列宁主义的影响，毋宁说主要是受俄国十月革命的启发。当然，与列宁主义相比，早期中国共产党人的这种马克思主义观还是相当幼稚的。这不仅是指他们刚接受马克思主义不久就将其运用于实践，因而

---

① 《中国共产党第一个纲领》，载中央档案馆编：《中共中央文件选集（1921～1925）》(1)，中共中央党校出版1987年版，第3页。

② 《中国共产党第一个决议》，载中央档案馆编：《中共中央文件选集（1921～1925）》(1)，中共中央党校出版1987年版，第6～7页。

存在着理论准备严重不足的问题，而且是指他们的马克思主义观存在着明显的激进倾向。也就是说，早期中国共产党人在将社会主义革命作为党的纲领时在一定程度上是普遍性地忽视马克思主义所特别强调的生产力发展水平的问题。当然，这并不意味着他们没有在理论上注意到这一问题，但李大钊曾经对唯物史观的所谓“经济决定论”感到忧虑，强调将唯物史观的“必然性”与“阶级竞争”的“能动性”结合起来，而陈独秀则直接用唯物史观的“必然性”论证社会主义的必然发生。同样，早期中国共产党人在“社会主义论战”中主张社会主义同样甚至能够比资本主义更好地发展实业时，着重强调了在当时社会政治、经济情形下资本主义的不可能发展，而对同样情形下社会主义革命如何可能的问题的论证却显得不很充分。当然，这些缺点并无损于早期中国共产党人马克思主义观的创造性价值，它毕竟为苦难深重的中国人民找到一条可能的、有希望的出路，尽管走这条道路注定会多灾多难。同时，我们也充分地认识到，早期中国共产党人这种马克思主义观的形成是有相当复杂的社会历史动因的。

三、从党的“二大”到“八七”会议的转变发展期

这是早期中国共产党人马克思主义观的重要转变阶段，即在中国革命道路上从进行社会主义革命转向致力于领导资产阶级民主革命性质的国民革命。这次转变是在列宁主义和共产国际帮助和指导下完成的。

1920年六七月间，共产国际第二次代表大会召开。列宁在大会上作了《讨论民族与殖民地问题》的报告，大会通过了《关于民族与殖民地问题的补充提纲》。这次会议向幼稚的中国共产党人传达了一个他们或许意想不到的强烈信息：帝国主义已经把整个世界分了压迫民族和被压迫民族，“各民族的相互关系、全世界国家体系，将取决于少数帝国主义国家反对苏维埃运动和以苏维埃俄国为首的各个苏维埃国家的斗争”[①]。在这样的形势下，被压迫民族、殖民地和半殖民地的革命已经成为世界无产阶级革命的一部分。但是，“殖民地革命在最初时期不会是共产主义革命”[②]，而是资产阶级民主革命，“只有在

---

① 列宁：《讨论民族与殖民地问题》，载中国社会科学院、近代史研究所翻译室编译：《共产国际有关中国革命的文献资料（1919～1928）》(1)，中国社会科学出版社1981年版，第20页。

② 列宁：《关于民族与殖民地问题的补充提纲》，载中国社会科学院、近代史研究所翻译室编译：《共产国际有关中国革命的文献资料（1919～1928）》(1)，中国社会科学出版社1981年版，第32页。

殖民地国家的资产阶级解放运动真正具有革命性的时候，在这种运动的代表人物不阻碍我们用革命精神去教育、组织农民和广大被剥削群众的时候，我们共产党人才应当支持并且一定支持这种运动”[①]。而且，如果共产党能够领导民族民主革命取得胜利，并进行有系统的苏维埃思想宣传，那么，“在先进国家无产阶级的帮助下，落后国家可以不经过资本主义发展阶段而过渡到苏维埃制度，然后经过一定的发展阶段过渡到共产主义”[②]。列宁和共产国际关于被压迫民族和殖民地、半殖民地革命的性质与任务的思想，在共产国际 1922 年 1 月召开的远东各国共产党和民族革命团体代表大会上得到贯彻。列宁抱病接见中共代表张国焘和国民党代表张秋白，商讨国共合作、建立革命统一战线的问题。尽管张国焘(1897～1979)说列宁和共产国际关于被压迫民族和殖民地、半殖民地革命的性质与任务的思想“为中共中央所欣然接纳”[③]，可能有些夸张，但 1922 年 1 月 15 日出版的中国社会主义青年团团刊《先驱》的发刊词已经不再主张立即进行社会主义革命，而是强调“努力研究中国的客观的实际情形，而求得一最合宜的实际的解决中国问题的方案”[④]。1922 年 5 月召开的第一次全国劳动大会和中国社会主义青年团第一次代表大会都提出反帝反封建的政治主张，列宁的民族殖民地革命理论对中国共产党革命方针的影响已经相当明显。此后，中共中央于 6 月 15 日公开发表《中国共产党对于时局的主张》，正式提出建立民主主义联合战线的主张。1922 年 7 月，中国共产党第二次全国代表大会召开，大会通过了《中国共产党第二次全国代表大会宣言》，在坚持社会主义和共产主义“最高纲领”的同时提出了最低纲领即反帝反封建的民主革命纲领。大会还通过《关于“民主的联合战线”的决议案》，国共合作已经提到议事日程。

关于“二大”及其所提出的民主革命纲领对中国革命的重大意义已经有很多论断，如果从马克思主义观的发展来看，我们以为，这标志着一个重大转变，即从激进走向务实，从机械地、片面地理解和运用马克思主义走向重视马克思主义与中国国情的结合。这一转变也可以说是从接近列宁主义的“革命的社

---

① 列宁:《讨论民族与殖民地问题》，载中国社会科学院、近代史研究所翻译室编译:《共产国际有关中国革命的文献资料(1919～1928)》(1)，中国社会科学出版社 1981 年版，第 21 页。

② 列宁:《讨论民族与殖民地问题》，载中国社会科学院、近代史研究所翻译室编译:《共产国际有关中国革命的文献资料(1919～1928)》(1)，中国社会科学出版社 1981 年版，第 23 页。

③ 张国焘:《我的回忆》(1)，现代史料编刊社 1980 年版，第 139 页。

④ 《〈先驱〉发刊词》，转引自贾兴权:《陈独秀传》，山东人民出版社 1998 年版，第 284 页。

会主义"回归到"传统马克思主义"。其突出特征在于:承认社会主义应该建立在生产力高度发达的基础之上,从而也承认中国必须经过资本主义的发展阶段才能走向社会主义。当然,中国共产党人实现这一转变在多大程度上是出于对列宁和共产国际的马克思主义权威的服膺和认同还是由于运用马克思主义对中国革命的性质和任务、策略达到科学地认识,是个比较繁难而值得深入探讨的问题。在我们看来,中国共产党当时力量比较弱小因而难以独力承担起领导中国革命这一现实,早期中国共产党人马克思主义观形成过程中提出的一些思考如李大钊强调社会主义的应用"会因时、因所、因事的性质情形生一种适应环境的变化"①以及陈独秀在 1920 年 9 月发表的《对于时局的我见》中关于中国革命任务的思考②等,都使他们能够比较迅速地理解、认同并接受列宁主义的指导和共产国际政策,从而也比较顺利地实现了马克思主义观的重大转变。这一点我们能够从李大钊、陈独秀这一时期马克思主义观的发展上得到比较清楚的认识。因此,早期中国共产党人马克思主义观的这一转变应该是内因与外因相互作用的结果。也因为如此,尽管列宁和共产国际的民族和殖民地革命政策在某种意义上有着苏联自身利益的考虑,尽管后来共产国际在指导中国共产党领导国民革命尤其是在国共合作问题上存在着一些政策上的失误,并对大革命的失败负有一定的责任,但仍不能由此而否定它在促进早期中国共产党人马克思主义观转变上所发挥的积极作用。因为,正是这一转变启发了早期中国共产党人把马克思主义基本原理与中国革命的具体情况科学地结合起来。从"二大"到"八七"会议,早期中国共产党人在无产阶级领导权、国民革命的前途、农民在国民革命中的地位等问题上不断探索,但始终是在坚持国民革命纲领的前提下进行的,他们的马克思主义观由此不断得到丰富发展。即使在大革命失败后,中国共产党人仍然根据"二大"所确立的反帝反封建的民族民主革命纲领在艰难困境中领导中国革命,并由此独立地探索出一条引导中国革命走向成功的道路,也不断地促进科学马克思主义观的成熟。因此,就中国共产党人马克思主义观发展来说,这一转变的意义也值得充分肯定。

需要指出的是,在这一时期其实还有一个已经开始了的转变,那就是从主要依靠城市工人阶级通过领导城市工人运动、争取无产阶级在统一战线的领

---

① 李大钊:《再论问题与主义》,《李大钊文集》(3),人民出版社 1999 年版,第 3 页。

② 参见陈独秀:《对于时局的我见》,载《陈独秀文章选编》(中),三联书店 1984 年版,第 11～12 页。

导权来领导中国革命，向主要依靠无产阶级领导下的农民阶级通过农村土地革命来完成反帝反封建的民族民主革命任务的转变。中国共产党成立之初按照马克思主义原则将城市工人阶级视为先进生产力的代表，将领导城市工人运动进行社会主义革命作为党的主要任务，很少考虑到农民在中国革命中的地位和作用问题。即使在接受列宁主义和共产国际政策的指导、致力于领导反帝反封建的资产阶级民主革命之后，也将城市工人阶级视为革命的主要依靠力量，仍然将主要精力集中在领导城市工人运动上，普遍忽视农民革命问题。虽然在共产国际的指导下，党的“四大”提出了“工农联盟”的问题，但有关农民在国民革命中的地位与作用问题始终是党内争议比较大的问题。瞿秋白、李大钊等固然对农民革命的地位与作用给予了高度重视，但实际上他们在这个问题上并不比被认为是轻视农民革命的陈独秀认识得更清楚。直到大革命后期，毛泽东才根据中国半殖民地半封建社会的性质、封建地主阶级在半殖民地半封建生产关系中的地位提出了农民、农村革命在打破半殖民地半封建生产关系、完成反帝反封建的国民革命中的地位和作用甚至要比城市工人运动要大、中国革命的重心应该转向农村的问题。这一问题的提出不仅预示着中国共产党领导国民革命的主要依靠力量的转变，而且体现着一种马克思主义观的转变，是中国共产党独立自主地将马克思主义科学地运用于中国革命实际从而逐渐形成更为科学的马克思主义观的伟大开端。如果说，“二大”以后早期中国共产党人马克思主义观的转变是关于中国革命性质问题认识的转变，那么这后一个转变则可以说是关于中国革命道路问题认识的转变。这两次转变也是中国共产党人马克思主义观不断进步、向科学化发展的重要标志。当然，这第二次转变还仅仅是一个开端，要完成这一转变不仅要经历艰苦卓绝的领导中国革命实践的考验，而且要经历非常复杂的党内思想路线斗争的考验。

第三章
早期中国共产党人马克思主义观的基本内容

早期中国共产党人马克思主义观形成发展的历史很短，而且由于传播条件的限制他们很难在短时间内接触和阅读更多的马克思主义文献，包括马克思主义经典作家的著作和研究马克思主义的论著。但是，从这一时期早期中国共产党人的相关论著来看，他们马克思主义观的内容还是相当丰富的，涉及许多复杂而重要的问题。对早期中国共产党人这一时期为数众多的论述马克思主义的文献进行认真细致的分析是非常必要的，但这需要相当充裕的时间和相当大的篇幅，我们只能就其主要方面进行概括论述。根据本书导论部分对马克思主义观内涵的界定，我们当然要具体探讨早期中国共产党人是如何认识、评价、运用马克思主义的问题，但在任何情况下这三个方面都不是单独出现的，将它们机械地分别论述很难从整体上把握早期中国共产党人的马克思主义观。因此，本章将根据早期中国共产党人所主要阐述的问题对他们马克思主义观的基本内容作综合性、概括性的论述。

一、对马克思主义性质的认识与把握

马克思主义最初主要是作为一种社会主义学说被传入中国的，在近代以来“社会主义”流派纷然杂陈的情况下，早期中国共产党人的一个重要任务就是如何正确地认识马克思主义的基本性质。在这一问题上，早期中国共产党人普遍注意到把马克思主义与其他社会主义学说、流派区别开来。首先，是与德国社会民主党所代表的第二国际社会主义的区别。李大钊很早就称俄国布尔什维克以马克思为“宗主”，布尔什维克党所奉行的主义是“革命的社会主义"[①]，此后又多次批评"马克思派的社会党""除等着集产制自然成熟外，什么提议也没有，什么活动都没有"，并将"阶级竞争说"视为贯穿马克思主义体系的"金线"；[②]李达也批判第二国际的"修正路线"是马克思主义的"堕落"，认为"第三国际党"的主旨"就是实行马克思的共产主义，即革命的社会主义"[③]，提出"马克思社会主义的性质，是革命的，是非妥协的，是国际的，是主张劳动专政的"[④]；陈独秀通过与"国家社会主义"的比较概括出"共产主义"即"马格斯主义"的基本主张，即"阶级战争"、"直接行动"、"无产阶级专政"、"国际运动"，指出"只有俄国底共产党在名义上，在实质上，都真是马格斯主义"[⑤]；蔡和森称"马克思主义的骨髓在综合革命说与进化说"，因而是"革命的马克思主义"[⑥]。其次，是划清马克思主义与空想社会主义的区别。李大钊很早就意识到社会主义存在着"梦想的"和"科学的"[⑦]或"科学派"和"空想派"的区别[⑧]，到发表《我的马克思主义观》时就明确地认识到"至于马氏才用科学的论式，把社会主义的经济组织的可能性与必然性，证明与从来的个人主义经济学截然分立，而别树一帜，社会主义经济学才成一个独立的系统"[⑨]。杨匏安1919年11月署名"匏庵"在广东《新中华报》发表的《马克思主义——一称科学社会主义》也肯定了马克思在社会主义发展史上的贡献，"自马克思氏出，从来之社会主义，于理论及实际上，皆顿失光辉"，并指出，"马氏以唯物的史观为经，以革命思想为纬，加之以在英法观察经济状态之所得，遂构成一种以经济的内容为主之世界观，此其所以称科学的社会主义也"[⑩]。李达也指出："马克思学说出世以后，从前的空想社会主义变而为科学的社会主义，于是社会主义就为马克思

① 李大钊：《Bolshevism的胜利》，载《李大钊文集》(2)，人民出版社1999年版，第243页。

② 李大钊：《我的马克思主义观》，载《李大钊文集》(3)，人民出版社1999年版，第32、19页。

③ 李达：《第三国际党大会的缘起》，载《李达文集》(1)，人民出版社1980年版，第29页。

④ 李达：《马克思还原》，载《李达文集》(1)，人民出版社1980年版，第31页。

⑤ 陈独秀：《社会主义批评》，载《陈独秀文章选编》(中)，三联书店1984年版，第96、98页。

⑥ 蔡和森：《马克思学说与中国无产阶级》，载林代昭、潘国华编：《马克思主义在中国——从影响的传入到传播》(下)，清华大学出版社1983年版，第266、267页。

⑦ 李大钊：《阶级竞争与互助》，载《李大钊文集》(2)，人民出版社1999年版，第335页。

⑧ 李大钊：《再论问题与主义》，载《李大钊文集》(3)，人民出版社1999年版，第3页。

⑨ 李大钊：《我的马克思主义观》，载《李大钊文集》(3)，人民出版社1999年版，第18页。又按：据考证，《我的马克思主义观》上篇所发表的《新青年》第6卷5号应出版于1919年10月。《李大钊文集》(3)，人民出版社1999年版，第339页。

⑩ 匏庵：《马克思主义——一称科学社会主义》，载林代昭、潘国华编：《马克思主义在中国——从影响的传入到传播》(下)，清华大学出版社1983年版，第68页。

主义所代表。”[①]陈独秀把社会主义区分为“马格斯以前的”社会主义和“马格斯以后的社会主义”，认为前者是“建设在伦理上面的空想的主观的社会主义”，后者则“是科学的是客观的是建设在经济上面的”[②]，因此，“共产主义”就是“马克思底科学的社会主义”[③]。1921 年 8 月，施存统在《新青年》9 卷 4 号发表《马克思底共产主义》，也指出：“马克思是一个科学的社会主义者，他底社会主义是有科学的体系的。”[④]再次，是将马克思主义与当时流行的无政府主义、工团主义、基尔特社会主义等流派区别开来。李达在《马克思派社会主义》中，将“马克思派社会主义”分为“五种范畴”，即“正统派社会主义”、“修正派社会主义”、“工团主义”、“组合社会主义”和“多数主义”，并对各派观点及其与马克思主义的关系进行了比较全面的论述，指出：“多数主义的施设，完全遵奉马克思主义。”[⑤]陈独秀在 1921 年的“社会主义批评”演讲中把“至今尚留存的，有力量的”社会主义分为“无政府主义”、“共产主义”、“国家社会主义”、“工团主义”、“行会社会主义”五派，[⑥]在 1923 年“关于社会主义问题”演讲中又分“基尔德社会主义”、“无政府主义”、“工团主义”、“共产主义”四派[⑦]，比较具体地探讨它们与马克思主义的区别。早期中国共产党人通过上述区分比较准确地认识到马克思主义的“革命的社会主义”和“科学的社会主义”的基本性质，而且他们对马克思主义性质的认识以中共“二大”为界有一个从强调“革命的社会主义”到重视“科学的社会主义”的发展转变，这种发展转变比较典型地体现出他们马克思主义观的发展。

二、对马克思主义体系与内容的概括与论述

早期中国共产党人在接受马克思主义之后，就注意从整体上把握马克思主义，以求达到对马克思主义全面准确的认识。李大钊撰写《我的马克思主义观》的基本目的就是“使这为世界改造原动的学说，在我们的思辨中，有点正确

---

① 李达：《马克思派社会主义》，载《李达文集》(1)，人民出版社 1980 年版，第 91 页。

② 陈独秀：《社会主义批评》，载《陈独秀文章选编》(中)，三联书店 1984 年版，第 85 页。

③ 陈独秀：《关于社会主义问题》，载《陈独秀文章选编》(中)，三联书店 1984 年版，第 295 页。

④ 施存统：《马克思底共产主义》，载林代昭、潘国华编：《马克思主义在中国——从影响的传入到传播》(下)，清华大学出版社 1983 年版，第 312 页。

⑤ 参见李达：《马克思派社会主义》，载《李达文集》(1)，人民出版社 1980 年版，第 92～104 页。

⑥ 参见陈独秀：《社会主义批评》，载《陈独秀文章选编》(中)，三联书店 1984 年版，第 93 页。

⑦ 陈独秀：《关于社会主义问题》，载《陈独秀文章选编》(中)，三联书店 1984 年版，第 293 页。

的解释”。为此，他对马克思的“学说的体系”进行结构性区分：“马氏社会主义的理论，可大别为三部：一为关于过去的理论，就是他的历史论，也称社会组织进化论；二为关于现在的理论，就是他的经济论，也称资本主义的经济论；三为关于将来的理论，就是他的政策论，也称社会主义运动论，就是社会民主主义。”[①]在他看来，马克思的学说“完全自成一个有机的有系统的组织，都有不能分离不容割裂的关系”，具体来说，唯物史观是马克思主义的理论基础，而“阶级竞争说”则是马克思主义的理论核心。[②] 这一划分涉及马克思主义的唯物史观、政治经济学、科学社会主义三个组成部分，是早期中国共产党人最早的关于马克思主义理论体系的科学划分。李达在《马克思还原》中根据“马克思所述社会革命的原理、手段、方法及其理想中的社会”从七个方面概括了“马克思社会主义”的基本观点，又指出：“马克思社会主义是科学的，其重要原则有五：一、唯物史观；二、资本集中说；三、资本主义崩坏说；四；剩余价值说；五、阶级斗争说。马克思的政治学说和经济学说，均详备于此五原则之中。”[③]此后，李达在 1926 年对马克思主义理论体系又有进一步概括。[④] 陈独秀在“社会主义批评”的演讲中概括了“共产主义”即“马格斯主义”的四项基本主张，后来在《马克思学说》中又着重介绍了马克思的“剩余价值”、“唯物史观”、“阶级争斗”、“劳工专政”。[⑤] 此外，蔡和森指出：“马克思的学理由三点出发：在历史上发明他的唯物史观；在经济上发明他的资本论；在政治上发明他的阶级战争说，三者一以贯之，遂成为革命的马克思主义。”[⑥]这些也可以视为他们对马克思主义基本内容的认识。在建党前后，李大钊、李达、陈独秀、蔡和森等的看法最具有代表性。但此后他们都很少对这一问题作进一步思考，尽管他们对马克思主义某一方面内容探讨得比较深入，如李大钊对唯物史观、李达对马克思主义发展、陈独秀对社会主义等。相比之下，建党之后对马克思主义理论体系进行比较深入探讨的应属瞿秋白。由于曾经在俄工作并通晓俄语，瞿秋白能

---

① 李大钊：《我的马克思主义观》，载《李大钊文集》(3)，人民出版社 1999 年版，第 15～16、18 页。

② 李大钊：《我的马克思主义观》，载《李大钊文集》(3)，人民出版社 1999 年版，第 19、18～19 页。

③ 李达：《马克思还原》，载《李达文集》(1)，人民出版社 1980 年版，第 30～31 页。

④ 参见李达：《空想的社会主义和科学的社会主义》，载《李达文集》(1)，人民出版社 1980 年版，第 370 页。

⑤ 参见陈独秀：《马克思学说》，载《陈独秀文章选编》(中)，三联书店 1984 年版，第 189～198 页。

⑥ 蔡和森：《马克思学说与中国无产阶级》，载林代昭、潘国华编：《马克思主义在中国——从影响的传入到传播》(下)，清华大学出版社 1983 年版，第 266～267 页。

够阅读大量俄文版的马克思主义文献，对马克思主义的认识和理解比李大钊、李达、陈独秀等主要借助于日文、英文文献来得更为全面和亲切。瞿秋白的主要贡献在于重点介绍了马克思的辩证唯物主义，并将其视为马克思主义的理论基础，把马克思主义看作是由“互辩法唯物论”即辩证唯物主义、“唯物史观”、“无产阶级经济学”、“科学的共产主义”四个组成部分构成的整个系统。[①]在对马克思主义性质的认识上，瞿秋白也提出了与此前李大钊等不同的看法，即认为“马克思主义并不限于经济学说，也不限于社会科学，而是解释宇宙一切现象的方法总论，综合各科学的方法而说明人类知识能量的认识论——现代的唯物哲学”[②]，从而代表了早期中国共产党人马克思主义观的新进展。

早期中国共产党人虽然比较全面地掌握了马克思主义的理论体系和主要内容，但他们比较重视的无疑是唯物史观和阶级斗争学说。李泽厚曾指出：“尽管李大钊、陈独秀等人介绍马克思主义时，都要介绍剩余价值学说，但如果细看一下，便会发现，他们介绍的重点，真正极大地打动、影响、渗透到他们的心灵和头脑中，并直接决定或支配其实际行动的，更多是马克思主义的唯物史观。其中，又特别是阶级斗争学说。”[③]确实，尽管李大钊在《我的马克思主义观》中比较具体地介绍了马克思的“经济论”，包括“余工余值说”即“剩余价值论”（含“劳工价值论”、“平均利润率论”、“资本说”）和“资本集中说”[④]，并且此后还多次作了关于“马克思经济学说”的讲演，陈独秀在《马克思学说》专节介绍了“剩余价值”，李达在《现代社会学》中《空想的社会主义和科学的社会主义》一章介绍马克思主义理论体系时也集中论述了“剩余价值说”，但他们所关注、重视的无疑是马克思的唯物史观和阶级斗争学说。李大钊在《我的马克思主义观》介绍唯物史观和“阶级竞争说”之后，又具体探讨了两者的关系问题，并且将唯物史观运用于史学研究中，开创了中国马克思主义史学。陈独秀对唯物史观的理论研究虽不如李大钊深入，但他不仅将其用于关于社会主义进行探讨，而且以唯物史观为武器参与当时思想界著名的“科学与人生观”论战，

---

① 瞿秋白：《马克思主义的意义》，载《瞿秋白文集·政治理论编》(4)，人民出版社 1993 年版，第 20～21 页。

② 瞿秋白：《马克思主义的意义》，载《瞿秋白文集·政治理论编》(4)，人民出版社 1993 年版，第 19 页。

③ 李泽厚：《试谈马克思主义在中国》，载《中国现代思想史论》，东方出版社 1987 年版，第 145 页。

④ 李大钊：《我的马克思主义观》，载《李大钊文集》(3)，人民出版社 1999 年版，第 36～51 页。

阐述了马克思主义者对这些问题的基本看法。[①] 中共“二大”以后，由于接受列宁主义和共产国际的指导以及他们马克思主义观在中国革命性质、任务等问题上的重要转变，对马克思主义唯物史观的深化理解、对列宁主义的认识、评价逐渐成为早期中国共产党人马克思主义观的重要内容。

“科学社会主义”作为马克思主义理论体系的重要组成部分，是关于社会主义革命和建设的学说，涉及马克思主义的阶级斗争学说、无产阶级专政学说、国家学说、社会主义经济制度问题等。李大钊在《我的马克思主义观》中将“社会主义运动论”作为“马氏社会主义”的“三部理论”之一，李达、陈独秀、蔡和森等对马克思主义理论体系的概括也涉及这一问题。早期中国共产党人受十月革命启发希望走俄国的道路拯救中国于危难之中，这始终是他们接受、理解、选择马克思主义的现实起点，因此他们重视马克思主义的“革命的马克思主义”性质，特别强调马克思主义的唯物史观、阶级斗争学说、无产阶级专政理论等，而这些都直接与社会主义革命和建设问题相关。关于社会主义的探讨是李大钊后期马克思主义观的一项重要内容。在1920年以后，李大钊先后发表了《社会主义与社会运动》、《社会主义下之实业》、《由平民政治到工人政治》、《社会主义下的经济组织》、《社会主义释疑》等文章，探讨了无产阶级专政、社会主义的经济制度、社会主义与民主等重要问题。李达在接受马克思主义之后就着重对社会主义进行探讨。1919年8月他在上海《民国日报》副刊发表《什么叫社会主义?》，认为社会主义“反对个人竞争主义，主张万人协同主义”，“反对资本万能主义，主张劳动万能主义”，“反对个人独占主义，主张社会公有主义”，“打破经济的束缚，恢复群众的自由”，并简要分析了社会主义与共产主义、无政府主义之不同。[②] 此后，他又在该刊发表《社会主义的目的》，指出：“社会主义有两面最鲜明的旗帜，一面是救济经济上的不平均，一面是恢复人类真正平等的状态。”[③]在1920年11月发表于《劳动界》第16号的《劳动者与社会主义》一文中，李达着重指出了社会主义的基本目的：“社会主义主张推倒资本主义，废止财产私有，把一切工厂一切机器一切原料都归劳动者手中管理，由劳动者自由组织联合会，共同制造货物。制造出来的货物，一部分作为

① 参见《〈科学与人生观〉序》，载《陈独秀文章选编》(中)，三联书店1984年版，第349～355页；《答适之》，载《陈独秀文章选编》(中)，三联书店1984年版，第376～380页；《答张君劢及梁任公》，载《陈独秀文章选编》(中)，三联书店1984年版，第485～494页。

② 参见李达：《什么叫社会主义?》，载《李达文集》(1)，人民出版社1980年版，第1～2页。

③ 李达：《社会主义的目的》，载《李达文集》(1)，人民出版社1980年版，第5页。

下次再行制造的资料；一部分作为社会的财产；一部分作为自己的生活资料大家享用。这时候大家都要作工，都能得饭吃得衣穿，资本家也变为劳动者了。大家都享自由，都得平等。这是劳动问题的根本解决方法。”[①]陈独秀在1921年、1923年的两次关于社会主义的长篇演讲中对社会主义从理论到实践都进行了非常全面系统的论述，他着重解决的是“为什么要讲社会主义”、“为什么能讲社会主义”、“应讲何种社会主义”、“社会主义如何在中国进行”等关键问题。此外，恽代英1920年11月发表于《少年中国》第2卷第5号的《论社会主义》，表达了他对社会主义的“经验思考”[②]。早期中国共产党人关于社会主义问题的认识一方面是按照马克思主义原则的深入思考，另一方面又与对现实问题的思考紧密联系。如他们通过与无政府主义者的论战阐述了马克思主义的国家学说、阶级斗争学说，尤其是无产阶级专政学说，通过与基尔特社会主义者的论战探讨了社会主义能否发展生产力、社会主义经济制度如何等。即使在转向国民革命之后，李大钊、陈独秀、李达等也没有放弃对社会主义的思考，他们都按照马克思主义原则将国民革命视为中国走向社会主义的必经阶段，并倾向于在国民革命胜利后通过国家资本主义“行向社会主义”[③]。无疑，通过这些探讨，早期中国共产党人不仅初步掌握了如何将马克思主义运用于中国革命的实际的思路和原则，而且深化了他们对马克思主义的理解，因而尽管这些探讨还是很不成熟的，但绝不是毫无意义的。

三、关于如何对待马克思主义的看法与态度

这个问题涉及面非常广泛，如如何正确认识和理解马克思主义，如何看待和评价马克思主义的价值和意义，对待马克思主义应有的态度，马克思主义是否适合中国、如何运用马克思主义解决中国问题等。概括地说，它是早期中国共产党人马克思主义观“价值论”、“实践论”观念的综合体现。当然，并不是每个早期中国共产党人包括他们的主要思想代表都充分意识到并提出过这些问题，因此我们只能就其中表现比较突出的地方作概括总结。

首先，早期中国共产党人是从“世界革命”的视角看待和评价马克思主义

① 李达：《劳动者与社会主义》，载《李达文集》(1)，人民出版社1980年版，第41页。

② 恽代英：《论社会主义》，载林代昭、潘国华编：《马克思主义在中国——从影响的传入到传播》(下)，清华大学出版社1983年版，第125页。

③ 陈独秀：《答沈滨祈、朱近赤》，载《陈独秀文章选编》(下)，三联书店1984年版，第409页。

的价值和意义的。他们普遍认为，俄国十月革命以后，整个世界已经分化为无产阶级和资产阶级两大对立阵营，世界历史的发展已经进入到无产阶级和资产阶级“最后的阶级竞争”时代，[①]而马克思主义揭示了人类社会历史发展的规律和资本主义必然灭亡的命运，是整个世界革命的指导思想，李大钊的马克思主义是“世界改造原动的学说”[②]是早期中国共产党人这方面认识的代表。进而，早期中国共产党人将马克思主义视为拯救中国的思想指南。如李季(1892～1967)认为“社会主义是救我们中国的良药”[③]，周恩来 1922 年 8 月在《少年》杂志第 2 期发表《共产主义与中国》批判了基尔特社会主义、无政府主义对社会主义革命的指责，强调“共产主义在全世界，尤其是在中国，实负有变更经济制度的伟大使命。也只有他，方说得起变更。……中国现在的经济情势，除去努力预备革命，实行共产革命外实无法可解”[④]，李大钊后来也称马克思主义是“拯救中国的导星”[⑤]。

其次，在如何正确理解马克思主义问题上，早期中国共产党人表现出一些比较突出的特点，如注意全面把握马克思主义的理论体系及其基本内容，尤其是马克思主义的理论基础和核心观念，注意抓住马克思主义的本质等。李大钊、李达、陈独秀、蔡和森、瞿秋白等在这方面有较多论述。此外，他们也都注意到应该辩证地而不是机械地理解马克思主义内容及其发展变化。如陈独秀就特别强调不能“把历史的唯物论和机械的唯物论看做一样”[⑥]，施存统(1898～1970)也指出：“我们研究一种学说一种主义决不应当‘囫囵吞枣’‘食古不化’，应当把那种主义那种学说底精髓取出。……马克思主义底本身，并不是一个死板板的模型。所以我以为我们只要遵守马克思主义底根本原则就是了。”[⑦]

---

① 参见李大钊的《阶级竞争与互助》、《我的马克思主义观》、《由经济上解释中国近代思想变动的原因》，陈独秀的《社会主义批评》，蔡和森的《马克思学说与中国革命》等。

② 李大钊：《我的马克思主义观》，载《李大钊文集》(3)，人民出版社 1999 年版，第 15 页。

③ 李季：《社会主义与中国》，载林代昭、潘国华编：《马克思主义在中国——从影响的传入到传播》(下)，清华大学出版社 1983 年版，第 216 页。

④ 伍豪：《共产主义与中国》，载林代昭、潘国华编：《马克思主义在中国——从影响的传入到传播》(下)，清华大学出版社 1983 年版，第 435～436 页。

⑤ 李大钊：《这一周》，载《李大钊文集》(4)，人民出版社 1999 年版，第 377 页。

⑥ 陈独秀：《答张君劢及梁任公》，载《陈独秀文章选编》(中)，三联书店 1984 年版，第 493 页。

⑦ 施存统：《马克思底共产主义》，载林代昭、潘国华编：《马克思主义在中国——从影响的传入到传播》(下)，清华大学出版社 1983 年版，第 323 页。

再次，在对待马克思主义的态度问题上，早期中国共产党人的一个突出特点是强调以科学的态度对待马克思主义。李大钊很早就提倡对待马克思主义应有严谨的、科学的态度，无论是评价还是应用马克思主义都应该注意到马克思主义所产生的时代环境、经济背景和我们的国情。在《我的马克思主义观》中，他根据自己的思考对马克思主义的某些观点提出一些批评性意见；陈独秀也主张对包括马克思主义在内的任何学说的评价和接受都应该以是否能解决社会问题为标准，不应"盲从"、"迷信"，提出"我们对于一切信仰一切趋赴底事，必须将这事体批评起来确有信仰趋赴底价值，才值得去信仰趋赴，不然便是无意识的盲从或无价值的迷信"[①]。他们的看法在早期中国共产党人马克思主义观具有代表性。

复次，马克思主义是否适用于中国是早期中国共产党人在接受马克思主义之后着重解决的重要问题。它涉及马克思主义理论是否能够解决中国问题、中国是否具备了按照马克思主义原则进行社会主义革命的条件等。李大钊直到1920年初发表的《由经济上解释中国近代思想变动的原因》提出了中国"全国民"在世界格式中处于"世界的无产阶级的地位"[②]，才从理论上解决了马克思主义是否能够应用于中国的问题。陈独秀的"中国全民族对于欧美各国是站在劳动的地位"[③]，蔡和森的"中国在国际上的经济地位""完全是个无产阶级的国"[④]也都与李大钊意思相近。施存统注意到"马克思主义全部理论，都是拿产业发达的国家底材料做根据的，所以他有些话，不能适用于产业幼稚的国家"，但他认为把握马克思主义应该抓住其"精髓"、遵守其"根本原则"，因此坚信"马克思底共产主义，一定可以在中国实行"，"我们在中国主张马克思主义，实在没有违背马克思主义底精髓，乃正是马克思主义精髓底应用"。[⑤] 此后，在与基尔特社会主义者的论战中，早期中国共产党人进一步阐述和发挥了这些基本观点。

---

① 陈独秀：《国庆纪念底价值》，载《陈独秀文章选编》(中)，三联书店1984年版，第31页。

② 李大钊：《由经济上解释中国近代思想变动的原因》，载《李大钊文集》(3)，人民出版社1999年版，第146页。

③ 陈独秀：《社会主义批评》，载《陈独秀文章选编》(中)，三联书店1984年版，第92页。

④ 蔡和森：《马克思学说与中国》，载林代昭、潘国华编：《马克思主义在中国——从影响的传入到传播》(下)，清华大学出版社1983年版，第270～271页。

⑤ 施存统：《马克思底共产主义》，载林代昭、潘国华编：《马克思主义在中国——从影响的传入到传播》(下)，清华大学出版社1983年版，第322～324页。

最后，在解决了马克思主义、社会主义是否适合中国问题之后，早期中国共产党人面对的是如何将马克思主义运用于中国革命的实践问题。李大钊在接受马克思主义之后不久就提出研究、宣传马克思主义要与从事社会主义运动结合起来，坚持以马克思主义为指导领导中国社会主义运动，而马克思主义在中国的实践要“因时、因所、因事的性质情形生一种适应环境的变化”。李达虽然对中国究竟实行何种范畴的社会主义未能一时确定，但也强调这种实行“要按照国情和国民性决定”[①]。陈独秀也提出要发挥马克思的“实际研究的精神”研究中国社会经济情形，“把马克思学说当做社会革命的原动力”[②]。但是，即使相当一部分早期中国共产党人意识到马克思主义在中国的运用应该遵循理论与实践相结合的原则，但在“二大”之前他们仍然为激进的马克思主义观所左右。马克思主义与中国革命实践的关系的集中表现无疑是中国革命的性质、任务、道路等核心问题。早期中国共产党人在这一关键问题上经历了从社会主义革命到资产阶级民主革命性质的国民革命的转变，而在国民革命阶段他们所主要思考的是理解阐明国民革命的独特性质、无产阶级在国民革命中的领导权、农民在国民革命中的地位与作用、国民革命的前途等重要问题。

① 李达：《马克思派社会主义》，载《李达文集》(1)，人民出版社 1980 年版，第 104 页。

② 陈独秀：《马克思的两大精神》，载《陈独秀文章选编》(中)，三联书店 1984 年版，第 178 页。

第四章
早期中国共产党人马克思主义观的基本特征

早期中国共产党人马克思主义观是在多重社会历史动因下形成、确立和发展的，由于这些因素在各个不同方面的影响，早期中国共产党人在如何认识、评价、运用马克思主义问题上表现出一些比较明显而又相当复杂的特征。从历史发展的分期到基本内容的概括，再到从哲学方法论层次对早期中国共产党人马克思主义观的总体把握，既是深化本课题研究之必需，又是科学评价早期中国共产党人马克思主义观的必要前提。本书上述研究已经对早期中国共产党人马克思主义观的特征问题有所涉及，本章将对此作较全面的论述。

一、个性与共性的统一

所谓“个性与共性统一”，是指每个早期中国共产党人的马克思主义观的形成发展与作为整体的中国共产党的马克思主义观的形成发展的关系，它有几层不同的意思。首先，我们曾经指出，早期中国共产党人走上马克思主义的道路是不同的。他们在走上马克思主义道路之前的人生经历、文化教养、兴趣志向、思想观点等都各具特色，同时他们接触、接受马克思主义的时间、途径也存在着很大的差异，但是他们大体都有一个从激进的资产阶级民主主义走向马克思主义的过程，他们的马克思主义观在形成发展过程中也大都受到民主主义、十月革命、五四运动等复杂因素的影响。其次，尽管每个早期中国共产党人接受马克思主义途径各有千秋，在接受马克思主义之后所关注的重点也各有不同——如李大钊更重视唯物史观，陈独秀对社会主义有相当充分的论述，李达更多地阐述“社会革命”论，瞿秋白则主要是阐发辩证唯物主义和列宁主义——但他们对马克思主义性质的理解却有很强的一致性。他们都特别注意将马克思主义与第二国际社会主义、空想社会主义以及当时思想界流行的无政府主义、工团主义、基尔特社会主义等社会主义派别区别开来，坚持马克思主义作为“革命的社会主义”、“科学的社会主义”的方向。就对马克思主义理论体系的认识和理解来说，尽管李大钊的“三部理论”和李达的五项“重要原则”以及蔡和森所说的“马克思的学理”的三个出发点等内容和范围都有所不同，但总体上是相近的。瞿秋白虽然由于接受了辩证唯物主义而对马克思主义理论体系有更为全面的理解，但这只能说是在李大钊、李达等的基础上达到了更全面、更科学的境界，因而应该视为早期中国共产党人马克思主义观进步的表现。再次，早期中国共产党人的马克思主义观大体上都有一个从“革命的社会主义”到“科学的社会主义”、从社会主义革命到资产阶级民主革命的发展。尽管在中国共产党成立之时关于党的纲领曾经有过一番激烈的争论，也有相当部分人认为社会主义革命的条件尚不成熟，但中共“一大”通过的《纲领》和《决议》所体现的社会主义革命路线仍然代表大多数共产党人的马克思主义观。而在中共“二大”以后，他们也都基本上接受了反帝反封建的民族民主革命纲领，认同了资产阶级民主革命道路。这一发展反映在马克思主义观上就是从前期突出强调马克思主义的“革命的社会主义”性质到后期特别重视马克思主义的“科学的社会主义”性质的转变。在中国共产党的历史上，也许再没有像早期这一阶段“个性与共性统一”在马克思主义观上表现得如此明显。

二、必然性与能动性的统一

这是早期中国共产党人在理解和阐发马克思主义之时所表现出的特征，它在早期中国共产党人马克思主义观的形成确立阶段表现得最为明显。我们曾经指出，尽管早期中国共产党人对马克思主义的基本内容很早就有了比较全面的认识，但他们在理解马克思主义之时最为重视的是唯物史观和阶级斗争学说，而且大都主张唯物史观与阶级斗争学说的相互结合。当然，唯物史观与阶级斗争学说的结合本来是马克思主义题中之义，但早期中国共产党人在理解和阐发这个问题时侧重点有所不同，其具体表现就是必然性与能动性的统一。这里所谓的“必然性”是指唯物史观对人类社会发展的必然规律的揭示，早期中国共产党人所特别重视的是资本主义必然为社会主义所代替这一“必然性”，而对唯物史观所强调的社会主义必须建立在资本主义充分发达的经济基础之上则有所忽视。在李大钊、陈独秀、蔡和森等看来，俄国十月革命之后，整个世界已经分化为资产阶级和无产阶级两大对立阵营，世界历史的发展已经进入到无产阶级与资产阶级“最后的阶级竞争”阶段，其趋势就是社会主义必然代替资本主义。而所谓“能动性”则主要是指早期中国共产党人对阶级斗争的特别强调。他们都认识到阶级斗争是社会进步、制度更迭的基本途径，同时也认识到阶级斗争必须建立在被压迫阶级充分的“阶级自觉”和“团体行动”的基础之上。为了适应“最后的阶级竞争”、推动从资本主义到社会主义的“社会革命”，早期中国共产党人都特别强调“阶级自觉”和“团体行动”的能动作用。李大钊批判“马克思派的社会主义者”“专取这唯物史观的第一说，只信这经济的变动是必然的，是不能免的，而于他的第二说，就是阶级竞争说，了不注意，丝毫不去用这个学理作工具，为工人联合的实际运动，那经济的革命，恐怕永远不能实现，就能实现，也不知迟了多少时期”[①]。他极力反对将唯物史观理解为“经济决定论”从而给其加上“定命的彩色”，认为“马克思派的社会党，因为信了这个定命说，除去等着集产制自然成熟以外，什么提议也没有，什么活动也没有，以致现代各国社会党都遇见很大的危机”[②]，批评“有些人误解了唯物史观，以为社会的进步只靠物质上自然的变动，勿须人类的活动，而坐待新境遇的到来。因而一般批评唯物史观的人，亦有以此为口实，便说这种定命（听命由天）的人生观，是唯物史观给下的恶影响。这都是大错特错，唯物史观及于人生的影响乃适居其反”[③]。李达和陈独秀也都强调不能机械地理解唯物史观，李达指出：“若说资本制度的解体是资本集中的结果，则由旧社会推移到新社会的途径，完全可以离却人的精神的要素和意识的行动，马克思的唯物史观就变为机械的史观了。若是这样解释，社会党无须干社会革命，只听资本主义自然发展好了。社会主义者也无须鼓吹革命，只努力去开发实业好了，国家当然可以利用，阶级当然可以调和了。因为资本集中的结果，自然要发生革命的。所以照这样说，马克思一面运动革命，一面唱这种机械史观的宿命论，不是自相矛盾吗？”[④]“照社会主义的原则说，社会革命在资本制度发达到一定的程度的时候，自然要实现的；然而也可以用他种人为势力——非妥协的阶级斗争——促进他的速度。”在他看来，社会主义革命首先在经济落后的俄国而不是在经济发达的英美发生，主要原因就在于“俄国社会革命党实行的力

① 李大钊：《再论问题与主义》，载《李大钊文集》(3)，人民出版社 1999 年版，第 6 页。

② 李大钊：《我的马克思主义观》，载《李大钊文集》(3)，人民出版社 1999 年版，第 32 页。

③ 李大钊：《唯物史观在现代史学上的价值》，载《李大钊文集》(3)，人民出版社 1999 年版，第 321 页。

④ 李达：《马克思还原》，载《李达文集》(1)，人民出版社 1980 年版，第 35 页。

量比英美两国的大”[①]，因为“社会革命”的发生不仅取决于生产力发展水平，而且在很大程度上受“那社会的环境和无产阶级的组织与战争的勇气”[②]影响。同样，施存统也指出：“社会革命，一半是‘经济的必然’，一半还靠着‘人们底努力’。社会革命，没有‘人们底努力’，是决不会成功的。所以马克思一方面证明社会主义是必然到来的命运，一面却又极力主张革命”，“我们底职务，就是尽这个‘人们底努力’，去完成那个‘经济的必然’”。[③] 尽管早期中国共产党人在理解和阐发唯物史观与阶级斗争学说之关系时不乏辩证色彩，其表述的基本观点也在理论上符合马克思主义，并且李大钊、李达等对经济基础与上层建筑、生产力与生产关系的理解也是基本准确、富于辩证精神的，但对社会主义革命必然建立在资本主义高度发达的基础之上的忽视和对阶级斗争的片面强调却使这种马克思主义观更带有激进色彩。这种特征形成的原因当然是非常复杂的，但十月革命的胜利使早期中国共产党人相信“革命的社会主义”也同样适合于中国，也就是说经济文化相当落后的中国也可以像俄国那样进行社会主义革命，救亡图存的历史重任以及无政府主义迅速打破旧制度创造理想的新社会的激情使他们急于中国问题的“根本解决”，中国传统文化对人的精神、意识能够改变客观现实的能动作用的突出强调也使他们相信充分的“阶级觉悟”和“团体行动”的力量能够弥补经济发展水平的不足。不过，在接受了列宁主义的指导和共产国际关于中国革命尚处于资产阶级民主革命阶段的政策之后，早期中国共产党人重新认识了资本主义的一定发展也是必然的这一唯物史观的重要思想。李大钊在党的“二大”之后就不再主张从经济上实现“根本解决”，而是强调“靠政治的力量”从“政治组织”上解决问题。[④] 陈独秀论证国民革命的必要性的一个重要理由就是中国经济发展水平落后，阶级分化程度很低，无论无产阶级还是资产阶级都力量弱小。他 1923 年 4 月发表的《资产阶级的革命与革命的资产阶级》，论述了人类历史由封建社会到资本主义社会以至社会主义社会这一阶段性发展历程，特别强调“这些时代之必然的推进，即所谓时代潮流，他若到来，是不可以人力抵抗的”，“进化的历程恒次

---

① 李达：《社会革命底商榷》，载《李达文集》(1)，人民出版社 1980 年版，第 56 页。

② 李达：《马克思学说与中国》，载《李达文集》(1)，人民出版社 1980 年版，第 208 页。

③ 施存统：《我们要怎样干社会革命》，转引自唐宝林：《马克思主义在中国 100 年》(修订版)，安徽人民出版社 1997 年版，第 112 页。

④ 参见李大钊：《社会问题与政治》，载《李大钊文集》(4)，人民出版社 1999 年版，第 242 页。

第不爽”。[①] 李达也在1926年指出，“社会之变革，仅能由当时社会之物质的变革加以判断，而不能以当时之社会意识判断之”，“吾人不能以当时之社会意识判断当时之社会变革”，并且认为，“假如一定社会组织内之生产力尚有发展之余地，而人类必欲以一己意志企图颠覆，则生产力不但不能增进，反有衰减之虞。盖生产力之继续发展为社会进步之主要条件，苟时机未至，遽欲谋社会组织之改造，适足以促该社会之退步”。[②] 这一转变的突出表现可以说是对唯物史观关于生产力与生产关系的辩证关系的充分理解和对“必然性”的认同。

三、在不断转变中前进

这是早期中国共产党人马克思主义观的形成发展所表现出来的重要特征。我们在前文曾指出，早期中国共产党人马克思主义观在关于中国革命性质、任务问题上有一个从社会主义革命向资产阶级民主革命的转变，而在转变到资产阶级民主革命之后又产生了一个从城市无产阶级领导革命向无产阶级领导的农村农民革命的转变。这些转变一方面表现为从列宁主义向传统马克思主义的转变，一方面标志着早期中国共产党人在将马克思主义运用于中国革命的实际问题上的不断进步。有一种代表性的说法认为，“马克思主义是同十月革命和列宁主义一起，被中国当时一部分知识分子所欢迎、所接受、所传播、所信仰”，“中国知识分子是通过十月革命和列宁主义来接受马克思主义的”[③]。但事实上，尽管李大钊、李达、陈独秀等很早就认识到列宁领导了十月革命，这一革命的指导思想是“革命的社会主义”，但至少在1920年之前，我们在他们的论著中很难发现关于列宁主义的阐述，列宁的名字及其著作也很少被提及。李大钊虽然早在1918年10月的《Bolshevism的胜利》中就将第一次世界大战的胜利归之于列宁等人，但他在1921年7月承认，列宁的著作他只读过译成英文的《无产阶级的革命》、《苏维埃政府的要图》、《国家与革命》。[④] 陈独秀在1920年9月《谈政治》一文中第一次提到列宁，李达直到1920年11月发表《第三国际党大会的缘起》时才提到列宁。因此，我们认为，在中共“二

① 陈独秀：《资产阶级的革命和革命的资产阶级》，载《陈独秀文章选编》（中），三联书店1984年版，第254页。

② 李达：《社会之变革》，载《李达文集》（1），人民出版社1980年版，第269、270、282页。

③ 李泽厚：《马克思主义在中国》，三联书店1988年版，第4、7页。

④ 参见李大钊：《俄罗斯革命的过去及现在》，载《李大钊文集》（4），人民出版社1999年版，第113页。

大”之前，早期中国共产党人马克思主义观的形成确立主要并不是受列宁主义的影响，也不是通过列宁主义来接受马克思主义的。当然，这并不意味着他们对列宁主义一无所知，但列宁主义显然并非重要影响因素。然而，他们的马克思主义观无疑更接近于列宁主义，尽管它的形成在很大程度上是自发的。李大钊的唯物史观是马克思主义的理论基础，而“阶级竞争说”是贯穿马克思主义“三部理论”的“金线”。李达的“马克思主义的性质，是革命的，是非妥协的，是国际的，是主张劳动专政的”，包括“唯物史观”、“资本集中说”、“资本主义崩坏说”、“剩余价值说”、“阶级斗争说”五个“重要原则”。陈独秀的“马克思派共产主义的重要原则”包括“要有科学的根据”、“社会改造应有的步骤”、“每一步骤都须用革命的方法”，“若是忘了第一、第二两个原则，便和其他空想的社会主义无异；若是忘了第三个原则，就变为改良的、堕落的社会民主党”。[①] 蔡和森则将“马克思主义的骨髓”概括为“综合革命说和进化说”等，都是这种马克思主义观的集中表现。早期中国共产党人虽然大都把握到马克思主义的科学社会主义性质，但他们所重视强调的却主要是马克思主义的“革命的社会主义”特征。李大钊在1918年就认识到俄国布尔什维克党的指导思想是“革命的社会主义”，李达在1920年11月指出，“国际共产党联盟的主旨，就是实行马克思的共产主义，即革命的社会主义，由公然的群众运动，断行革命，至于实现的手段，就是采用无产阶级专政”，蔡和森也在1921年提出了“革命的马克思主义”的说法。在1920年后，李大钊、陈独秀、李达等根据马克思主义原则结合对无政府主义、基尔特社会主义的批评对阶级斗争、无产阶级专政、社会主义经济制度等问题进行了非常广泛的探讨，大都认为经济文化落后的中国已经具备了社会主义革命的条件。李达还在1922年引用托洛茨基“无产阶级在资本主义较未发达的后进国中，比之在发达到高度的资本主义国家中能够早日获得政治上的优势”这段话，认为“很新颖、很透彻，真得了马克思学说的精髓”[②]。正是这些论述直接导致了中国共产党在成立之初就提出了一个社会主义革命纲领。当然，早期中国共产党人马克思主义观无论在内容的全面性，还是理论的深刻性上，包括理论的成熟性，都无法与列宁主义相比。早期中国共产党人只是在1920年之后才对列宁主义有较多论述，其中主要以李达为代表，中共“二大”以后，由于接受列宁主义和共产国际的指导，列宁主义才

① 陈独秀：《关于社会主义问题》，载《陈独秀文章选编》(中)，三联书店1984年版，第295页。

② 李达：《马克思学说与中国》，载《李达文集》(1)，人民出版社1980年版，第208页。

在早期中国共产党人马克思主义观中发挥重要作用。1923 年之后，瞿秋白对列宁主义进行了较全面、系统的介绍。但是，这一时期影响早期中国共产党人马克思主义观的已经不再是以“革命的社会主义”为特征的列宁主义，而更接近于“前列宁主义马克思主义”。因此，在接受了列宁主义和共产国际政策指导之后，早期中国共产党人马克思主义观发生了转变，认识到中国革命尚处于资产阶级民主主义革命阶段，革命的主要任务是反帝反封建。这种转变主要不是继续发挥列宁的“革命的社会主义”，而是回归到马克思的“科学的社会主义”，也就是从列宁主义向马克思主义回归。其突出表现是：(1)充分认识到社会主义必须建立在资本主义高度发达的基础上，因而承认对经济文化落后的国家来说资本主义的一定发展是走向社会主义的必经之路。陈独秀在 1923 年明确提出，“人类社会组织之历史的进行”“是不可以人力抵抗的”，“进化的历史恒次第不爽，这是因为人类治生方法，次第变更发展，由简单而复杂，造成次第不同的经济组织而为社会主义一切组织进化基础的缘故”。因此，他承认中国“过去及现在的革命运动，确是资产阶级的民主革命。……因为依世界的政治状况及中国的经济文化状况和在国际的地位，资产阶级的民主革命正负着历史的使命，这是毫无疑义的”，并且指出，“无产阶级也明明知道此种民主革命的成功诚然是资产阶级的胜利，然而幼稚的无产阶级目前只有在此胜利之奋斗中才有获得若干自由及扩大自己能力之机会，所以和革命的资产阶级合作，也是中国无产阶级目前必由之路”。[①] 这就明确了中国有发展资本主义的必要，因为“经济文化落后的国家，却不是受了资本主义发达的害，正是受了资本主义不发达的害”[②]。李达也指出：“生产力之继续发展为社会进步之主要条件，苟时机未至，遽欲谋社会组织之改造，适足以促该社会之退步。譬之现代资本主义社会组织，弊害固多，但生产力在其组织内如有发展之余地，则吾人无论如何努力欲企图颠覆资本主义，亦终于无成效而止。”[③](2)对唯物史观有了更为辩证的理解。陈独秀在参与“科玄论战”时曾指出，“在社会的物质条件可能范围内，唯物史观论者本不否认人的努力及天才之活动。……人的努力及天才之活动本为社会进步所必需，然其效力只在社会的物质条件可能

① 陈独秀：《资产阶级的革命与革命的资产阶级》，载《陈独秀文章选编》(中)，三联书店 1984 年版，第 254、256、258～259 页。

② 陈独秀：《中国国民革命与社会各阶级》，载《陈独秀文章选编》(中)，三联书店 1984 年版，第 365 页。

③ 李达：《社会之变革》，载《李达文集》(1)，人民出版社 1980 年版，第 282 页。

以内”[①]。后来又指出:“个人意志无论如何伟大,决不能创造客观上绝对不可能的东西。……而在客观上可能的范围以内,却有个人意志回旋的余地,并且必须有此个人的努力及天才的创见,这客观上的可能才能够适当的实现”,并指出“这是我们所相信之历史的唯物论和机械的唯物论不同之点。”[②]李达一方面强调“社会组织之历史,个人努力之结果也”,但同时又指出“个人能创造社会之历史,然不能任意创造之,必也依据社会历史进行之途径,应时势之要求而创造之”,“各个人不能全仗其自身之努力,任意改造社会,亦不能静待社会之自然变化而怠其对于社会之努力”。[③] 与“二大”之前相比,这些论述仍然强调经济基础与上层建筑、唯物史观与阶级斗争、必然性与能动性的统一,充分肯定了人的意志、努力等具有创造历史的能动性,尤其强调了这种能动性必须建立在一定的客观历史条件之上。从列宁主义回归到传统的马克思主义,从“革命的社会主义”转向科学的社会主义,从主张社会主义革命转变到主张资产阶级民主革命,早期中国共产党人的马克思主义观在将马克思主义运用到中国革命问题上前进了“一大”步,这一进步比较典型地体现了早期中国共产党人马克思主义观向更为科学的方向发展。而这一进步的重要表现是对中国半殖民地半封建社会性质的认识。在“二大”之前,早期中国共产党人对中国社会的半殖民地性质有深切的体会和认识,他们也正是根据这种认识提出了中国有条件参与世界范围内社会主义革命的看法。而在“二大”以后,中国共产党人对中国社会半封建性质以及由这种性质决定的中国革命的性质有了更深刻的认识。正是由于这一认识,他们接受了列宁和共产国际的民族和殖民地革命思想,提出了反帝反封建的民族民主革命纲领。并且,随着对中国社会半封建性质认识的深入,农民在国民革命的地位与作用问题逐渐成为党领导国民革命的重要问题,大革命后期陈独秀、瞿秋白、李大钊对农民问题的探讨是其重要表现。因而,当毛泽东提出“农民问题乃中国革命的中心问题”,认为农民运动比城市工人运动在国民革命中更具有“阶级争斗”意义时[④],实际上已经提出了“中国革命的重心应转移到农村去”的问题,因而“预示了中国革

---

① 陈独秀:《答适之》,载《陈独秀文章选编》(中),三联书店 1984 年版,第 379 页。

② 陈独秀:《列宁之死》,载《陈独秀文章选编》(中),三联书店 1984 年版,第 407 页。

③ 李达:《社会之变革》,载《李达文集》(1),人民出版社 1980 年版,第 284、286 页。

④ 毛泽东:《国民革命与农民运动——〈农民问题丛刊〉序》,载《毛泽东文集》(1),人民出版社 1993 年版,第 40 页。

命发展的未来道路。"①这意味着中国共产党人在领导中国革命问题上已经开始发生一个从主要依靠城市工人阶级领导国民革命向主要依靠无产阶级领导的农村农民革命的发展，而这一发展在马克思主义观上的意义同样是非常重要的。

四、革命实践的性格

早期中国共产党人并不是把马克思主义单纯作为一种西方进步学说来认识、理解的，而是一开始就把它作为"救我们中国的良药"、"拯救中国的导星"来接受的，大都"对于中国将来的改造，以为完全适用社会主义的原理和方法"②。因而，"与俄国曾经经过普列汉诺夫等人的多年介绍、翻译、研究、宣传马克思主义，具有思想理论的准备阶段不大相同，马克思主义在中国，一开始便是作为指导当前行动的直接指南而被接受、理解和运用的。马克思主义在中国的第一天所展现的，便是这种革命实践的性格"③。这种"革命实践的性格"首先表现在第一批中国共产党人在把握到马克思主义"革命的社会主义"理论的基本要点、解决了马克思主义是否适用于中国并从而确立了马克思主义信仰之后就从事建党活动，按照马克思主义理论原则领导城市工人运动，将马克思主义运用于拯救中国的革命实践。其次，早期中国共产党人在明确了中国革命必须坚持马克思主义指导的信念之时提出了马克思主义学说必须与中国革命的具体实践相结合，产生于欧洲发达国家的马克思主义学说不能机械地照搬到经济文化落后的中国，因此在理解和运用马克思主义之时一定要注意把握马克思主义的精髓等一系列基本原则（详见下章），这些原则以理论与实践结合为中心，既体现早期中国共产党人对如何运用马克思主义指导中国革命实践问题的基本看法，同样也体现出中国马克思主义与中国革命实践紧密相关的基本特征。再次，早期中国共产党人在强调理论与实践相互结合，按照马克思主义原则从事中国革命的实践之时，尤其突出了对革命行动、实践精神的强调。陈独秀在宣传马克思主义之时把"实际研究的精神"、"实际活动的精神"视为"马克思的学说和行为"的"两大精神"，并强调要运用马克思主义

---

① ［美］斯图尔特·R·施拉姆：《毛泽东的思想》，田松年、杨德译，中国人民大学出版社 2005 年版，第 28、28～29 页。

② 蔡和森：《蔡林彬给毛泽东的信》，载林代昭、潘国华编：《马克思主义在中国——从影响的传入到传播》（下），清华大学出版社 1983 年版，第 104 页。

③ 李泽厚：《马克思主义在中国》，三联书店 1988 年版，第 3 页。

研究现社会的政治及经济状况,“把马克思学说当做社会革命的原动力。”[1]李达也强调:“在中国运动社会革命的人,不必专受理论上的拘束,要努力在实行上去做。”[2]李慰农(1895～1925)1923年就提出,在讨论“共产主义革命将怎样在中国实行”时,“我们必得要研究的是共产主义革命原则是怎样？中国社会现状与需要又是怎样？得了结论之后,再从结论里面去找实现方法”。[3] 这可以说比较典型地体现了早期中国共产党人在将马克思主义运用于中国时的基本思路。

① 陈独秀:《马克思的两大精神》,载《陈独秀文章选编》(中),三联书店1984年版,第177～178页。

② 李达:《社会革命底商榷》,载《李达文集》(1),人民出版社1980年版,第56页。

③ 李慰农:《共产主义革命将怎样在中国实行?》,载林代昭、潘国华编:《马克思主义在中国——从影响的传入到传播》(下),清华大学出版社1983年版,第454页。

第五章
早期中国共产党人马克思主义观的历史地位

如果根据马克思主义在中国的发展和中国革命和建设的发展对中国共产党人马克思主义观进行分期，那么，早期中国共产党人马克思主义观显然是中国共产党人马克思主义观发展的第一个阶段；如果说毛泽东思想是中国共产党人科学马克思主义观成熟的标志，那么，早期中国共产党人马克思主义观则是这种科学马克思主义观初步形成的阶段。早期中国共产党人在马克思主义观上作出的理论贡献为此后中国共产党人马克思主义观的发展奠定了基础，同时它所存在的历史局限也直接影响到中国共产党人马克思主义观的发展。

一、理论贡献

关于早期中国共产党人马克思主义观的理论贡献，我们在本书“导论”部分和以上章节都从不同角度有所谈及，为避免重复，本章将作综合的、概要的论述。

首先，比较准确地把握到马克思主义的基本性质。早期中国共产党人在认识马克思主义的过程中始终注意把马克思主义同其他社会主义流派区别对待。其一是从社会主义发展史上把马克思主义与空想社会主义区别开来。李大钊、李达很早就注意到社会主义存在着“空想”与“科学”的分别，李大钊、李达后来在唯物史观研究中，陈独秀在对诸社会主义流派考察中都将唯物史观视为空想社会主义与科学社会主义的分际，从而确立了马克思主义是建立于唯物史观之上的科学社会主义的基本观念。其二是从国际社会主义运动中把马克思主义与第二国际所代表的改良主义、议会主义和国家主义包括受到国际社会主义运动影响的“工团主义”等区别开来。李大钊在接受马克思主义之时就认识到马克思主义是“革命的社会主义”，批判了“马克思派的社会党”“坐等着集产制的自然成熟”[①]，李达认为德国社会民主党的改良主义、议会主义和国家主义是马克思社会主义的“堕落”，指出“多数主义的施设，完全遵奉马克思主义”[②]。蔡和森自称“极端马克思派”，“所以对于初期的社会主义、乌托邦的共产主义、不识时务穿着理想的绣花衣裳的无政府主义、专主经济行动的工团主义、调和劳资以延长资本政治的吉尔特社会主义以及修正派的社会主义，一律排斥批评，不留余地，以为这些东西都是阻碍世界革命的障碍物(其说甚长，兹不能尽)；而尤其深恶痛绝参杂中产阶级思潮的修正派、专恃议院行动的改良派、动言特别情形、特别背景以及专恃经济变化说的投机派，以为叛逆社会党、爱国社会党即是这些东西的产物”[③]。此后，陈独秀在关于社会主义的讨论提出“应讲何种社会主义”、“我们相信何种社会主义”的问题，具体分析了“共产主义”(即“马克思底科学的社会主义”)与无政府主义、国家社会主义、工团主义、行会社会主义(即“基尔德社会主义”)之间的区别。早期中国共产党人通过这一区别明确树立了马克思主义是“革命的社会主义”的观念。其三是阐述了马克思主义与当时思想界流行的无政府主义、基尔特社会主义等的区别，并指出了社会主义与共产主义等的关系。这主要是通过1920年以后早期中国共产党人与无政府主义者、基尔特社会主义的两次著名的论战展开的，陈独秀、李达、李大钊等在这两次论战中对马克思主义的无产阶级专政学说、国家学说以及社会主义政治、经济制度有许多阐述和发挥，从而确立了马克思主义适用于中国、中国可以进行社会主义革命的观念。早期中国共产党人在阐述马克思主义之时有时喜欢使用“共产主义”这一概念，如李达、陈独秀都曾如此，但他们对社会主义与共产主义之分际有比较明确的认识。李大钊1920年后在阐述社会主义学说时就非常注意厘清这一问题，他的《社会主义与社会运动》、《社会主义释疑——在上海大学的演讲》都将社会主义与无政府主义、共产主义等的区别作为重要问题论述。通过这些区分，早期中国共产党人对马克思主义基本性质的认识可以概括为两点：一是“革命的社会主义”，二是“科学的社会主义”。当然，他们对这两种性质的认识几乎是同时产生的，但在中共“二大”之前，“革命的社会主义”代表了早期中国共产党人对马克思主义

① 李大钊：《我的马克思主义观》，载《李大钊文集》(3)，人民出版社1999年版，第32页。

② 李达：《马克思派社会主义》，载《李达文集》(1)，人民出版社1980年版，第100页。

③ 蔡和森：《马克思学说与中国无产阶级》，载林代昭、潘国华编：《马克思主义在中国——从影响的传入到传播》(下)，清华大学出版社1983年版，第266页。

性质的基本理解，他们对“科学的社会主义”性质的认识也侧重于建立于“科学性”之上的“革命性”，这与他们主张社会主义革命的观点是一致的。而在中共“二大”之后，“科学的社会主义”则代表了他们对马克思主义性质的基本看法，这也与他们主张资产阶级民主革命的观点紧密相关。当然，这并不意味着早期中国共产党人放弃了关于马克思主义是“革命的社会主义”的看法，瞿秋白在1926年就重申“纯正的彻底的马克思主义，必定是革命的共产主义”。[①] 但他们对马克思主义基本性质的理解无疑突出了“科学性”层面。因此，从“革命的社会主义”到“科学的社会主义”的发展，体现了早期中国共产党人对马克思主义性质的认识达到了更为科学的层次。

其次，比较全面地阐述了马克思主义的理论体系。早期中国共产党人在接受马克思主义之时就注意到要全面地认识和理解马克思主义的学说体系，李大钊最早提出了“马氏社会主义的理论”的“三部理论”，此后，李达将“马克思社会主义”概括为七个要点，并提出“唯物史观”、“资本集中说”、“资本主义崩坏说”、“剩余价值说”、“阶级斗争说”五项“重要原则”，蔡和森认为“马克思的学理”由“唯物史观”、“资本论”、“阶级战争说”三点出发构成“革命的马克思主义”，陈独秀将“马克思派共产主义”的基本主张概括为“阶级战争”、“直接行动”、“无产阶级专政”、“国际运动”，论述了“马克思学说”的“剩余价值”、“唯物史观”、“阶级斗争”、“劳工专政”四项内容。这些论述都代表了建党前后早期中国共产党人对马克思主义体系与内容的基本认识。此后，李达又提出，“马克思社会主义之内容，可分为历史观，经济论，政治论三大部分，”“三大部分”分别根据“唯物史观”、“剩余价值说”、“劳工专政说”“三大原理”，“而贯串唯物史观剩余价值与劳工专政三大原理，使成有机的联络关系者，则为阶级斗争说”[②]。瞿秋白则将李大钊、陈独秀等所没有接触到的“辩证唯物主义”纳入到对马克思主义体系的理解之中，提出辩证唯物主义“是马克思的最根本的基础”，马克思主义是由“互辩法唯物论”、“唯物史观”、“无产阶级经济学”、“科学的共产主义”四个组成部分构成的看法，指出“马克思主义的这四大部分就是

① 瞿秋白：《马克思主义的意义》，载《瞿秋白文集·政治理论编》(4)，人民出版社1993年版，第21页。

② 李达：《空想的社会主义与科学的社会主义》，载《李达文集》(1)，人民出版社1980年版，第370页。

这样结合而成整个的系统”。[①] 这一认识与列宁关于马克思主义理论体系的观点是完全一致的,代表了早期中国共产党人对马克思主义学说体系认识的进步。值得注意的是,早期中国共产党人不仅注意全面认识马克思主义理论体系的基本构成,而且还注意各组成部分之间的关系,李大钊将唯物史观视为马克思主义的理论基础,而视“阶级竞争说”为贯穿马克思主义“三部理论”的核心,代表了早期中国共产党人在这一问题上的基本看法,直到 1926 年,李达还坚持这一看法。而瞿秋白虽然将辩证唯物主义理解为马克思主义的“最根本的基础”,但仍然强调马克思主义体系“一方面,就方法而论,都是以唯物论一以贯之的;别方面,就目的而论,都是以革命的目的为对象的”,“纯正的彻底的马克思主义,必定是革命的共产主义”。[②]

再次,对唯物史观阶级斗争学说的比较全面的论述。在马克思主义基本内容中,早期中国共产党人最为重视的、论述也最为充分的无疑是唯物史观和阶级斗争学说。阶级斗争学说本身是马克思主义唯物史观的重要内容,但早期中国共产党人一开始就将阶级斗争学说作为“唯物史观的第二说”突出出来,在李大钊、李达、蔡和森、陈独秀等关于马克思主义体系的论述中阶级斗争学说都与唯物史观并立为马克思主义体系的重要内容,甚至视阶级斗争学说为马克思主义体系的核心。早期中国共产党人把唯物史观理解为马克思主义科学社会主义的理论基础,并主要运用唯物史观理解社会结构的基本构成、社会发展的根本动力以及社会发展的必然性,尤其突出了资本主义向社会主义发展的必然性。对于阶级斗争学说,他们一方面将阶级斗争理解为社会发展的基本途径,另一方面尤其突出了对资产阶级与无产阶级“最后的阶级竞争”的重视,因此他们对阶级斗争学说的论述又与马克思主义无产阶级专政学说、国家学说等紧密联系起来。这些方面的理解又与他们主要将马克思主义理解为“革命的社会主义”联系着的。在关于唯物史观的理解方面,他们对经济基础与上层建筑、生产力与生产关系之关系都有较为辩证的理解[②],但一方面这种辩证理解在很大程度上主要是理论上的,另一方面他们大都突出强调,甚至

① 瞿秋白:《马克思主义的意义》,载《瞿秋白文集·政治理论编》(4),人民出版社 1993 年版,第 18、20、21 页。

② 瞿秋白:《马克思主义的意义》,《瞿秋白文集·政治理论编》(4),人民出版社 1993 年版,第 20、21 页。

③ 李大钊在《我的马克思主义观》等文章中对经济基础与上层建筑关系的理解存在片面性,但后来在《唯物史观在现代史学上的价值》等文章中已达到较为辩证的理解。

是夸大了人的意志、精神的改造世界的能动作用，而在具体阐发唯物史观之时对生产力决定生产关系发展的必然性存在着一定程度的忽视。因此，他们虽然很早就提出了唯物史观与阶级斗争学说的统一问题，但至少在中共"二大"之前，这种统一是建立在对能动性的片面强调和对"必然性"一定程度的忽视之上的。在中共"二大"之后，由于列宁主义的指导，早期中国共产党人对唯物史观的辩证理解达到了一个新的高度，充分认识到生产关系的变革必须建立在生产力高度发达的基础上，在肯定人的精神、意志的能动性的同时突出强调了这种能动性的发挥必须建立在一定的客观物质条件基础上。除唯物史观与阶级斗争学说之外，早期中国共产党人在坚持马克思主义原则前提下结合对中国革命问题的思考围绕着社会主义革命和建设问题对马克思主义的科学社会主义理论进行了多方面探讨，在无产阶级专政、国家、社会主义政治、经济制度等问题上提出了一些有价值的意见。此外，他们对马克思主义的剩余价值学说也给予了充分重视。在 1923 年之后，他们对马克思主义的辩证唯物主义、列宁主义内容与意义等也有较多论述。

复次，确立了马克思主义作为中国革命的指导思想的信念。如上所述，早期中国共产党人在俄国十月革命的直接启发下接受了马克思主义，但他们都面临着如何从理论上解释马克思主义是否适用于中国的问题。他们都像施存统那样意识到"马克思主义全部理论，都是拿产业发达的国家底材料做根据的，所以他有些话，不能适用于产业幼稚的国家"，同时，他们也普遍认识到经济文化非常落后的中国并不完全具备按照马克思主义原则进行"最后的阶级竞争"的经济条件和阶级力量，李大钊、李达都曾为这个关键问题所困扰。但是，他们对这一问题的思考并不仅限于中国自身的经济条件，而是始终结合世界格局和整体发展趋势来思考中国问题的解决。李大钊 1920 年初提出，近代以来由于"受西洋各国和近邻日本的二重压迫"，中国的手工工业和家庭工业破产、凋敝，"全国民渐渐变成世界的无产阶级"的观点。[①] 蔡和森也在 1921 年初指出："马克思社会主义乃是国际的社会主义，我们绝不要带地域的、民族的色彩"，而"中国在国际上的经济地位""完全是个无产阶级的国"，因此"中国

① 李大钊：《由经济上解释中国近代思想变动的原因》，载《李大钊文集》(3)，人民出版社 1999 年版，第 144 页。

的阶级战争乃是国际的阶级战争”。[①] 陈独秀在回答“资本主义在欧美是要崩溃的了，是可以讲社会主义了；我们中国资本制度并不甚发达，更没有到崩溃的地步，如何能讲社会主义呢”这一质疑时指出，这种看法的问题在于“忘记了现代人类底经济关系乃国际的而非国别的了。如果他断定欧美资本制度要崩溃能讲社会主义，他便不应该说中国不能讲社会主义仍要采用资本制度。因为交通便利，需要复杂底缘故，有许多事都渐渐逃不了国际化，经济制度更是显著；各国资本制度都要崩溃，中国哪能够拿国民性和特别国情等理由来单独保存他”。[②] 这些论述实质上已经在理论上解决了“我们中国不但有讲社会主义底可能，而且有急于讲社会主义底必要”[③]的问题。正是对这一问题的肯定性回答使早期中国共产党人确立了马克思主义适用于中国、中国革命要在马克思主义指导下进行的基本信念。因此，尽管中国共产党成立大会通过的《纲领》和《决议》并没有明确地提出马克思主义的指导，但《纲领》和《决议》所体现的社会主义革命观念无疑是在马克思主义指导下提出的。同时，尽管这个社会主义革命思路明显带有脱离中国实际的激进色彩，但早期中国共产党人由此所确立的马克思主义是中国革命的指导思想的观念始终没有改变，他们所要解决的问题已经不再是马克思主义是否适用于中国而是如何在坚持马克思主义指导的前提下将马克思主义与中国革命的实际科学地结合起来，走出一条中国自己的革命道路。

最后，初步提出了如何将马克思主义运用于中国革命实际的一些基本原则。早期中国共产党人是把马克思主义作为“救我们中国的良药”、“拯救中国的导星”来接受和信仰的，在领导中国革命的实践中始终坚持马克思主义的指导，这就涉及如何看待马克思主义与中国革命的关系问题，也就是如何认识马克思主义在中国革命中的运用问题。我们在本书第三章和第四章都指出早期中国共产党人在这个问题很早就提出了一些基本看法：其一，理论与实践相互结合。李大钊早在 1919 年就指出，“我们的社会运动，一方面固然要研究实际的问题，一方面也要宣传理想的主义。这是交相为用的，这是并行不悖的”，强

① 蔡和森：《马克思学说与中国》，载林代昭、潘国华编：《马克思主义在中国——从影响的传入到传播》(下)，清华大学出版社 1983 年版，第 270、271 页。

② 陈独秀：《社会主义批评》，载《陈独秀文章选编》(中)，三联书店 1984 年版，第 91～92 页。瞿秋白在 1923 年也提出中国“与世界无产阶级同其命运”的说法。[参见《〈新青年〉之新宣言》(1923 年 5 月)，载《瞿秋白选集》，人民出版社 1985 年版，第 2 页]

③ 陈独秀：《社会主义批评》，载《陈独秀文章选编》(中)，三联书店 1984 年版，第 92 页。

调“一个社会主义者，为使他的主义在世界上发生一些影响，必须要研究怎么可以把他的理想尽量应用于环绕他的实境”，“我们惟有一面认定我们的主义，用他作材料、作工具，以为实际的运动；一面宣传我们的主义，使社会上多数人都能用他作材料，作工具，以解决具体的社会问题”。[①] 这一直是早期中国共产党人运用马克思主义的基本观点。直到1924年，李大钊仍然坚持强调“应该细细的研考马克思的唯物史观，怎样应用于中国今日的政治经济情形”[②]。瞿秋白则在1926年更为明确地提出“革命的理论永不能和革命的实践相离”，“应用马克思主义于中国国情的工作，断不可一时或缓”[③]。其二，不可机械地照搬理论。李大钊很早就提出：“大凡一个主义，都有理想与实用两面。……把这个理想适用到实际的政治上去，那就因时、因所、因事的性质情形，有些不同。社会主义，亦复如是。……我们只要把这个那个的主义，拿来作工具，用以为实际的运动，他会因时、因所、因事的情形生一种适应环境的变化”[④]。施存统也注意到在将产生于“产业发达的国家”的马克思主义运用于“产业幼稚的国家”的时候“决不应当‘囫囵吞枣’‘食古不化’”。[⑤] 李达在探讨“马克思社会主义堕落”问题时曾批评欧洲社会党在运用马克思主义之时“固守师说的人则拘泥不化，自作聪明的人就妄加修改，把一个马克思的真面目弄湮没了”。[⑥]实际也在强调马克思主义的运用要根据具体实践而有所变化，他所说的“中国社会革命究竟采用何种范畴的社会主义，大概也是要按照国情和国民性决定的”也是根据这个原则提出的。其三，注意把握马克思主义的精髓。既要坚持马克思主义指导中国革命，又要求马克思主义指导中国革命必须“生一种适应环境的变化”，其中关键之处就在于准确地把握马克思主义的精髓。早期中国共产党人在接受、理解马克思主义过程中注意把握其基本特征、普遍重视唯物史观和阶级斗争学说及其关系，可以说就体现出对马克思主义精髓的实际把握。施存统在强调运用马克思主义不可“食古不化”的原则下明确指出，“我们

---

① 李大钊：《我的马克思主义观》，载《李大钊文集》(3)，人民出版社1999年版，第1、3、5～6页。

② 李大钊：《这一周》，载《李大钊文集》(4)，人民出版社1999年版，第376页。

③ 瞿秋白：《〈瞿秋白论文集〉自序》，载《瞿秋白文集》(政治理论编)(4)，人民出版社1993年版，第414、415页。

④ 李大钊：《我的马克思主义观》，载《李大钊文集》(3)，人民出版社1999年版，第3页。

⑤ 施存统：《马克思底共产主义》，载林代昭、潘国华编：《马克思主义在中国——从影响的传入到传播》(下)，清华大学出版社1983年版，第322～323页。

⑥ 李达：《马克思还原》，载《李达文集》(1)，人民出版社1980年版，第32页。

研究一种学说一种主义，应当把那种主义那种学说底精髓取出。……我们在中国主张马克思主义，实在没有违背马克思主义底精髓，乃正是马克思主义精髓底应用”，李达在探讨“社会革命”时曾引述托洛茨基的社会主义革命可以在经济落后国家发生的观点，认为这种观点“真得了马克思学说的精髓”，都体现出早期中国共产党人在理解和运用马克思主义之时注意把握马克思主义的精髓的原则。尽管由于早期中国共产党人对马克思主义的理解侧重于“革命的社会主义”，尚不善于运用马克思主义正确地分析认识当时中国社会的性质以及由此所决定的革命任务，他们的马克思主义观因此存在着忽视生产力发展水平的激进倾向，但也正是由于他们很早就注意到马克思主义应该与中国革命的实际相结合，才使他们能够顺利接受列宁主义和共产国际的指导，认识到中国社会半殖民地半封建的性质，并从而提出了反帝反封建的革命纲领，促进了他们的马克思主义观向科学的方向发展。同时，也正是由于他们始终坚持上述原则领导中国革命，才使他们能够在革命实践的基础上独立自主地探索中国革命的道路，提出了中国革命的重心应由城市工人运动向农村农民运动转移的问题，这对中国共产党人科学马克思主义观的形成确立无疑具有更重要的历史意义。

二、历史局限

至于早期中国共产党人马克思主义观的历史局限，我们也在上文不同程度地涉及了，这里试作较具体的论述。

首先，对马克思主义的认识和理解还存在不足。尽管早期中国共产党人比较准确地把握到马克思主义的基本性质，也比较全面地掌握了马克思主义的学说体系，但是很显然他们既没有全面系统地研究马克思主义学说各方面内容，也没有更深刻地思考马克思主义本质问题。当然，这并不意味着他们没有意识到全面、系统而又深刻地把握马克思主义的重要性，如李大钊就一直希望“中国将来能够产出几位真正了解马克思学说的，真正能够在中国放点光彩的”[①]。瞿秋白后来也强调：“中国共产党员，连我自己在内，都需要认真地多读一些马克思列宁主义的著作，帮助我们研究和解决中国当前革命中的问

① 李大钊：《马克思的经济学说》，载《李大钊文集》(4)，人民出版社1999年版，第179页。

题。"[①]但文献的缺乏、时间的紧迫、形势的紧张以及澎湃的革命激情，都使他们不可能实现这一美好的愿望。马克思主义最晚在1898年即已传入中国，但到20世纪前20年在中国国内甚至没有出现一部马克思、恩格斯著作的完整的中文译本。李大钊、陈独秀等主要是根据马克思主义著作的日文、英文译本以及一些介绍马克思主义、社会主义的小册子来认识和理解马克思主义的，李达、蔡和森等虽然读到较多马克思主义著作的完整译本，但也为时甚短。李大钊、陈独秀、李达、蔡和森是早期中国共产党人中宣传、阐述马克思主义的主要代表，他们的情况既是如此，其他大多数共产党人更不待言。文献的缺乏是一个方面，另一方面，早期中国共产党人在接受马克思主义之后不久就按照马克思主义原则领导中国革命，繁忙、艰难而又时时处于危险之中的组织领导工作，紧张激烈而又瞬息万变的革命形势无疑使他们难以有充裕的时间和精力全面、深刻地学习、研究马克思主义。因此，我们看到，马克思主义学说那丰富、复杂的内容进入到早期中国共产党人视野中的、被他们理解和应用的或者说被他们所重视的，主要是与革命实践直接相关的唯物史观、阶级斗争学说、剩余价值论、无产阶级专政学说等。作为马克思主义学说的哲学基础的辩证唯物主义只是到1923年后才由于瞿秋白从俄返国而得到传播，其影响也相当有限。因此，早期中国共产党人的马克思主义观无论是对马克思主义内容认识的全面性、广泛性上还是对马克思主义本质、"精髓"理解的深刻性上都存在着明显的不足。

其次，重视革命实践活动而相对忽视理论研究的倾向。导致早期中国共产党人未能实现全面掌握马克思主义内容和深刻把握马克思主义本质还有主观方面的原因，那就是早期中国共产党人普遍存在着重实践而轻理论的倾向。陈独秀是这种倾向的典型代表，他在提倡马克思的"实际研究的精神"和"实际行动的精神"之时，就一再提出"我很希望青年诸君须以马克思的实际研究精神来研究学问，不要单单以马克思的学说研究而已"，"我很希望青年诸君能以马克思实际研究的精神研究社会上各种情形，最重要的是现社会的政治及经济状况，不要单单研究马克思的学理"，"我望青年同志们，宁可少研究点马克思的学说，不可不多干马克思革命的运动！"[②]这些论述一方面体现出早期中

① 转引自朱钧侃、刘福勤等主编：《总想为大家辟一条光明的路——瞿秋白大事记述》，南京大学出版社1999年版，第538页。

② 陈独秀：《马克思的两大精神》，载《陈独秀文章选编》(中)，三联书店1984年版，第177～178页。

国共产党人马克思主义观的"革命实践的性格"，另一方面也表现出明显的重实践而轻理论的倾向。其实，不独陈独秀如此。很多早期中国共产党人在把握到马克思主义"革命的社会主义"理论的基本观念、确立了马克思主义适合于中国的基本信念后就迅速投身于领导社会主义革命的实践之中。在《我的马克思主义观》发表之后，李大钊除了在唯物史观研究方面用力甚勤和对社会主义问题研究较多之外，在其他方面并没有很多创见。陈独秀在发表《马克思学说》、《关于社会主义问题》之后，将主要精力用于运用马克思主义基本理论参与当时思想界论战、批判国民党"右派"的反马克思主义倾向以及对国民革命性质、道路等现实问题的探讨。李达在1923年后对马克思主义有较深入的研究，这在很大程度上与他脱党后远离政治因而有较充裕时间有关。其他如蔡和森、施存统等这些马克思主义学养本来很好的早期中国共产党人也由于种种原因都没有坚持马克思主义研究。在"二大"以后，瞿秋白是宣传、研究马克思主义的主要代表人物，他比李大钊、陈独秀等更全面地认识和理解了马克思主义学说体系，对列宁主义有较系统介绍，同时也很注意马克思主义理论研究，但这并没有完全改变早期中国共产党人的重实践而轻理论的倾向。

再次，存在着某种程度的脱离实际的激进倾向。早期中国共产党人在接受马克思主义之后不久就提出了社会主义革命的纲领，这一纲领的提出是他们马克思主义观的激进倾向的直接表现。所谓激进倾向也可以称之为"左倾"，主要是指他们脱离中国社会性质和经济发展水平的实际急于发动社会主义革命。我们在前文多次指出，早期中国共产党人虽然很早就把握到马克思主义的科学社会主义的性质，但在党的"二大"之前，他们对马克思主义性质的理解以"革命的社会主义"为主，他们虽然都强调必然性与能动性的统一，但明显存在着忽视生产力发展水平和片面强调人的意志、"阶级觉悟"等精神因素的能动作用的倾向。尽管在"二大"之后，中国共产党人认识到中国社会尚处于半殖民地半封建社会，中国革命的任务是反帝反封建，革命的性质是资产阶级民主革命，马克思主义的科学社会主义性质被突出出来，能动性与必然性的关系得到辩证的理解，但那种激进倾向并没有完全消除。例如，瞿秋白在1926年仍然强调"纯正的彻底的马克思主义，必定是革命的共产主义"①。

最后，将马克思主义运用于中国革命实践时存在一定程度的教条主义倾

① 瞿秋白:《马克思主义之意义》，载《瞿秋白文集·政治理论编》(4)，人民出版社1993年版，第21页。

向。尽管早期中国共产党人很早就提出马克思主义运用于中国革命要坚持理论与实际相结合并应根据中国具体国情而有所变化等原则，但由于他们接受马克思主义的时间甚短，马克思主义理论修养不足，又不善于运用马克思主义分析中国社会的性质、确定中国革命的任务，并且急于将马克思主义运用于中国问题之解决，因而没有能够很好地处理马克思主义如何与中国革命科学地结合的问题，在坚持马克思主义指导与适应中国国情问题上存在着一定程度的教条主义倾向。他们在建党之后按照马克思主义原则领导城市工人运动，从事社会主义革命，很少考虑农民在中国革命中的地位与作用。在民主革命时期，虽然认识到中国社会的半殖民地半封建性质以及中国经济分化不明显、工人阶级力量弱小，但仍然将主要精力集中到领导工人运动，强调城市无产阶级和城市资产阶级是国民革命的主要支持力量，农民问题虽然得到重视，但对农民在国民革命中的地位与作用问题的思考一直存在着很大争议。这都与他们教条主义理解马克思主义和教条主义地运用马克思主义有密切关系。因此，当毛泽东提出农民运动比城市工人运动更具有“政治争斗”和“经济争斗”相互结合的“阶级争斗”意义①时，他所代表的是“中国共产主义运动中一个边缘的孤立的趋向”②。

上述历史局限当然都不是孤立存在的，而是相互紧密联系着的。尽管这些历史局限的存在无损于早期中国共产党人在马克思主义观上取得的光辉成就，但如果认识不到或者无视这些局限，我们就无法正确地认识和评价早期中国共产党人的马克思主义观。

---

① 毛泽东：《国民革命与农民运动——〈农民问题丛刊〉序》，载《毛泽东文集》(1)，人民出版社1993年版，第40页。

② [美]本杰明·I·史华兹：《中国的共产主义与毛泽东的崛起》，陈玮译，中国人民大学出版社2006年版，第70页。

下　篇

作为整体,中国共产党人马克思主义观是由三个基本层次构成的。但对于早期中国共产党人马克思主义观来说,其主要代表人物的马克思主义观的地位尤其重要。作为中国共产党的创始人,李大钊、陈独秀的马克思主义观在很大程度上影响和决定了早期中国共产党人马克思主义观。李达、瞿秋白也对早期中国共产党人马克思主义观的形成、发展、深化起到了重要作用。毛泽东则以其创新性思考提出早期中国共产党人马克思主义观已经开始了一个重要转变。对于这些主要代表人物马克思主义观的分析、总结实际构成了对早期中国共产党人马克思主义观的总体研究的基础。尽管他们的马克思主义道路各具特色,对马克思主义的认识、理解和阐释、运用也各有侧重,但早期中国共产党人马克思主义观的发展历程、基本内容、主要特征、理论贡献和历史局限等在他们的马克思主义观中都得到全面而突出的表现。

第六章
李大钊的马克思主义观

李大钊是最早响应俄国十月革命的感召、并向国内全面系统地宣传马克思主义的先进知识分子，也是中国最早的马克思主义者。作为中国共产党的主要创立者之一，他也是最早自觉地运用马克思主义思考和解决中国革命问题的。李大钊的马克思主义观既具有典型意义，又对早期中国共产党人马克思主义观产生了巨大影响。

一、李大钊马克思主义观的形成发展历程

（一）前马克思主义时期的思想发展

李大钊在日本留学期间可能已经接触到马克思学说，受到日本学者幸德秋水、安部矶雄、吉野作造等的影响。[①] 但直到 1918 年 7 月发表《法俄革命之比较观》之前，马克思主义、社会主义对他的思想并没有产生明显的影响。对李大钊早期思想影响更大的是留学日本期间接触到的西方自由主义，这成为他 1916 年回国后思想发展的主旋律。他将“自由”视为人的存在的价值，“自由为人类生存必需之要求，无自由则无生存之价值”。而宪法是人类自由之保证，“宪法上之自由，为立宪国民生存必需之要求；无宪法上之自由，则无立宪国民生存之价值”，故“当先求宪法之能保障充分之自由”[②]。宪法本身又必须建立在自由的基础之上，“立宪政治基于自由”[③]，“苟行代议政治之国，此类尊重自由之风习，必使熏陶培养以弥纶乎社会个人之间，奉为金科玉律”[④]。李

---

① 参见李海春：《论李大钊接受马克思主义的过程》，载《河南师范大学学报》2004 年第 1 期。

② 李大钊：《宪法与思想自由》，载《李大钊文集》(1)，人民出版社 1999 年版，第 231 页。

③ 李大钊：《民彝与政治》，载《李大钊文集》(1)，人民出版社 1999 年版，第 160 页。

④ 李大钊：《议会之言论》，载《李大钊文集》(1)，人民出版社 1999 年版，第 301 页。

大钊推崇英国为立宪自由之典范,“英伦者,世界立宪国之先进也”[①],向往英国式的温和渐进的社会改革,认为1688年英国的“光荣革命”远较1789年的法国大革命为成功,“即以英、法相较,英无法之惨剧,而获得之政治,什倍于法。法以百年之血历史,易得者仅勉为共和”[②]。1916年,李大钊回国投身反袁政治活动。但由于先后出现袁世凯称帝、张勋复辟以及窃权的北洋军阀粗暴践踏共和政体,李大钊对立宪政治由失望而怀疑,尤其是加入《新青年》阵营后受到陈独秀等的激烈反传统倾向的影响,思想渐趋激进。他一方面激烈批判北洋政府推尊忠孝之道,“绝对排斥以孔道规定于宪法之主张”[③],认为这是“以数千年前之残骸枯骨,入于现代国民之血气精神所结晶之宪法”[④],另一方面则对反对专制独裁的革命给予肯定。1917年10月,李大钊在《暴力与政治》中指出:“盖革命恒为暴力之结果,暴力实为革命之造因;革命虽不必尽为暴力之反响,而暴力之反响则必为革命;革命固不能产出良政治,而恶政之结果则必召革命。”[⑤]这“标志着李大钊最终抛弃了对立宪制度的信仰,在卢梭理论的指导下,开始了确立革命理论的尝试”[⑥]。这时李大钊的民主观趋近于卢梭式的法国民主主义。1918年7月,李大钊以卢梭的“普遍意志”诠释其民主观:“多数取决之制,乃今日施行民治之方法,民治之精神,不在是也。盖各个意志之总计,与普遍意志全然不同。为此辨者,莫如卢骚。彼以普遍意志,为公我之意志,各个意志之总计,为私我之意志。普遍意志所由发生者,乃因其利益之属于公同普遍,非单由于发表之票数……非真以公共福利为目的之意志,不得谓之普遍意志也。”[⑦]这种立足于道德理想主义之上的带有浓厚激进色彩的民主观与其早期崇尚的英国式的立宪自由的民主主义的区别,体现出李大钊思想的明显变化。

俄国“二月革命”发生不久,李大钊在1917年3月先后写了《俄国革命之远因近因》、《俄国共和政府之成立及其政纲》、《俄国大革命之影响》等文章。

---

① 李大钊:《爱国之反对党》,载《李大钊文集》(1),人民出版社1999年版,第313页。

② 李大钊:《政治对抗力之养成》,载《李大钊文集》(1),人民出版社1999年版,第104页。

③ 李大钊:《自然的伦理观与孔子》,载《李大钊文集》(1),人民出版社1999年版,第249页。

④ 李大钊:《孔子与宪法》,载《李大钊文集》(1),人民出版社1999年版,第245页。

⑤ 李大钊:《暴力与政治》,载《李大钊文集》(2),人民出版社1999年版,第176～177页。

⑥ [美]莫里斯·迈斯纳:《李大钊与中国马克思主义的起源》,中共北京市委党史研究室编译组译,中共党史资料出版社1989年版,第38页。

⑦ 李大钊:《强力与自由政治》,载《李大钊文集》(2),人民出版社1999年版,第197页。

他将俄国革命放在“世界革命之怒潮”、“自由政治”之确立上认识，指出“世界之进化无止境，即世界之革命无已时……于以知自由民权之大义，无论如何屈挫，终有时而昌。专制阴谋之恶政，无论如何披猖，终有时而穷”[①]。他认为俄国革命将给中国共和政治以启示和积极的影响，“今吾更将依俄国革命成功之影响，以厚我共和政治之势力”[②]。由对俄国革命的关注使其对法国大革命也产生了新的体认：“大凡新命之诞生，新运之创造，必经一番苦痛为之代价……美利坚之独立，必历八年之血战，始能告厥成功。法兰西自由之花，必有数十年牺牲之血以灌溉之，始有今日之繁茂。最近俄人且于酣战之中，不惮高树赤旗，以奠自由民主之基。”李大钊对美、法、俄革命的关注是与对中国命运的思考结合在一起的，他意识到“吾人于新命诞孕之中，所当尽之努力，所当忍之苦痛，尤须百倍于美、法、俄诸国之民”。[③]

（二）马克思主义观的形成、确立

1918 年 7 月 1 日，李大钊发表《法俄革命之比较观》，为俄国十月革命而欢呼，他的思想也开始从自由民主主义向社会主义、马克思主义转变。在《法俄革命之比较观》中李大钊指出：“俄国今日之革命，诚与昔者法兰西革命同为影响于未来世纪文明之绝大变动”，但俄国革命的性质又远高于法国革命，“法兰西之革命是十八世纪末期之革命，是立于国家主义上之革命，是政治的革命而兼含社会的革命之意味者也。俄罗斯之革命是二十世纪初期之革命，是立于社会主义上之革命，是社会的革命而并著世纪的革命之采色者也”。这种对俄国革命及其在世界文明发展中意义的体认无疑增强了李大钊对正处于“衰歇之运”的中国的信心，“吾人对于俄罗斯今日之事变，惟有翘首以迎其世纪的新文明之曙光，倾耳以迎其建于自由、人道上之新俄罗斯之消息，而求所以适应此世界的新潮流”。[④]《法俄革命之比较观》是李大钊向社会主义、马克思主义跨出的第一步，却不能说他“已经毫无疑问地建立了布尔什维克主义的信仰”[⑤]。文章根本没有涉及马克思主义，虽指出了俄国革命“是立于社会主义

① 李大钊：《俄国革命之远因近因》，载《李大钊文集》(2)，人民出版社 1999 年版，第 1 页。

② 李大钊：《俄国大革命之影响》，载《李大钊文集》(2)，人民出版社 1999 年版，第 22 页。

③ 李大钊：《此日》，载《李大钊文集》(2)，人民出版社 1999 年版，第 166、167 页。

④ 李大钊：《法俄革命之比较观》，载《李大钊文集》(2)，人民出版社 1999 年版，第 216、217、219 页。

⑤ [美]莫里斯·迈斯纳：《李大钊与中国马克思主义的起源》，中共北京市委党史研究室编译组译，中共党史资料出版社 1989 年版，第 69 页。

上之革命”，但对“社会主义”的理解仍然主要是从“人道”、“自由”出发的。但是，在当时进步思想界对十月革命迟迟不肯表态的情况下，李大钊的这篇文章无疑有着惊天动地、振聋发聩的巨大作用，预示着新文化运动的转向。真正标志着李大钊走向马克思主义的是1918年年底的《庶民的胜利》和《Bolshevism的胜利》。在大多数进步知识分子如陈独秀等欢呼欧战的胜利是“公理战胜强权”[①]之时，李大钊不同凡响地指出，“这回战胜的，不是联合国的武力，是世界人类的新精神”，是“民主主义”和“劳工主义”战胜“大……主义”和“资本主义”，并认为这标志着“世界的新潮流”，是人类历史“新纪元的创造”。[②] 这种“世界人类的新精神”包括社会主义和Bolshevism、世界劳工阶级。他甚至将这一胜利归之于列宁、托洛斯基、李卜克内西、马克思等的功业，并进而指出，“Bolshevism就是俄国Bolsheviki所抱的主义”，“他们的主义，就是革命的社会主义；他们的党，就是革命的社会党；他们是奉德国社会主义经济学家马客士为宗主的；他们的目的，在把现在为社会主义的障碍的国家界限打破，把资本家独占利益的生产制度打破”。[③] 这些论述表明，李大钊对十月革命和布尔什维克主义有了新的理解，认识到布尔什维克主义就是“革命的社会主义”，而马克思则是其“宗主”。直到此时，“布尔什维克主义的信仰”才真正在李大钊心中确立起来。在十月革命和布尔什维克主义感召下，李大钊已经义无反顾地走上了马克思主义的历程。当然，由于此前对马克思主义所知有限，李大钊理解马克思主义不能不借助于他的前马克思主义思想，因此也难免受到这些前马克思主义的影响。[④] 克鲁泡特金的“互助论”无政府主义就是一个非常重要的影响因素。

五四运动爆发之际，李大钊正潜心研究马克思主义。他1919年7月发表《阶级竞争与互助》时已经认识到社会主义存在着“梦想的，或是科学的”区别，文章阐述了马克思的“阶级竞争说”，指出了它与马克思的“经济的历史观”有

---

① 陈独秀：《〈每周评论〉发刊词》，载《陈独秀文章选编》(上)，三联书店1984年版，第304页。

② 李大钊：《庶民的胜利》，载《李大钊文集》(2)，人民出版社1999年版，第238、239页。

③ 李大钊：《Bolshevism的胜利》，载《李大钊文集》(2)，人民出版社1999年版，第242、243页。

④ 美国学者莫里斯·迈斯纳认为，“五四”时期李大钊的马克思主义观同时受到“民粹派”的影响。(参见[美]莫里斯·迈斯纳：《李大钊与中国马克思主义的起源》，中共北京市委党史研究室编译组译，中共党史资料出版社1989年版，第87～98页)国内也有不少学者支持这一说法，其主要依据就是李大钊1919年2月发表的《青年与农村》。我们认为，《青年与农村》确实受到俄国“革命的民粹派”的影响，但这种影响应主要归于十月革命对李大钊的启发。

关系，并提出以"阶级竞争"来"改造社会组织"的问题。这是李大钊运用马克思主义对社会问题的初步思考。同时，这篇文章在理解马克思主义时明显受到了"互助论"无政府主义的影响，因而在社会改造问题上调和"互助论"与"阶级竞争说"，提出了"物心两面的改造，灵肉一致的改造"观点。[①] 这一观点在此后的《"少年中国"的"少年运动"》、《我的马克思主义观》中也有发展。1919年7月，李大钊与胡适之间发生了著名的"问题与主义"之争。胡适批评"国内的'新分子'闭口不谈具体的政治问题，却高谈什么无政府主义与马克思主义"[②]。李大钊明白地表示："我是喜欢谈谈布尔扎维主义的。"[③]针对胡适对于"根本解决"的批评，李大钊根据马克思主义唯物史观明确指出，"经济问题的解决，是根本解决。经济问题一旦解决，什么政治问题、法律问题、家庭制度问题、女子解决问题、工人解放问题，都可以解决"。在论争中，李大钊提出要将"阶级竞争说"与"唯物史观"结合起来，以"阶级竞争说"这个"学理"作工具"为工人联合的实际运动"，以实现社会革命。[④] "问题与主义之争"是五四新文化运动进步思潮之间关于如何解决中国问题的论辩，也是马克思主义在中国传播过程中遇到的第一次挑战，李大钊自觉地维护其"布尔扎维主义"信仰，显示出他在走向马克思主义的道路上跨出重要一步。

1919年下半年，李大钊在《新青年》第6卷第5、6号发表了他的《我的马克思主义观》。这是中国历史上第一篇全面系统地阐述马克思学说的重要文献，也是马克思主义在中国传播的第一个重要成果。文章比较全面地介绍了马克思主义在经济思想史上的地位、"马氏社会主义的理论"的三个组成部分以及各部分之间的相互关系，并具体阐述了马克思的唯物史观及阶级斗争学说及其在马克思主义理论体系中的地位，详细论述了马克思的"经济论"（含"余工余值说"和"资本集中论"）。一般认为，《我的马克思主义观》的发表，标志着"李大钊已经从具有初步共产主义思想的知识分子，成长为一个马克思主义者了"[⑤]。我们认为，尽管《我的马克思主义观》在对马克思主义的理论体系以及马克思主义性质的理解上是基本正确的，但李大钊对经济基础与上层建筑、唯物史观与"阶级竞争说"的关系尚缺乏辩证的理解，因而认为上层建筑不

① 李大钊：《阶级竞争与互助》，载《李大钊文集》(2)，人民出版社1999年版，第335、336、337页。
② 胡适：《胡适文存》(2)，亚东图书馆1927年版，第147页。
③ 李大钊：《再论问题与主义》，载《李大钊文集》(3)，人民出版社1999年版，第4页。
④ 李大钊：《再论问题与主义》，载《李大钊文集》(3)，人民出版社1999年版，第6页。
⑤ 李新、陈铁健主编《伟大的开端》，上海人民出版社1991年版，第205～206页。

能反作用于经济基础、唯物史观与阶级斗争学说“有些牵强矛盾的地方”。[①]更为重要的是，李大钊在“世界改造”问题上仍然坚持“物心两面的改造，灵肉一致的改造”，还没有完全立足于马克思主义立场。因此，我们认为，《我的马克思主义观》不能成为李大钊马克思主义观确立的标志。

但是，《我的马克思主义观》对马克思主义基本正确的理解奠定了李大钊马克思主义观发展的基础。1919 年 12 月，李大钊在《物质变动与道德变动》中运用达尔文的“进化论”探讨道德的起源与本质，运用马克思唯物史观探讨道德的历史发展。这篇文章尽管还带有生物进化论色彩，对唯物史观的理解仍然存在着片面性，但基本观点是符合马克思主义的。1920 年初，李大钊在《由经济上解释中国近代思想变动的原因》中根据“凡一时代，经济上若发生了变动，思想上也必发生变动。换句话说，就是经济的变动，是思想变动的重要原因”这一唯物主义的观点探讨中国近代以来思想变动的原因，指出“新思想是应经济的新状态、社会的新要求发生的，不是几个青年凭空造出来的”。[②]这里所谓的“新思想”“显然是他正在宣传的革命的社会主义观念”[③]。这说明李大钊已经打消了此前对马克思主义学说之“牵强矛盾”的忧虑和试图“救正”之意，不仅在思想上确立了马克思主义唯物史观这一科学的世界观，而且认识到马克思主义在中国的兴起是中国近代以来经济、社会发展的必然，因而完全适用于解决中国问题，而“互助论”无政府主义也从其思想中逐渐隐退。因此，我们认为，《物质变动与道德变动》、《由经济上解释中国近代思想变动的原因》以及稍后的《由纵的组织向横的组织》三篇文章的发表，标志着李大钊马克思主义观的确立，也表明李大钊此时已经成为一名马克思主义者。

在完成向马克思主义转变之后，深入研究和广泛宣传马克思主义、运用马克思主义参与思想界论战和探讨中国革命道路，是李大钊马克思主义观发展的重要方向。首先是对于马克思主义的深入认识和研究，这主要表现在对于唯物史观、社会主义以及马克思的经济学说的论述上。1920 年以后，李大钊对唯物史观的研究、运用大体在三个方面展开：一是深化了对唯物史观的基本理论的探讨，从而达到了对唯物史观的科学的、正确的理解，二是从思想史角

---

① 参见李大钊《我的马克思主义观》，载《李大钊文集》(3)，人民出版社 1999 年版，第 31 页。

② 李大钊：《由经济上解释中国近代思想变动的原因》，载《李大钊文集》(3)，人民出版社 1999 年版，第 140、147 页。

③ [美]莫里斯·迈斯纳：《李大钊与中国马克思主义的起源》，中共北京市委党史研究室编译组译，中共党史资料出版社 1989 年版，第 156 页。

度探讨唯物史观的形成发展以及马克思主义唯物史观的历史地位，三是以唯物史观为指导探讨中国社会历史发展。这些方面的成就使李大钊无论在马克思主义唯物史观的传播，还是在中国马克思主义史学的确立上都取得了首屈一指的伟大成就。对社会主义的论述是李大钊后期马克思主义观发展的重要内容，这不仅由于"社会主义运动论"本身就是马克思主义的重要内容，而且是与中国共产党成立前后李大钊主张社会主义革命问题紧密相关的。同时，他的这方面研究在很大程度上也是为了回应当时无政府主义者和基尔特社会主义者对马克思主义者的挑战。此外，尽管李大钊在宣传、研究马克思主义过程中将主要精力集中在与解决中国问题直接相关的唯物史观、阶级斗争学说、"社会主义运动论"方面，但他同时也没有忽视对马克思主义的政治经济学的研讨。1920 年以后，他曾就此作过多次讲演。

(三)从社会主义革命转向民主革命

探讨中国"救亡图存"之路是李大钊接受、研究、宣传马克思主义的现实起点，也是其最终目的。在接受马克思主义的同时，李大钊就一直在思考着如何将马克思主义运用于中国的问题。在确立了马克思主义观之后，李大钊坚信社会主义革命是解决中国问题的最根本出路。这一观念在此后与梁启超、张东荪等的论战中得到集中体现。针对张东荪的"救中国只有一条路，一言以蔽之，就是增加富力。而增加富力就是开发实业"[①]的观点，李大钊指出，"中国经济之厄运已至，实业确有振兴之必要。但谓振兴实业而必适用资本主义，其谬已极"[②]。首先，他指出，"在现存制度下谋求实业的兴盛，实质上就是要使我国的统治阶级与各国的资本阶级结合起来，这样只能加强统治阶级的力量，而决不会带来其他任何好结果，这是显而易见的"[③]。其次，李大钊认为，"现在世界的经济组织，既已经资本主义以至社会主义"，"中国国内的劳资阶级间虽未发生重大问题，中国人民在世界经济上的地位，已立在这劳工运动日盛一日的风潮中，想得保护资本家的制度，无论理所不可，抑且势所不能"。[④] 因

① 张东荪：《由内地旅行而得之一教训》，载 1920 年 11 月 6 日《时事新报》。转引自左玉河：《张东荪传》，山东人民出版社 1998 年版，第 129～130 页。

② 李大钊：《社会主义下之实业》，载《李大钊文集》(4)，人民出版社 1999 年版，第 80 页。

③ 李大钊：《中国的社会主义及其实行方法的考察》，载《李大钊文集》(4)，人民出版社 1999 年版，第 64 页。

④ 李大钊：《中国的社会主义与世界的资本主义》，载《李大钊文集》(4)，人民出版社 1999 年版，第 85 页。

此,“中国不欲振兴实业则已,如欲振兴实业,非先实行社会主义不可”,“中国实业之振兴,必在社会主义之实行”。[①] 再次,中国已经具备了实现社会主义的经济条件。李大钊指出,“要问中国今日是否已具实行社会主义的经济条件,须先问世界今日是否已具实现社会主义的倾向的经济条件,因为中国的经济情形,实不能超出世界经济势力之外”。[②] 中国已处在世界历史由资本主义向社会主义发展的趋势之中,而“中国人民在世界经济上的地位,已立在这劳工运动日盛一日的风潮中”,这就是中国进行社会主义革命的经济条件。因此,他指出:“今日中国想发展实业,非由纯粹生产者组织政府,以铲除国内的掠夺阶级,抵抗此世界的资本主义,依社会主义的组织经营实业不可。”[③]

在与张东荪等论战的同时,李大钊正与陈独秀等筹建中国共产党。尽管他因故没有参加中国共产党成立大会,但大会通过的社会主义革命纲领,即规定党的奋斗目标和基本任务是“推翻资产阶级”、“承认无产阶级专政”、“消灭资本家私有制,没收机器、土地、厂房和半成品等生产资料,归社会公有”和“本党的基本任务是成立产业工会”,“党应在工会里灌输阶级斗争的精神”,“勿使工会执行其他的政治路线”的方针可以说基本上体现了他对中国革命道路的思考。[④] 但1922年7月召开的中共“二大”接受了共产国际“二大”所确立的被压迫民族和殖民地、半殖民地革命的性质与任务的政策,提出了反帝反封建的民主革命纲领,将中国革命的性质确定为资产阶级民主主义革命。1922年9月,李大钊指出,“中国现在的特殊情形由来有两种:一种是外来的压迫,即受国际帝国主义、资本主义的支配;一种是国内武人军阀的压迫。要求从此种情形中解放,完全须由我们团结起来奋斗”,“我们要政治运动,也要像军队的团结起来,促进民主主义,做有步骤的进行”。[⑤] 这表明,李大钊已经接受了反帝反封建的民主革命纲领,他的马克思主义观也开始从社会主义革命向民主主义革命转变。事实上,李大钊在1921年3月就曾指出,中国社会主义革命

① 李大钊:《社会主义下之实业》,载《李大钊文集》(4),人民出版社1999年版,第80、81页。

② 李大钊:《中国的社会主义与世界的资本主义》,载《李大钊文集》(4),人民出版社1999年版,第85页。

③ 李大钊:《中国的社会主义与世界的资本主义》,载《李大钊文集》(4),人民出版社1999年版,第85~86页。

④ 《中国共产党第一个纲领》,载中央档案馆编:《中共中央文件选集(1921~1925)》(1),中共中央党校出版1987年版,第3、6页。

⑤ 李大钊:《在上海社会主义青年团“国际少年日纪念会”上的演讲》,载《李大钊文集》(4),人民出版社1999年版,第225、226页。

的任务是“铲除国内的掠夺阶级，抵抗此世界的资本主义，依社会主义的组织经营实业”。这本身就包含了反帝反封建的内容。李大钊接受、理解、运用马克思主义、主张社会主义革命，一个最基本的目的就是拯救民族危亡，社会主义、共产主义固然是他追求的社会理想，但一个能够使中国摆脱外来压迫、建立独立国家的比较现实的道路也是可以接受的。况且，列宁和共产国际已经指出了，这条道路尽管不是“共产主义革命”，但也具有“过渡到共产主义”的可能性。李大钊不仅调整了他对中国革命道路的思考，而且也由此发展了他的马克思主义观。1922年12月，李大钊指出，社会问题的产生“大半因经济的关系”，也就是“经济的不均与不安”[①]。因此，“我们想解决他，非靠政治的力量不可”，“欲改良社会，非靠政治的力量不可；因为政治的力量，可以改革一切的社会问题”[②]。经济问题和政治最有关系，也可以“靠政治的力量”解决，而解决的对象则是“政治组织”。他虽然仍将社会问题的根源归之于经济问题，但已经不再主张从经济上实现“根本解决”，而是强调“靠政治的力量”从“政治组织”上解决问题。他把想解决这些问题的人分为“社会改良派”和“社会革命派”，认为前者“徐图改善，故凡事要待有好机会，才去实行改革，易流为‘等机会派’”，后者“专谋根本改革，必须待条件完备，才去实行；如条件不完备，虽小的机会，他也不屑进行，以致耽搁了许多机会”。他认为，“现在社会上有一种倾向，即前二派都超于折衷派（中央派），大有超越党籍而互相接近之势。这个新倾向，于社会改良上最为有利。就是在条件（经济）未完备以前，亦不专候，一方面向大的目标做去，一方面有小的机会亦不抛弃”[③]。这里的“超越党籍而互相接近”的“新倾向”无疑就是国共合作共谋民族民主革命。因此，他在国民党“一大”上发言指出，“在今日经济落后沦为帝国主义下半殖民地的中国，只有国民革命是我民族惟一的生路”[④]。当然，要既不放弃“小的机会”而又能“向大的目标做去”，有一个必要的前提，一是列宁所说的“共产党能够领导民族民主革命取得胜利”，二是始终坚持马克思主义指导。李大钊在中共“三大”就国共合作问题发言时，一方面强调“我们不要害怕参加国民运动，我们应站在运动的前列”，一方面特别指出，“过去和将来国民运动的领导因素都是无产

① 李大钊：《社会问题与政治》，载《李大钊文集》(4)，人民出版社1999年版，第242页。

② 李大钊：《社会问题与政治》，载《李大钊文集》(4)，人民出版社1999年版，第242、244页。

③ 李大钊：《社会问题与政治》，载《李大钊文集》(4)，人民出版社1999年版，第242页。

④ 李大钊：《在中国国民党第一次代表大会上的发言》，载《李大钊文集》(4)，人民出版社1999年版，第370页。

阶级，而不是其他阶级”。[①] 1924 年 5 月，为纪念马克思诞辰，李大钊提出：“应该细细的研考马克斯的唯物史观，怎样应用于中国今日的政治经济情形。详细一点说，就是依马克斯的唯物史观以研究怎样成了中国今日政治经济的情状，我们应该怎样去作民族独立的运动，把中国从列强压迫之下救济出来。这种研究的答案，自然是‘中国今日政治经济的情形，完全是国际帝国主义侵入的结果，中国全民族应该并力反抗那侵入中国的国际帝国主义，作民族独立的运动，从列强压迫之下把中国救济出来。’倘能循此途辙，以达于民族独立的境界，那么马克斯的学说真是拯救中国的导星，他的诞生日，必更值得我们纪念了。”[②]

国共合作正式成立以后，作为中国共产党北方地方主要领导和国民党中央委员会执行委员，李大钊在极为困难的情况下承担着极为繁重的组织领导工作，但仍坚持对中国革命道路问题的深入思考。这些思考一方面是坚持马克思主义原则，另一方面又是始终结合着统一战线的内部斗争和民主革命的形势展开的。1926 年 3 月，针对国民党右派理论家戴季陶将反帝斗争归结民族斗争，鼓吹民族主义，李大钊引用马克思 1853 年在《中国革命与欧洲革命》针对太平天国反帝运动所说的“英国造成了中国的革命，中国的革命将要反响于英伦，经过英伦，反响于欧洲”[③]，指出“中国的国民革命，是世界革命的一部”[④]。此后，李大钊全文译述了马克思的《中国革命与欧洲革命》，强调指出：“我们读了马克思这篇论文以后，应该很明确的认识出来中国国民革命是世界革命一部分的理论和事实。”[⑤]在他看来，孙中山领导的国民革命“使中国的国民革命运动与世界革命运动，联成一体”[⑥]。因此，中山主义与列宁主义有极

---

① 李大钊：《在中共第三次代表大会上关于国共合作问题的意见》，载《李大钊文集》(4)，人民出版社 1999 年版，第 313 页。

② 李大钊：《这一周》，载《李大钊文集》(4)，人民出版社 1999 年版，第 376～377 页。

③ 李大钊：《孙中山先生在中国民族革命史上之位置》，载《李大钊文集》(5)，人民出版社 1999 年版，第 94 页。此段文字今译为：“当英国引起了中国革命的时候，便发生了一个问题，即这个革命将来会对英国并且通过英国对欧洲发生什么影响？这个问题是不难回答的。”[载《马克思恩格斯全集》(9)，人民出版社 1961 年版，第 111 页]

④ 李大钊：《孙中山先生在中国民族革命史上之位置》，载《李大钊文集》(5)，人民出版社 1999 年版，第 95 页。

⑤ 李大钊：《马克思的中国民族革命观》，载《李大钊文集》(5)，人民出版社 1999 年版，第 105 页。

⑥ 李大钊：《孙中山先生在中国民族革命史上之位置》，载《李大钊文集》(5)，人民出版社 1999 年版，第 95 页。

强的一致性："列宁主义是帝国主义时代无产阶级革命的理论与策略。中山主义是帝国主义时代被压迫民族革命的理论与策略。在理论上，中山主义与列宁主义是可以联合成一贯，策略上也是能联贯一致的。所以，列宁主义者可说就是中山主义者；中山主义者也就是列宁主义者！他们的主义同是革命的主义。"①

国民革命后期，李大钊比较具体地探讨了农民问题在国民革命中的地位及其重要性。早在1919年2月发表的《青年与农村》，李大钊就表现出对农民问题的关注。在列宁的民族和殖民地革命思想和共产国际关于农民在民族和殖民地革命中地位的政策指导下，李大钊对农民与国民革命的关系有了新的认识。中共"四大"以后，农民运动在南方蓬勃开展，但在北洋军阀控制下的广大北方却显得相当艰难。李大钊对农民与国民革命关系问题的思考固然与共产国际政策和国内农民运动形势有关，但更主要的应该是由于对中国半封建社会的性质以及农民占人口比例的重大而可能孕育着的革命动力的重要性的认识。1925年底到1926年初，李大钊指出："在经济落后沦为半殖民的中国，农民约占总人口百分之七十以上，在全人口中占主要的地位，农业尚为其国民经济之基础。故当估量革命动力时，不能不注意到农民是其重要的成分。"李大钊充分肯定了农民蕴藏的成为革命动力的潜力，但认为这种潜力只有在解决土地问题、实现广大农民所急切要求的"耕地农有"才能调动和发挥出来，而这将"有待于中国现代广大的工农阶级依革命的力量以为之完成"②。由此，他提出要在农村组织农民协会，开展针对"乡村资产阶级的贵族政治"的阶级斗争。"若想提高贫农的地位，非由贫农、佃农及雇工自由组织农民协会不可。只有农民自己组织的农民协会才能保障其阶级的利益"，"在乡村中作农民运动的人们，第一要紧的工作，是唤起贫农阶级组织农民协会"，"革命的青年同志们，应该结合起来，到乡村去帮助这一般农民改善他们的组织，反抗他们所受的压迫"！从上述前提出发，李大钊对农民的革命潜力给予了相当乐观的估计："中国的浩大的农民群众，如果能够组织起来，参加国民革命，中国国民革命的成功就不远了。"③李大钊1926年8月写的《鲁豫陕等省的红枪会》着重

① 李大钊：《在列宁逝世二周年纪念大会上的演讲》，载《李大钊文集》(5)，人民出版社1999年版，第87页。

② 李大钊：《土地与农民》，载《李大钊文集》(5)，人民出版社1999年版，第69页。

③ 李大钊：《土地与农民》，载《李大钊文集》(5)，人民出版社1999年版，第77～78页。

探讨的是这些武装组织所包含的革命意义。李大钊认为，农民自发武装的兴起，“可以证明中国的农民已经在那里觉醒起来，知道只有靠他们自己结合的力量才能从帝国主义和军阀所造成的兵匪扰乱之政局解放出来，这样的农民运动中形成一个伟大的势力”。同时，他对红枪会等武装组织代表农民利益、防备兵匪、反抗苛捐杂税的战斗力以及较好的纪律约束能力表示赞赏，认为“农民的乡土观念颇含有其阶级觉悟的质素”[①]，但李大钊也指出，这些农民武装自卫团体经常面临着被军阀收买或自我分裂的危险。因此，他强调要加强对红枪会等组织的引导，“使他们知道帝国主义的本质，把他们的仇恨转移到帝国主义者压迫中国剥削中国农民的行动和工具上去”，“我们应该告诉他们，只有工农民众自己团结起来，才是他们得到生活安定的惟一出路”，“让他们很明了的知道农民阶级在国民革命运动中的地位和责任，很明了的认识出来谁是他们的仇敌和朋友，很明了的了解红枪会的性质及其应走的道路，然后这一种澎澎勃勃的农民大运动，才不至于走到错路上去”。[②] 李大钊对农民运动的思考仍然是在国民革命这个前提下进行的，尽管他对农民与国民革命的探讨颇具启发意义，触及此后中国共产党领导革命所面临的一个根本性问题，但他并没有由此提示一条中国革命的独特道路。确实，他在谈论农民运动的重要性时没有将其置于城市无产阶级的领导之下，但同样没有证据表明他有意放弃无产阶级及其先锋队在国民革命中的领导地位。

二、李大钊马克思主义观的基本内容

(一)“马氏社会主义的理论”之“三部”——对马克思主义理论体系及基本性质的认识

李大钊对马克思主义的认识始终是与社会主义紧密联系着的。他在《法俄革命之比较观》中已经认识到俄国十月革命是“立于社会主义上之革命”，此后的《庶民的胜利》、《Bolshevism 的胜利》等文章又将社会主义革命视为 20 世纪的“新潮流”、人类历史的“新纪元”，认识到十月革命是马克思主义指导下的社会主义革命，布尔什维克党以马克思为“宗主”，奉行“革命的社会主义”。但由于自己的前马克思主义思想，李大钊起初从资产阶级民主主义理解社会主义，后来又受到“互助论”无政府主义的影响。到 1919 年 7 月，他已经认识

① 李大钊:《鲁豫陕等省的红枪会》，载《李大钊文集》(5)，人民出版社 1999 年版，第 112～113 页。

② 李大钊:《鲁豫陕等省的红枪会》，载《李大钊文集》(5)，人民出版社 1999 年版，第 114～117 页。

到社会主义存在着“空想的”与“科学的”区别，但仍认为无论是“空想派”还是“科学派”的社会主义都以“互助友谊的精神”为基础。直到发表《我的马克思主义观》时，李大钊才正式提出了“马克思主义”的概念，对马克思主义的性质有了比较准确的认识。

首先，李大钊把马克思主义视为“世界改造原动的学说”，并从“经济思想史”发展上认识马克思主义的地位。他把经济学分为个人主义经济学、社会主义经济学和人道主义经济学三派，认为社会主义经济学和人道主义经济学都以个人主义经济学即资本主义经济学为批判对象的，社会主义经济学反对个人主义经济学“承认现在的经济组织为是”，人道主义经济学反对个人主义经济学“承认在这经济组织内，各个人利己的活动为是”。因而，在社会改造问题上，“人道主义经济学者持人心改造论，故其目的在道德的革命。社会主义经济学者持组织改造论，故其目的在社会的革命”，“从前经济学的正统，是在个人主义。现在社会主义、人道主义的经济学，将要取此正统的位系，而代个人主义以起了。……这正是个人主义向社会主义、人道主义过渡的时代”。[①] 这说明，李大钊所理解马克思主义是一种“组织改造论”、“社会的革命”论，即“革命的社会主义”。《我的马克思主义观》将唯物史观视为马克思主义的理论基础，提到“有许多人主张改称唯物史观为经济史观”[②]。这也是李大钊的基本看法，他后来在《唯物史观在现代史学上的价值》中谈到唯物史观的诸种名称时，明确表示：“还是‘经济史观’妥当些。”[③]但是，也正因为把马克思主义主要理解为“组织改造论”即社会制度革命理论，李大钊在社会改造问题上并没有完全立足于马克思主义。他所说的“现在正是社会主义经济学改造世界的新纪元”[④]，是与人道主义经济学从精神、道德上改造世界相对而言的。也就是说，在世界改造问题上，李大钊主张社会主义经济学与人道主义经济学的同时并行。早在《阶级竞争与互助》中，李大钊就试图调和马克思的“阶级竞争说”与克鲁泡特金的“互助论”，提出“这最后的阶级竞争，是改造社会组织的手段。这互助的原理，是改造人类精神的信条。我们主张物心两面的改造，灵肉一致

① 李大钊：《我的马克思主义观》，载《李大钊文集》(3)，人民出版社 1999 年版，第 15、17、18 页。

② 李大钊：《我的马克思主义观》，载《李大钊文集》(3)，人民出版社 1999 年版，第 20 页。

③ 李大钊：《唯物史观在现代史学上的价值》，载《李大钊文集》(3)，人民出版社 1999 年版，第 316 页。

④ 李大钊：《我的马克思主义观》，载《李大钊文集》(3)，人民出版社 1999 年版，第 18 页。

的改造"[①]。《我的马克思主义观》仍然坚持"我们主张以人道主义改造人类精神,同时以社会主义改造经济组织。不改造经济组织,单求改造人类精神,必致没有效果。不改造人类精神,单求改造经济组织,也怕不能成功"[②]。这也是《我的马克思主义观》不能成为李大钊马克思主义确立的标志的主要原因。

其次,李大钊指出:

> 本来社会主义的历史并非自马氏始的,马氏以前也很有些有名的社会主义者,不过他们的主张,不是偏于感情,就是涉于空想,未能造成一个科学的理论与系统。至于马氏才用科学的论式,把社会主义的经济组织的可能性与必然性,证明与从来的个人主义经济学截然分立,而别树一帜,社会主义经济学才成一个独立的系统,故社会主义经济学的鼻祖不能不推马克思。[③]

这段论述表明,李大钊所理解的马克思主义又是科学的社会主义。所谓"科学的论式"主要是指唯物史观。《我的马克思主义观》在谈到唯物史观在马克思主义体系的地位时间接地指出了这一点。值得注意的是,李大钊对马克思主义"科学"性的认识,重点突出的是唯物史观解决了"社会主义的经济组织的可能性与必然性"问题。也就是说,李大钊虽然认识到了马克思主义的科学社会主义性质,并且科学的社会主义与"革命的社会主义"在他对马克思主义性质的认识上又是统一的,但却主要统一在"革命的社会主义"之上,"革命的社会主义"代表了李大钊此时对马克思主义性质的基本理解。在《我的马克思主义观》之后,李大钊通过对唯物史观的深入研究深化了对马克思主义的科学社会主义性质的认识。1923 年 8 月,李大钊发表《桑西门的历史观》,称圣西门开拓了唯物史观的道路,从而使社会主义从"空想"走向"科学"。在他看来,空想社会主义受 18 世纪启蒙主义社会哲学的影响,"主张依人间理性的力量能以实现社会主义的社会",是一种"理想的历史观"。[④] 到了马克思和恩格斯,将社会主义的思想"依科学的法则组成系统",确立了科学的社会主义:

---

① 李大钊:《阶级竞争与互助》,载《李大钊文集》(2),人民出版社 1999 年版,第 337 页。
② 李大钊:《我的马克思主义观》,载《李大钊文集》(3),人民出版社 1999 年版,第 35 页。
③ 李大钊:《我的马克思主义观》,载《李大钊文集》(3),人民出版社 1999 年版,第 18 页。
④ 李大钊:《桑西门的历史观》,载《李大钊文集》(3),人民出版社 1999 年版,第 292 页。

> 科学的社会主义，把他的根据置在唯物史观的上面，依人类历史上发展的过程的研究，于其中发现历史的必然的法则；于此法则之上，主张社会主义的社会必然的到来。由此说来，社会主义的社会，无论人愿要他不愿要他，他是运命的必然的出现，这是历史的命令。①

李大钊所理解的科学社会主义是建立于唯物史观的科学世界观和方法论之上的。同时，他已经将“革命的社会主义”统一到“科学的社会主义”之上。

李大钊对马克思主义的“革命的社会主义”和“科学的社会主义”的理解以及这一理解前后关注重点的变化是其马克思主义观发展的重要表现，在早期中国共产党人马克思主义观发展中具有非常典型的代表性。

《我的马克思主义观》在论述了马克思主义的地位后，简要介绍了马克思主义的基本内容：

> 马氏社会主义的理论，可大别为三部：一为关于过去的理论，就是他的历史论，也称社会组织进化论；二为关于现在的理论，就是他的经济论，也称资本主义的经济论；三为关于将来的理论，就是他的政策论，也称社会主义运动论，就是社会民主主义。②

又指出，马克思主义“是完全自成一个有机的有系统的组织，都有不能分离不容割裂的关系”。具体来说：

> 离了他的特有的史观，去考他的社会主义，简直的是不可能。因为他根据他的史观，确定社会组织是由如何的根本原因变化而来的；然后根据这个确定的原理，以观察现在的经济状态，就把资本主义的经济组织，为分析的、解剖的研究，豫言现在资本主义的组织不久必移入社会主义的组织，是必然的运命；然后更根据这个豫见，断定实现社会主义的手段、方法仍在最后的阶级竞争。他这三部理论，都有不可分的关系，而阶级竞争说恰如一条金线，把这三大原理从根本上联络起来。③

鉴于李大钊此后没有再表达他对马克思主义全面性的看法，因此，尽管

① 李大钊：《桑西门的历史观》，载《李大钊文集》(3)，人民出版社 1999 年版，第 292 页。

② 李大钊：《我的马克思主义观》，载《李大钊文集》(3)，人民出版社 1999 年版，第 18 页。

③ 李大钊：《我的马克思主义观》，载《李大钊文集》(3)，人民出版社 1999 年版，第 18～19 页。

《我的马克思主义观》不能成为他马克思主义观确立的标志，但上述两段论述仍可以代表李大钊对马克思主义基本内容及其关系即马克思主义“学说的体系”的基本看法。李大钊不仅比较全面地认识到马克思主义的基本内容，而且把握到了马克思“三部理论”的“不能分离不容割裂的关系”。列宁在1913年曾将马克思主义理论体系概括为马克思主义的哲学包括“哲学唯物主义”即“辩证唯物主义”和“历史唯物主义”即唯物史观、政治经济学、科学社会主义。[①] 除了没有提到“辩证唯物主义”外，[②]李大钊对马克思主义理论体系的认识与列宁是很接近的。值得一提的是，李大钊的这种认识似乎未曾受到列宁的影响。当然，李大钊将唯物史观称为“社会组织进化论”、将科学社会主义称为“社会主义运动论”、将阶级斗争称为“阶级竞争”，都显得在概念运用上还不够准确。同时，按照时间观念将马克思主义内容归结为“关于过去的理论”、“关于现在的理论”、“关于将来的理论”，也显得不够严密。但这却是早期中国共产党人对马克思主义理论体系及其基本内容最早的，也是最具代表性的论述。尤其是，李大钊将唯物史观视为马克思主义的理论基础，将“阶级竞争说”理解为马克思主义的理论核心，比较典型地代表了早期中国共产党人马克思主义观的基本特征。如果说唯物史观作为马克思主义的理论基础主要与对马克思主义的科学社会主义性质的认识相关，那么“阶级竞争说”作为马克思主义的理论核心则突出了对马克思主义“革命的社会主义”性质的认识。

《我的马克思主义观》关于马克思主义学说体系的看法既是李大钊自接触马克思主义以来所形成的马克思主义观的总结，代表了“五四”时期早期中国共产党人马克思主义观的水平，也是其后马克思主义观发展的基础。

(二)“社会组织进化论”——对唯物史观与阶级斗争学说及其关系的理解

要全面认识李大钊的马克思主义观，必须进一步探讨他对马克思主义基本内容的理解。鉴于《我的马克思主义观》代表了李大钊对马克思主义的全面认识，因此，我们将以这篇文章为基本依据，但并不认为它完全体现了李大钊的看法和态度。《我的马克思主义观》具体论述了马克思主义“三部理论”中“社会组织进化论”(包含唯物史观和“阶级竞争说”)和“经济论”(包括“余工余

---

① 参见列宁：《马克思主义的三个来源和三个组成部分》，载《列宁选集》(2)，人民出版社1995年版，第310～311页。

② 马克思主义的辩证唯物主义内容，要到1923年瞿秋白从俄国回国后才在早期中国共产党人中得到传播和认识。

值说”即“剩余价值论”和“资本集中说”)。此后,李大钊深入阐发和运用了唯物史观,并较具体地论述了“社会主义运动论”,其看法多有发展和深化。至于马克思的“经济论”,李大钊在《我的马克思主义观》之后虽曾多次论述[①],但基本上采取完全接受态度,其看法并没有太大变化。他在这方面主要是认识深浅问题,对其马克思主义观影响不大,因此,我们对此不拟涉及。当然,我们不可能一一列举李大钊对马克思主义基本内容的全部理解,而只能突出其中对他的马克思主义观有重要影响的方面。

唯物史观和“阶级竞争说”是李大钊所概括的“马氏社会主义的理论”之“社会组织进化论”的基本内容。李大钊从 1919 年 7 月的《阶级竞争与互助》最早具体地论述唯物史观及阶级斗争学说,此后《再论问题与主义》也有涉及,在《我的马克思主义观》中,李大钊将唯物史观和阶级斗争学说视为马克思主义的理论基础和理论核心,对它们的内容及关系作了比较全面论述。之后,李大钊对唯物史观有较深入的阐发和运用,但很少再谈阶级斗争学说。因此,李大钊的马克思主义观可以说是以对于唯物史观与阶级斗争学说及其关系的认识为核心的。总体来看,李大钊对唯物史观和阶级斗争学说的认识和理解基本上是准确的、符合马克思主义的,但也有几个值得注意的地方:

首先,李大钊将“马克思的唯物史观”概括为“二要点”:“其一是关于人类文化的经验的说明,其二即社会组织进化论。”[②]前者是经济基础(即“经济的构造”或“基础构造”)与上层建筑(即“表面构造”)的关系,后者是生产力与生产关系(即“社会组织”)的关系。在发表《我的马克思主义观》时,李大钊在正确地认识到经济基础对上层建筑的决定作用的同时,并不认为“基础构造”也要受到“表面构造”的影响:

> 经济现象虽用他自己的模型,制定形成全社会的表面构造(如法律、政治、伦理,及种种理想上、精神上的现象都是),但这些构造中的哪一个也不能影响他一点。受人类意志的影响,在他是永远不能的。就是人类的综合意志,也没有这么大的力量。就是法律他是人类的综合意志中最直接的表示,也只能受经济现象的影响,不能与丝毫的影响于经济现象。换言之,就是经济现象只能由他一面与其他社会现象以影响,而不能与其

① 如 1922 年的《马克思的经济学说》、1923 年的《马克思经济学说》、《劳动问题的祸源》等,参见《李大钊文集》(4),人民出版社 1999 年版,第 179～190、285～287、343～350 页。

② 李大钊:《我的马克思主义观》,载《李大钊文集》(3),人民出版社 1999 年版,第 27 页。

他社会现象发生相互的影响，或单受别的社会现象的影响。①

这说明，李大钊没有认识到马克思主义同样重视上层建筑对经济基础的积极能动作用。这一理解的片面性直接影响了他的马克思主义观。相对来说，李大钊对生产力与生产关系的理解却是颇为辩证的。他既强调生产力对“社会组织”的决定作用，同时也注意两者关系的两种表现方式：即当社会组织“适应”生产力时它可以“助长”生产力的发展，而当它与生产力不能适应时就会“束缚”、“妨碍”生产力的发展，甚至导致两者的“冲突”，从而引发“社会革命”。“社会革命”必须是在“社会组织”完全不能容纳生产力发展的前提下发生，“新社会组织”也只有在具备了“生存条件”后才能发生。无论旧的“社会组织”的“打破”还是“新社会组织”的“发生”，都必须具备生产力发展这一前提条件，“人为的助长”是“万万无效”、“万万不可能”的。②

其次，李大钊注意理解“阶级竞争说”与唯物史观的关系。《阶级竞争与互助》和《我的马克思主义观》都指出，“阶级竞争说”与唯物史观“很有密切关系”③，《再论问题与主义》还将“阶级竞争说”称为唯物史观的“第二说”④。李大钊认为，马克思的“阶级竞争说”是唯物史观在人类历史发展问题上的应用，“是把他的经济史观应用于人类历史的前史一段，不是通用于人类历史的全体”⑤。他认识到，“阶级竞争”是人类进入阶级社会才产生的，并将随阶级社会的灭亡而灭亡，但在阶级社会，它又是社会发展的基本途径，“当初只是经济的竞争，争经济上的利益，后来更进而为政治的竞争，争政治上的权力，直至那建在阶级对立上的经济的构造自己进化，发生了一种新变化为止”⑥。李大钊最重视的是“阶级竞争”的最后形式即无产阶级与资产阶级的“最后的阶级竞争”，“这最后的阶级竞争，是阶级社会自灭的途辙，必须经过的，必不能避免的”，并把这“最后的阶级竞争”视为“实现社会主义的手段、方法”。⑦

再次，李大钊在《我的马克思主义观》中提到了一些对于马克思主义的批

① 李大钊：《我的马克思主义观》，载《李大钊文集》(3)，人民出版社1999年版，第21页。
② 李大钊：《我的马克思主义观》，载《李大钊文集》(3)，人民出版社1999年版，第27～28页。
③ 李大钊：《我的马克思主义观》，载《李大钊文集》(3)，人民出版社1999年版，第28页。
④ 李大钊：《再论问题与主义》，载《李大钊文集》(3)，人民出版社1999年版，第6页。
⑤ 李大钊：《阶级竞争与互助》，载《李大钊文集》(2)，人民出版社1999年版，第337页。
⑥ 李大钊：《我的马克思主义观》，载《李大钊文集》(3)，人民出版社1999年版，第30页。
⑦ 李大钊：《阶级竞争与互助》，载《李大钊文集》(2)，人民出版社1999年版，第337页。

评意见，并予以辩驳。其一，“马氏学说受人非难的地方很多，这唯物史观与阶级竞争说的矛盾冲突，算是一个最重要的点”，即“马氏一方既确认历史——马氏主张无变化即无历史——的原动为生产力；一方又说从来的历史都是阶级竞争的历史，就是说阶级竞争是历史的终极法则，造成历史的就是阶级竞争。一方否认阶级的活动，无论是直接在经济现象本身上的活动，是间接由财产法或一般法制上的限制，常可以有些决定经济行程的效力；一方又说阶级竞争的活动，可以产出历史上根本的事实，决定社会进化全体的方向”。[①] 李大钊认为，这一“矛盾冲突”“在马氏学说中，也有自圆的说法”，因为“马氏实把阶级的活动归在经济行程自然的变化以内”。但他仍认为，马克思的唯物史观和“阶级竞争说”之间“终觉有些牵强矛盾的地方”，并将其原因归结于“一个学说最初成立的时候，每每陷于夸张过大”。[②] 其二，“有人说，历史的唯物论者以经济行程的进路为必然的、不能免的，给他加上了一种定命的彩色，后来马克思派的社会党，因为信了这个定命说，除去等着集产制自然成熟以外，什么提议也没有，什么活动也没有，以致现代各国社会党都遇见很大的危机”。李大钊承认，“这固然马氏唯物史观的流弊”，但他又认为马克思、恩格斯并不主张“坐等集产制自然成熟，一点不去活动的”，马、恩号召“举世的劳工阶级”“团结起来，推倒资本主义”“是马克思主义一个绝大的功绩”。[③] 其三，“历史的唯物论者说经济现象可以变更法律现象，法律现象不能变更经济现象，也有些人起了疑问”。因为“历史的唯物论者既承认一阶级的团体活动，可以改造经济组织，那么一阶级的团体活动，虽未至能改造经济组织的程度，而有时亦未尝没有变动经济行程趋势的力量”。因此，“经济现象和法律现象，都是社会的原动力，他们可以互相影响，都于我们所求的那正当决定的情况有密切的关系。那么，历史的唯物论者所说经济现象有不屈不挠的性质，就是团体的意思、团体的活动，在他面前都得低头的话，也不能认为正确了”。但李大钊认为，这并不背离唯物史观。因为“此等团体的活动，乃至法律，仍是在那可以容他发生的经济构造以上的现象，仍是随着经济的趋势走的，不是反着经济的趋势走的”。因此，他认为“与其说是团体行动，或法律遏抑经济趋势的结果，毋宁说是经济本身变化的行程”。他由此得到结论：“在经济构造上建立的一切表面构造，如法

① 李大钊：《我的马克思主义观》，载《李大钊文集》(3)，人民出版社 1999 年版，第 30～31 页。

② 李大钊：《我的马克思主义观》，载《李大钊文集》(3)，人民出版社 1999 年版，第 31 页。

③ 李大钊：《我的马克思主义观》，载《李大钊文集》(3)，人民出版社 1999 年版，第 32 页。

律等，不是绝对的不能加些影响于各个的经济现象，但是他们都是随着经济全进路的大势走的，都是辅助着经济内部变化的，就是有时可以抑制各个的经济现象，也不能反抗经济全进路的大势。我们可以拿团体行动、法律、财产法三个联续的法则，补足阶级竞争的法则，不能拿他们推翻马氏唯物史观的全体。"[①]其四，"有许多人所以深病'马克思主义'的原故，都因为他的学说全把伦理的观念抹煞一切，他那阶级竞争说尤足以使人头痛"[②]。李大钊认为，马克思并不否定人的伦理观念和高尚道德，"他不过认定单是全体分子最普通的伦理特质的平均所反映的道德态度，不能加影响于那经济上利害相同自觉的团体行动"。但他也承认马克思主义忽视伦理运动、人道意识的作用，认为"近来哲学上有一种新理想主义出现，可以修正马氏的唯物论，而救其偏蔽。各国社会主义者，也都有注重于伦理的运动、人道的运动的倾向，这也未必不是社会改造的曙光，人类真正历史的前兆。"在李大钊看来，"社会改造"应该"改造人类精神"与"改造经济组织"同时并行，"当这过渡时代，伦理的感化，人道的运动，应该倍加努力，以图划除人类在前史中所受的恶习染，所养的恶性质，不可单靠物质的变更。这是马氏学说应加救正的地方"。[③]

这些批评，大体上都是与唯物史观与阶级斗争学说紧密联系的。尽管李大钊提到的大都是别人的批评，而且也尽可能运用所掌握的马克思主义学说予以辩驳，但他也承认马克思主义存在"牵强矛盾的地方"、"流弊"、"偏蔽"，并试图予以"补足"和"救正"。这说明，他其实也为这些批评所困扰。早在20世纪50年代，美国学者史华慈在谈到《我的马克思主义观》时曾认为，"仔细阅读这篇文章会惊奇地发现，它基本是反马克思主义的"[④]。这一说法显然是不正确的。因为李大钊是在接受了马克思主义的前提下谈及这些批评的。因此，美国学者迈斯纳认为，《我的马克思主义观》只是表现了李大钊"对马克思主义似乎不是全心全意地赞同"[⑤]。我们以为，上述困扰固然与李大钊尚未摆脱其前马克思主义思想的影响（如资产阶级"人道"观念，但主要是"互助论"无政府

① 李大钊：《我的马克思主义观》，载《李大钊文集》(3)，人民出版社1999年版，第33～34页。

② 李大钊：《我的马克思主义观》，载《李大钊文集》(3)，人民出版社1999年版，第34页。

③ 李大钊：《我的马克思主义观》，载《李大钊文集》(3)，人民出版社1999年版，第34、35页。

④ [美]本杰明·I·史华慈：《中国的共产主义与毛泽东的崛起》，陈玮译，中国人民大学出版社2006年版，第11页。

⑤ [美]莫里斯·迈斯纳：《李大钊与中国马克思主义的起源》，中共北京市委党史研究室编译组译，中共党史资料出版社1989年版，第100页。

主义)有关,但主要原因在于李大钊对马克思主义性质和唯物史观的片面性理解。正由于他认为马克思主义主要是"组织改造论",即"单靠物质的变更"来"改造经济组织"而忽视"改造人类精神",所以才提出要"以人道主义改造人类精神"来"救正";也正由于他没有认识到马克思主义同样重视上层建筑对经济基础的积极能动作用,才会感觉到唯物史观与阶级斗争学说有"牵强矛盾的地方",认为唯物史观存在"定命的彩色"、马克思主义忽视法律、道德对经济基础的影响作用。但是,李大钊在辩驳中所提出的一些思考、他试图"救正"和"补足"马克思主义的一些观点却基本上是符合马克思主义的。如他认为,马克思主张"社会关系的变动,就有赖于当时在经济上占不利地位的阶级的活动"[①],实际上已经解决了唯物史观与"阶级竞争说"的所谓"牵强矛盾"问题;他指出了马、恩对"劳工阶级"积极性、能动性的重视并将其归于马克思主义的"绝大的功绩",无疑是切合实际的;至于他强调法律、道德存在着与经济的"相互影响",并认识到法律等对经济的影响"是在那可以容他发生的经济构造以上的现象,仍是随着经济的趋势走的,不是反着经济的趋势走的",本来就是马克思主义的精义所在。然而,由于这些看法是立足于对他所认为的"牵强矛盾"、"流弊"的"补足"和"救正"立场之上提出的。因此,尽管是符合马克思主义的,却并不能意味着李大钊马克思主义观的确立。

复次,对唯物史观的理解与马克思主义观确立的关系。判断李大钊的马克思主义观是否确立,固然要看他是否能在理论上解决唯物史观与"阶级竞争说"的"矛盾冲突"、"牵强矛盾"问题,但首要的标准应该是看他是否在"社会改造"问题上完全立足于马克思主义立场之上。我们认为,其中的关键在于在理论上解决马克思主义能否适合于中国的问题。李大钊在十月革命鼓舞下接受马克思主义,但随着对马克思主义认识的深入,他逐渐意识到,根据马克思主义唯物史观,当时的中国并不具备"社会革命"的条件,而列宁关于落后国家可能在帝国主义统治的薄弱环节率先进行无产阶级革命的理论还不为李大钊所

① 李大钊:《我的马克思主义观》,载《李大钊文集》(3),人民出版社 1999 年版,第 31 页。

知[1]。于是,“立即拯救中国的革命愿望和马克思主义某些基本观点之间的矛盾”[2]成为困扰李大钊马克思主义观确立的难题。但经济文化同样落后的俄国十月革命的成功促使他深入思考马克思主义如何应用于中国的问题。这一思考上升到理论上就表现为对唯物史观与“阶级竞争说”“矛盾冲突”和唯物史观的“定命的彩色”的忧虑,对“马克思派的社会党”“坐等集产制自然成熟”而不注意“阶级竞争说”、“丝毫不去用这个学理作工具,为工人联合的实际运动”[3]的批评,对“阶级的活动”“团体行动”的强调和“补足”、“救正”马克思主义的企图。1920 年初,李大钊发表《由经济上解释中国近代思想变动的原因》,根据“凡一时代,经济上若发生了变动,思想上也必发生变动”探讨中国近代经济与思想“变动”,指出“新思想是应经济的新状态、社会的新要求发生的”。[4] 这意味着,在李大钊看来,马克思主义在中国的发展是适应中国近代以来的“经济的新状态、社会的新要求发生的”,因此,马克思主义可以应用于解决中国问题,中国可以像俄国那样通过社会主义革命实现“根本解决”。所谓“经济的新状态、社会的新要求”,是指近代以来“受西洋各国和近邻日本的二重压迫”,手工工业和家庭工业破产、凋敝,“全国民渐渐变成世界的无产阶级”。“在一国的资本制下被压迫而生的社会的无产阶级,还有机会用资本家的生产机关;在世界的资本制下被压迫而生的世界的无产阶级,没有机会用资本国的生产机关”,“这就是世界的资本阶级压迫世界的无产阶级的现实”。[5]既然中国“全国民渐渐变成世界的无产阶级”而又“没有机会用资本家的生产机关”,那么,中国不仅具备了参加世界范围内资产阶级与无产阶级“最后的阶

---

① 莫里斯·迈斯纳指出:“李大钊在《我的马克思主义观》一文中,提到的都是列宁以前的马克思主义的经典,在这一长篇文章的两部分中,没有一处可以看到列宁主义的特殊影响。鉴于传统的马克思主义经典的概念,已包括了列宁主义的内容,所以从这篇文章看不出李大钊是否了解列宁在思想意识方面的突出贡献。李大钊也没有提到列宁发展马克思理论的关键,即列宁关于革命的前夜的概念,列宁的帝国主义论。正是由于列宁的这些发展,使马克思列宁主义理论成为一种适用于那些资本主义制度尚不发展国家情况的革命学说。”(载《李大钊与中国马克思主义的起源》,中共北京市委党史研究室编译组译,中共党史资料出版社 1989 年版,第 104 页)

② [美]莫里斯·迈斯纳:《李大钊与中国马克思主义的起源》,中共北京市委党史研究室编译组译,中共党史资料出版社 1989 年版,第 136 页。

③ 李大钊:《再论问题与主义》,载《李大钊文集》(3),人民出版社 1999 年版,第 6 页。

④ 李大钊:《由经济上解释中国近代思想变动的原因》,载《李大钊文集》(3),人民出版社 1999 年版,第 140、147 页。

⑤ 李大钊:《由经济上解释中国近代思想变动的原因》,载《李大钊文集》(3),人民出版社 1999 年版,第 143、144、146 页。

级竞争"的阶级条件，而且只有参与这"最后的阶级竞争"才能实现"根本解决"。"根据李大钊的观点，尽管存在着落后的经济民族的农业社会结构，中国在经济和意识形态方面都完全有资格参加世界无产阶级革命。"①因此，李大钊提出，"我们可以晓得中国今日在世界经济上，实立于将为世界的无产阶级的地位。我们应该研究如何使世界的生产手段和生产机关同中国劳工发生关系"②。李大钊"世界的无产阶级"之说，从理论上解决了所谓的唯物史观与"阶级竞争说"的"矛盾冲突"、"牵强矛盾"的问题。它一方面是李大钊自觉运用唯物史观分析中国近代社会经济变化得出了结论，也可以说是他将马克思主义与中国国情结合起来而获得的理论上的创新，另一方面也从根本上解决了马克思主义能否应用于中国的问题，从而对其马克思主义观的成熟确立起了决定作用。

最后，对唯物史观的完整理解。我们看到，从 1919 年年底的《物质变动与道德变动》到 1920 年年初的《由纵的组织向横的组织》等文章，李大钊完全自信地、非常坚定地运用唯物史观探讨道德的本质及其历史发展、中国近代思想演变的原因以及人类社会历史发展的趋向等问题。这当然并不是说李大钊此时对唯物史观已经达到了完全正确的理解。因为，《物质变动与道德变动》等文章只是从社会存在决定社会意识、经济基础决定上层建筑方面坚持了唯物史观，并没有论及上层建筑对经济基础的积极能动作用。但马克思主义观的确立对李大钊正确地理解唯物史观无疑是有积极意义的。事实上，《我的马克思主义观》已经从"补足"和"救正"的角度提出了对唯物史观的辩证看法。只要放弃"补足"和"救正"企图，这些看法就能够成为对马克思主义的正确理解。③ 1920 年后，李大钊所有讨论马克思主义的论著都不再提出异议，当然也不存在"补足"、"救正"的问题。1920 年 12 月，李大

---

① [美]莫里斯·迈斯纳：《李大钊与中国马克思主义的起源》，中共北京市委党史研究室编译组译，中共党史资料出版社 1989 年版，第 156 页。

② 李大钊：《由经济上解释中国近代思想变动的原因》，载《李大钊文集》(3)，人民出版社 1999 年版，第 146～147 页。

③ 李大钊在《唯物史观在现代社会学上的价值》中仍强调："经济现象，只能由他一面与其他社会现象以影响，而不能与其他社会现象发生相互的影响，或单受别的社会现象的影响。"[载《李大钊文集》(3)，人民出版社 1999 年版，第 325 页]但这篇文章除结尾一段简短论述唯物史观在社会学上的贡献外，基本上是全文照录《我的马克思主义观》第四节论"历史的唯物论者共同一致的论旨"。鉴于这篇文章是李大钊在北京大学的讲义，而且在作者生前没有公开发表过，我们有理由认为它不能反映李大钊对唯物史观认识的新进展。

钊发表《唯物史观在现代史学上的价值》[①],在对唯物史观的理解上发生了明显的变化。第一,李大钊明确强调“社会的进步是基于人类的感情”之说与“社会的进步是基于生产程叙的变动”之说并不冲突,正面肯定了“人类的感情”对社会进步有推动作用。第二,李大钊指出:“有些人误解了唯物史观,以为社会的进步只靠物质上自然的变动,勿须人类的活动,而坐待新境遇的到来。因而一般批评唯物史观的人,亦有以此为口实,便说这种定命(听命由天)的人生观是唯物史观给下的恶影响。这都是大错特错,唯物史观及于人生的影响乃适居其反。”这是他在理论上摆脱唯物史观与“阶级竞争说”的所谓“牵强矛盾”之困扰的表现。第三,李大钊对唯物史观所揭示的人类社会发展规律的必然性与人类精神的自觉努力的积极能动性的关系也有了较为辩证的认识。他批判马克思主义之前的宗教史观、政治史观用神学的方法解释历史“及于人类精神的影响,就是把个人的道德的势力,全弄到麻木不仁的状态”,而唯物史观“及于人类精神的影响,亦全与和神学的方法所得的结果相反”。在他看来,生产力和生产关系的进步与变化虽然是社会历史发展的“最后的原因”,但社会进步却是通过人民的自觉努力实现的,“那些变动,都是新知识施于实用的结果,就是由像他自己一样的普通人所创造的新发明新发现的结果”,“一切进步只能由联合以图进步的人民造成”。因此,李大钊指出:“我们要晓得一切过去的历史,都是靠我们本身具有的人力创造出来的,……现在已是我们世界的平民的时代了,我们应该自觉我们的势力,赶快联合起来,应我们生活上的需要,创造一种世界的平民的新历史。”[②]这些论述表明,李大钊在完全认可生产力、生产关系对社会历史发展的决定作用的前提下充分肯定了人类精神的自觉努力对社会历史发展的积极的推动作用,并且将自己一直以来持有的人类精神具有创造历史的积极能动作用的观点纳入到对马克思主义唯物史观的辩证理解之中。

(三)“社会主义运动论”——对科学社会主义的认识与阐发

李大钊在《我的马克思主义观》中把“社会主义运动论”即科学社会主义列为马克思主义“三部理论”之一,但没有具体论述。当然,他对马克思主义性

---

① 据朱文通考证,《唯物史观在现代史学上的价值》写于1920年12月。(参见《李大钊研究亟须解决的几个问题——李大钊几篇重要文稿写作、发表时间纠谬》,载《河北学刊》2003年第6期)

② 李大钊:《唯物史观在现代史学上的价值》,载《李大钊文集》(3),人民出版社1999年版,第319～321页。

质、体系以及唯物史观和“阶级竞争说”的认识实际上都是以对社会主义革命问题的认识为中心的。1920年之后，由于确信中国可以进行社会主义革命，李大钊开始运用马克思主义原则对社会主义革命和建设问题进行了比较全面深入的理论探讨，也由此深化了对马克思主义的认识。

首先，李大钊根据唯物史观论述了社会主义的必然性。1922年2月底，李大钊发表“马克思的经济学说”的演讲，指出社会主义是资本主义发展的必然结果：

> 马克思唯物史观讲，在资本主义发达中，产生了一种新势力。这种新势力，就是“社会主义”。“社会主义”之发生，恰如鸡子在卵壳里发生一样。“社会主义”之想打破资本主义的制度，亦恰如鸡子之想打破卵壳一样。卵壳打破，才能产生一个新生命；卵壳打破，才能产生一个新局面。在这卵壳尚未打破的时期，是一种进化现状。到鸡子已经发生成熟的时期，便非打破这壳不可。“社会主义”也是如此。到了已经发生成熟的时期，便非打破这资本主义的制度不可。打破卵壳，是革命的现象；打破这资本主义的制度，也是革命的现象。有些人，愿意进化而不愿意革命；“但是我们也要知道，革命乃是我们更大的途程”。鸡子在卵壳里，长了眼睛，长了头，长了毛，既然非打破这壳不可，那么，“社会主义”到了他羽毛丰满的时候，自然也非打破资本主义不可。鸡子打破他的卵壳，“社会主义”去打破资本主义，这都是“革命”。——“革命是不可避免的”。[①]

这里值得注意的是：其一，社会主义只有到“已经发生成熟的时期”才“非打破这资本主义的制度不可”，也就是说，社会主义只有在具备了一定条件时才能取代资本主义。其二，社会主义打破资本主义是不可避免的“革命的现象”。当社会主义在资本主义肌体里孕育成长时，“是一种进化的现状”，当它“已经发生成熟的时期”，“革命是不可避免的”。其三，资本主义不可能自然而然地发展到社会主义，当条件成熟时“就必定要用革命的手段”“打破这资本主义的制度”。在这个意义上，社会主义革命不仅需要具备一定的客观条件，而且要求无产阶级以“阶级自觉”进行“团体行动”。所以，李大钊指出：“到现在他们有了觉悟，有了‘阶级自觉’，去集合全世界的劳动阶级，成一‘全世界劳动阶级

① 李大钊：《马克思的经济学说》，载《李大钊文集》(4)，人民出版社1999年版，第183页。

的经济组织'。"尽管李大钊充分认识到生产力与生产关系的辩证关系，但他不是从中国经济发展的程度而是从中国"全国民"的"世界的无产阶级"地位也就是阶级条件上看待中国发生社会主义革命的可能性，因此，"世界各国，劳动者与资本家都有一种对垒了的趋势"，中国劳动阶级深受外国资本家剥削，又有遍及世界的华工，自然也处于这种"趋势"之中。"世界的劳动者，现在差不多渐渐地都联合起来。他们的势力一天巩固一天，革命的时期也一天逼迫一天。这完全是受马克思经济学说的影响。在中国，有现在的这种情形，也不能不说这是受马克思的影响。"①显然，唯物史观与阶级斗争学说的结合、必然性与能动性的统一，是李大钊这一时期马克思主义观的突出特征。

其次，李大钊具体探讨了社会主义建设问题。李大钊在1921年后陆续写了《社会主义与社会运动》、《中国的社会主义及其实行方法的考察》等一系列论述社会主义的文章，一方面站在马克思主义立场上批判无政府主义者对无产阶级专政学说、国家学说的种种指责和基尔特社会主义者对社会主义是否适合于中国的质疑，破除关于社会主义的种种误解，一方面运用马克思主义原则、方法对社会主义建设问题进行了富有启发意义的思考。李大钊指出，"社会主义的实现，必须经过三阶段：一、政权的夺取；二、生产及交换机关的社会化；三、生产分配及一般执行事务的组织"。李大钊认为，"政权的夺取，有两种手段：一是平和的，一是革命的"②。但"在现代阶级争斗时代，想以平和手段，将生产完全归其管理，实属不易"③。"有许多社会主义者鉴于平和的手段的失败，乃悟改造的事业非取革命的手段不可。革命的方法，就是无产阶级独揽政权"④。在他看来，"无产阶级独揽政权"是马克思的一贯主张。"无产阶级专政，并不是布尔扎维派的新发明。一八七五年马克思论Gothaprogramme的信里说过：'在资本主义者的社会与共产主义者的社会间，有一个由此入彼的革命的过渡的时代。适应乎此，亦有一个政治的过渡时期。当此时期的国家，就是无产阶级专政。'"⑤李大钊所提出的实现社会主义的第二、三个步骤都涉及社会主义国家的"经济组织"即社会主义经济制度问题。李大钊指出，

① 李大钊：《马克思的经济学说》，载《李大钊文集》(4)，人民出版社1999年版，第184页。

② 李大钊：《社会主义下的经济组织》，载《李大钊文集》(4)，人民出版社1999年版，第265～266页。

③ 李大钊：《社会主义与社会运动》，载《李大钊文集》(4)，人民出版社1999年版，第60页。

④ 李大钊：《社会主义下的经济组织》，载《李大钊文集》(4)，人民出版社1999年版，第266页。

⑤ 李大钊：《社会主义下的经济组织》，载《李大钊文集》(4)，人民出版社1999年版，第266页。

社会主义是社会化生产的进步和整理："照其真正意义解释之，社会主义是由个人生产变为社会的生产，由手工的生产变为机器的生产，其进步是一线的"[①]，"社会主义是使生产品为有计划的增殖，为极公平的分配，要整理生产的方法。这样一来，能够使我们人人都能安逸享福，过那一种很好的精神和物质的生活。照这样看来，社会主义是要富的，不是要穷的，是整理生产的，不是破坏生产的"[②]。在《社会主义下的经济组织》等文章中，李大钊从"生产交换机关的社会化"、"生产的组织"、"劳动的组织"、"分配的组织"几个方面对社会主义的"经济组织"进行了富有探索意义的论述。

李大钊承认，"社会主义与共产主义都尚在孕育时期，故在今日尚不能明了的指出他是一种什么制度"[③]。他关于社会主义革命和建设问题的论述主要是依据马克思主义的基本原则、参照当时苏俄社会主义建设的经验、对比资本主义制度进行的。尽管这些论述主要是理论上的，但比较显明地表现出李大钊自觉地运用马克思主义对社会主义革命和建设问题的探索精神，是其马克思主义观发展的重要方面。

(四)"我们批评或采用一个人的学说，不要忘了他的时代环境和我们的时代环境"——关于如何对待马克思主义的原则看法

完整的马克思主义观应该包含认识论、价值论、实践论三个层次，当然，这主要是理论上的分析、规定，实际上这三个层次往往相互纠缠在一起，很难作清晰的区分。这种情况对早期中国共产党人的马克思主义观来说尤其明显。我们这里所说的"如何对待马克思主义"，主要是指对于如何正确认识马克思主义、马克思主义的价值、意义及其与中国革命的关系的基本看法。李大钊是最早接受马克思主义的进步知识分子，作为"五四"时期马克思主义的主要传播者和中国共产党的创始人，他在"如何对待马克思主义"问题的看法直接影响到早期中国共产党人的马克思主义观。

首先，以严谨的、科学的态度对待马克思主义。《我的马克思主义观》开篇就提到："一个德国人说过，五十岁以下的人说他能了解马克思的学说，定是欺人之谈。"李大钊自己也坦率地承认，"我平素对于马氏的学说没有什么研究，今天

① 李大钊：《社会主义与社会运动》，载《李大钊文集》(4)，人民出版社 1999 年版，第 4 页。
② 李大钊：《社会主义释疑》，载《李大钊文集》(4)，人民出版社 1999 年版，第 334 页。
③ 李大钊：《平民政治与工人政治》，载《李大钊文集》(4)，人民出版社 1999 年版，第 221 页。

硬想谈‘马克思主义’已经是僭越的很”[①]。此后也屡次强调“要说我对于马克思学说有了什么研究，当然不能。不过稍微知道一点”[②]。正是出于这种严谨的态度，从接受马克思主义之日起，李大钊就致力于正确地认识并准确地宣传介绍马克思主义。俄国十月革命以后，“‘马克思主义’几有风靡世界的势子”，在国内，随着李大钊等早期马克思主义者的宣传介绍，马克思主义在中国逐渐扩大，“惹动了世人的注意，自然也招了很多的误解”。这种种情况显然不利于正确地认识和理解马克思主义。为此，李大钊撰写了《我的马克思主义观》，目的是“使这为世界改造原动的学说，在我们的思辨中，有点正确的解释”[③]。马克思主义是作为一种社会主义学说被传播到中国的，但在“社会主义”阵营内既有空想社会主义又有马克思主义，既有第二国际的社会主义又有第三国际的社会主义，同时，新文化运动以来，托尔斯泰的“泛劳动主义”、克鲁泡特金的“互助论”无政府主义、工团主义、基尔特社会主义等在国内都很有市场，而“社会主义”与“共产主义”也经常被混淆[④]。为了达到准确地、科学地宣传和介绍马克思主义，李大钊非常注意把马克思主义同其他社会主义流派区别开来。其一是将马克思主义与第二国际的社会主义区别开来。他在《再论问题与主义》中就批判“马克思派的社会主义者”过信唯物史观所揭示的资本主义向社会主义发展的必然性，对“阶级竞争说”了不注意，“丝毫不去用这个学理作工具，为工人联合的实际运动”，“除去等着集产制必然的成熟外，一点预备也没有作”[⑤]。后来在《我的马克思主义观》中，又批评“马克思派的社会党，因为信了这个定命说，除去等着集产制自然成熟以外，什么提议也没有，什么活动也没有，以致现代各国社会党都遇见很大的危机”[⑥]。通过对第二国际社会主义的批判，李大钊揭示出马克思主义的“革命的社会主义”的性质。其二是将马克思主义与空想社会主义区别开来。李大钊很早就认识到社会主义存在着“梦想的”与“科学的”分别，在《我的马克思主义观》中对马克思主义与空想社会主义的分际进行了简要论述，此后在《孔道西的历史观》、《桑西门的历史观》等文章中从唯物史观形成发展角度全面论述了

① 李大钊：《我的马克思主义观》，载《李大钊文集》(3)，人民出版社1999年版，第15页。

② 李大钊：《马克思的经济学说》，载《李大钊文集》(4)，人民出版社1999年版，第185页。

③ 李大钊：《我的马克思主义观》，载《李大钊文集》(3)，人民出版社1999年版，第15、15～16页。

④ 即使是早期中国共产党人对这两个概念间的关系也并不是一开始就分得很清楚，李达和陈独秀等后来宣传马克思主义的著作就经常将“社会主义”与“共产主义”混用。

⑤ 李大钊：《再论问题与主义》，载《李大钊文集》(3)，人民出版社1999年版，第20页。

⑥ 李大钊：《我的马克思主义观》，载《李大钊文集》(3)，人民出版社1999年版，第32页。

社会主义从空想到科学的发展，对马克思主义的“科学的社会主义”性质进行了科学论证。其三是阐述马克思主义与无政府主义、工团主义、基尔特社会主义等流派的区别，并澄清“社会主义”与“共产主义”的关系。李大钊的这些辨析、澄清工作对正确认识和理解马克思主义、促进马克思主义在中国的传播以及马克思主义对中国革命的指导都是具有非常重要的意义的。李大钊对待马克思主义的科学态度还突出表现在他对马克思主义的批判性理解。在写《我的马克思主义观》之时，李大钊已经接受了马克思主义。但文章在介绍了马克思的唯物史观和“阶级竞争说”之后，列举了当时对于马克思主义的诸般批评，李大钊在辩驳的同时也直率地提出马克思的唯物史观与其“阶级竞争说”之间“有些牵强矛盾的地方”，唯物史观有“夸张过大的地方”和“定命的彩色”之“流弊”以及忽视“伦理的运动、人道的运动”的“偏弊”，并提出要“补足”、“救正”马克思主义。尽管这些批评有他尚未摆脱前马克思主义思想影响和尚未达到对唯物史观辩证的理解等原因，因而并不都是恰当的，但李大钊没有因为信仰马克思主义就盲目地将马克思主义一切学说都奉为不刊之论，而是根据自己的理解勇于提出批评性意见。这种对待马克思主义的科学态度是非常可贵的。

其次，高度重视马克思主义理论研究。要正确地认识马克思主义，首先要对马克思主义有一番严谨的理论研究。李大钊在认识到俄国十月革命“是二十世纪中世界革命的先声”[①]，“Bolsheviki 的主义”“是二十世纪世界革命的新信条”[②]之后，就潜心学习、研究马克思主义。在当时相关资料非常有限的情况下，第一次将马克思主义的性质、理论体系及其基本理论内容展示给国人看，他的《我的马克思主义观》成为中国最早的全面系统地介绍马克思主义的重要文献，对于马克思主义在中国的传播以及促进早期中国共产党人向马克思主义转变都起到了积极推动作用。在对待马克思主义理论研究问题上，李大钊提示出几条重要原则：其一，既要全面地掌握马克思主义的基本内容，又要注意把握马克思主义各组成部分的联系，从而达到对马克思主义理论体系的整体理解。《我的马克思主义观》概括了马克思的理论构成，指出了唯物史观和阶级斗争学说在马克思主义理论构成中的基础和核心地位，并较具体地论述了马克思的“社会组织进化论”和“资本主义的经济论”。其中，对唯物史观（包括阶级斗争学说）的研究始终是李大钊马克思主义研究的中心。从最早论述此问题的《阶级竞争

① 李大钊：《庶民的胜利》，载《李大钊文集》(2)，人民出版社 1999 年版，第 243～244 页。

② 李大钊：《Bolshevism 的胜利》，载《李大钊文集》(2)，人民出版社 1999 年版，第 240 页。

与互助》到《我的马克思主义观》再到其后对唯物史观形成发展及其在史学、社会学上的运用，构成了李大钊马克思主义研究的一条主线。其二，在把握马克思主义理论体系的基础上上升到对马克思主义基本性质的掌握。李大钊很早就形成了对马克思主义的"革命的社会主义"性质的明确认识，但只是到《阶级竞争与互助》、《再论问题与主义》、《我的马克思主义观》等文章中才从不同角度对其进行较多论述。同样，他对马克思主义的"科学的社会主义"性质的把握也是如此。尽管对马克思主义性质有一个从重视"革命的社会主义"到重视"科学的社会主义"的转变，但重视对基本性质的领会和把握始终是李大钊研究马克思主义的一条重要思路。其三，既要从思想来源上认识马克思主义，又要从产生的时代环境和经济发展背景上认识马克思主义。《我的马克思主义观》既指出"马克思是社会主义经济学的鼻祖"，又强调"社会主义的历史并非自马氏始的，马氏以前也很有些有名的社会主义者"[①]，"唯物史观，也不是由马氏创的"，孔道西"开了唯物史观的端绪"，"算是唯物史观的开创者"，此后桑西门、蒲鲁东等都对唯物史观的发展作出了贡献。[②] 李大钊将唯物史观视为马克思主义的理论基础，对唯物史观来源的探讨在很大程度上就是对马克思主义来源的探讨。在《我的马克思主义观》之后，李大钊先后写了《鲍丹的历史思想》、《孟德斯鸠的历史思想》、《韦柯及其历史思想》、《孔道西的历史观》、《桑西门的历史观》等文章，以唯物史观的形成发展为中心探讨了社会主义从空想到科学的发展，揭示了马克思主义与空想社会主义的渊源关系，对空想社会主义的历史功绩给予了科学的评价。在《我的马克思主义观》中，李大钊还探讨了马克思主义产生的时代环境、经济背景，指出"有了这种环境，才造成了马氏的唯物史观。有了这种经济现象，才反映以成马氏的学说主义"，"马氏的学说，实在是一个时代的产物"，因此，无论是评价还是应用马克思主义都必须结合它所产生的时代环境[③]。其四，必须始终坚持马克思主义理论研究。李大钊清醒地意识到，马克思的著作"卷帙浩繁，学理深晦"，仅仅"把他反复陈述的主张得个要领，究不能算是完全了解'马克思主义'的"[④]，因此，在《我的马克思主义观》之后，李大钊仍然坚持研究马克思主义，他投入相当大的精力探讨唯物史观的形成发展、阐发其理论内涵并将

① 李大钊:《我的马克思主义观》,载《李大钊文集》(3),人民出版社 1999 年版,第 18 页。

② 参见李大钊:《我的马克思主义观》,载《李大钊文集》(3),人民出版社 1999 年版,第 20 页。

③ 李大钊:《我的马克思主义观》,载《李大钊文集》(3),人民出版社 1999 年版,第 36 页。

④ 李大钊:《我的马克思主义观》,载《李大钊文集》(3),人民出版社 1999 年版,第 15 页。

其运用于历史学、社会学的研究，对马克思的“经济论”也给予了充分的重视，尤其是根据马克思主义理论原则深入探讨了社会主义革命和建设的一系列问题，提出了很多富于启发意义的思考。1922 年 2 月，李大钊在北京大学马克思学说研究会发表《马克思的经济学说》演讲时，表示“倘若各位能于读书之余去研究马克思的学说，使中国将来能够产出几位真正能够了解马克思学说的，真正能够在中国放点光彩的，这实在是我最大的希望”[①]。在早期中国共产党人普遍存在着重实践而轻理论的情况下，李大钊对马克思主义理论研究的坚持和提倡无疑是难能可贵的。

再次，必须坚持马克思主义对中国革命的指导。“救亡图存”是早期中国共产党人接受马克思主义，也是他们认识、理解马克思主义的现实起点。李大钊之所以接受马克思主义，一方面是因为在他看来俄国布尔什维克所奉行的“革命的社会主义”已经成为 20 世纪世界革命的新信条，另一方面是因为他相信中国也可以在马克思主义指导下实现“根本解决”。1919 年 8 月，他在回答胡适的批评时，就根据唯物史观提出“经济问题的解决，是根本解决”的看法，在中国这样“没有组织没有生机”的社会要像俄国那样“必须有一个根本解决”[②]。可以说，李大钊这时已经形成了按照马克思主义原则指导中国革命的明确思路。对于李大钊来说，要按照马克思主义指导中国革命，其一，必须解决马克思主义是否能适用于中国的问题。李大钊开始学习马克思主义之时就意识到，按照马克思主义原则中国无论是经济发展水平还是阶级分化程度都明显不具备进行社会主义革命的条件，因此，他一方面试图用克鲁泡特金的“互助论”来消解唯物史观的“决定论”，提出以“阶级竞争”“改造社会组织”、以“互助的原理”“改造人类精神”的社会改造思路，一方面批评唯物史观与“阶级竞争说”的“牵强矛盾”和唯物史观的“定命的彩色”，试图以“阶级的活动”、“团体的活动”来“补足”和“救正”唯物史观。直到 1920 年初发表《从经济上解释中国近代思想变动的原因》，李大钊才明确提出马克思主义是适用中国近代以来“经济的新状态、社会的新要求发生的”，中国“全国民”已经处于“世界的无产阶级的地位”，因此，不仅具备了参与无产阶级与资产阶级“最后的阶级竞争”的条件，而且马克思主义也可以成为中国革命的指导思想。此后，在批判基尔特社会主义者的中国急需发展实业而不必讲社会主义的主张时，李大钊运用马克思主义原则分析了国际国内形势，

---

① 李大钊：《马克思的经济学说》，载《李大钊文集》(4)，人民出版社 1999 年版，第 179 页。

② 李大钊：《再论问题与主义》，载《李大钊文集》(3)，人民出版社 1999 年版，第 6 页。

指出不改变中国的政治经济状况发展实业是不可能的，社会主义不仅可以发展实业，而且只有在社会主义革命之后发展实业才是可能的。其二，必须按照马克思主义原则组织以马克思主义为指导思想的政党来领导中国革命。李大钊在1920年初就与陈独秀“相约建党”，1921年3月，他发表《团体的训练与革新的事业》，明确提出“我们现在还要急急组织一个团体”，作为“平民的劳动家的政党，即是社会主义团体”。① 正是在李大钊等的组织领导之下，中国共产党于1921年7月正式成立，并通过了按照马克思主义的“革命的社会主义”原则领导中国革命的《纲领》和《决议》。其三，必须按照马克思主义原则科学地分析中国的政治经济情形以确定中国革命的道路。李大钊在接受马克思主义之后就自觉地运用马克思主义探讨中国社会问题，先后撰写了《劳动教育问题》、《唐山煤厂的工人生活——工人不如骡马》、《废娼问题》等文章。他之所以能在思想上确立马克思主义观，也正是由于运用唯物史观分析中国近代以来经济、思想的变化，认识到中国“全国民”将处于“世界的无产阶级的地位”，从而在理论上解决了马克思主义适用于中国的问题。中共“二大”以后，李大钊接受列宁主义和共产国际的指导自觉地根据民族民主革命纲领调整对马克思主义的看法，始终坚持按照马克思主义原则思考中国革命问题，先后提出并探讨了无产阶级在国民革命中的领导地位、国民革命与世界革命的关系、农民在国民革命中的地位与作用等重要问题。1924年5月，李大钊在一篇纪念“五一”、“五四”以及马克思诞辰的文章中指出，我们“应该细细的研考马克思的唯物史观，怎样应用于中国今日的政治经济情形。详细一点说，就是依马克思的唯物史观以研究怎样成了中国今日政治经济的情状，我们应该怎样去作民族独立的运动，把中国从列强压迫之下救济出来”，并指出如果由此形成关于中国革命的正确看法，那么“马克思的学说真是拯救中国的导星”②。

最后，坚持按照理论联系实际的原则运用马克思主义。李大钊研究、宣传马克思主义并不是出于单纯的理论兴趣，而是要使作为“世界改造原动”的马克思主义成为“拯救中国的导星”，因此，他在接受马克思主义之时就在思考着如何将马克思主义科学地运用于中国革命的实践的问题。李大钊在这方面的思考体现了以下几点看法：其一，理论研究、宣传必须与实际的革命行动相结合。早在反击胡适的批评时，李大钊就明确指出，社会问题的解决必须有能够解决社

① 李大钊：《团体的训练与革命的事业》，载《李大钊文集》(4)，人民出版社1999年版，第79页。

② 李大钊：《这一周》，载《李大钊文集》(4)，人民出版社1999年版，第377页。

会问题的“理想”、“主义”作指导，因此“我们的社会运动，一方面固然要研究实际的问题，一方面也要宣传理想的主义。这是交相为用的，这是并行不悖的”。马克思主义理论的研究、宣传也要应用到社会主义实践中去，“一个社会主义者，为使他的主义在世界上发生一些影响，必须要研究怎么可以把他的理想尽量应用于环绕他的实境”①。这是他也是早期中国共产党人研究、宣传马克思主义的指导思想，但最早提出这一问题的无疑是李大钊。其二，马克思主义在实践中的运用必须适应具体实践情形而有所改变。李大钊认为，“主义”本身有“理想”和“实用”的两面，“民主主义的理想，不论在哪一国，大致都很相同。把这个理想适用到实际的政治上去，那就因时、因所、因事的性质情形，有些不同。社会主义，亦复如是”，因此，“我们只要把这个那个的主义，拿来作工具，用以为实际的运动，他会因时、因所、因事的性质情形生一种适应环境的变化”，并指出“在别的资本主义盛行的国家，他们可以用社会主义作工具去打倒资本阶级。在我们这不事生产的官僚强盗横行的国家，我们也可以用他作工具，去驱除这一班不劳而生的官僚强盗”。② 后来在《我的马克思主义观》中，李大钊指出，马克思主义是在特定时代环境、经济背景下产生的，“我们现在固然不可拿这一个时代一种环境造成的学说，去解释一切历史，或者就那样整个拿来，应用于我们生存的社会，也却不可抹煞他那时代的价值，和那特别的发现”，强调“我们批评或采用一个人的学说，不要忘了他的时代环境和我们的时代环境就是了”③。这些论述表明，李大钊很早就意识到不能教条主义地机械照搬马克思主义，在坚持马克思主义对中国革命的指导地位的前提下，必须使马克思主义适应中国国情。在早期中国共产党人中，李达、施存统、陈独秀也都注意到不可机械地理解和应用马克思主义。当然，由于种种复杂原因，包括李大钊在内的早期中国共产党人并没有解决好马克思主义如何与中国国情相结合的问题，他们在接受马克思主义不久就不约而同地主张社会主义革命，其对马克思主义的理解和运用也存在着教条主义倾向。但是，理论与实践结合原则的提出毕竟标志着他们马克思主义观的重要进步。

① 李大钊：《再论问题与主义》，载《李大钊文集》(3)，人民出版社 1999 年版，第 1～3 页。

② 李大钊：《再论问题与主义》，载《李大钊文集》(3)，人民出版社 1999 年版，第 3 页。

③ 李大钊：《我的马克思主义观》，载《李大钊文集》(3)，人民出版社 1999 年版，第 36 页。

第七章
陈独秀早期马克思主义观

陈独秀最初是以中国封建旧文明的批判者和西方资产阶级新文明的宣扬者的姿态登上现代历史舞台的。1915 年 9 月，陈独秀创办《新青年》，“以介绍西方学说，改造社会”[①]，掀起了声势浩大的新文化运动。作为新文化运动的代表，资产阶级人权论、民主观和达尔文的进化论构成了陈独秀这一时期思想发展的主旋律。新文化运动的发展也直接促动了陈独秀思想的进步，加之国际国内形势的剧烈变化，陈独秀的思想愈发激进，对社会主义、马克思主义逐渐有了同情的了解，并最终从激进的民主主义走向马克思主义，不仅首创中国共产党，而且实际领导了早期中国共产主义运动。他的马克思主义观对早期中国共产党人马克思主义观的影响是非常重大的。

一、陈独秀马克思主义观的形成发展历程

(一)“五四”前对马克思主义的初步了解

陈独秀是从接触社会主义学说、感受十月革命而逐渐认识和接受马克思主义的。《新青年》创刊号刊载的陈独秀《法兰西人与近世文明》将“社会主义”列为“近世三大文明”之一，认为“社会主义”的目的是去除“社会之不平等”和“资本家之压制”这两个“近世文明之缺点”，“继政治革命而谋社会革命”，“可谓之反对近世文明之欧罗巴最近文明”。他追溯社会主义的源流，认为“德意志之拉萨尔及马克斯，承法人之师说，发挥而光大之，资本与劳力之争愈烈，社会革命之声愈高”[②]。这是陈独秀早期对“社会主义”比较集中的论述，当然不可避免地包含着一些错误认识。陈独秀此后发表的《今日之教育方针》还提到

---

① 陈独秀：《答孔昭铭》，载《陈独秀文章选编》(上)，三联书店 1984 年版，第 165 页。

② 陈独秀：《法兰西人与近世文明》，载《陈独秀文章选编》(上)，三联书店 1984 年版，第 79～81 页。

了“唯物论”，惜其未就此展开论述。1917年初，陈独秀在答褚葆衡的信中认为，“社会主义，理想甚高，学派亦甚复杂。惟是说之兴，中国似可缓于欧洲。因产业未兴，兼并未盛行也”①。他已经认识到社会主义应建立在产业兴盛基础上。

1917年3月，俄国二月革命爆发。在陈独秀看来，“俄罗斯之革命，非徒革俄皇族之命，乃以革世界君主主义、侵略主义之命也。……其革命政府乃亲德派旧政府之反对者，而为民主主义、人道主义之空气所充满也”②。这与李大钊当时的看法相近，都认为“二月革命”是民主主义、人道主义革命。十月革命爆发后，陈独秀在1918年3月的一篇文章中认为，“二十世纪俄罗斯之共和，前途远大，其影响于人类之幸福与文明，将在十八世纪法兰西革命之上，未可以目前政象薄之。”他称苏俄政府为“共和”，说明其对十月革命性质的认识离实际相去甚远。但认为这种“共和”“影响于人类之幸福与文明，将在十八世纪法兰西革命之上”，却与李大钊4个月后的《法俄革命之比较观》很接近。陈独秀在文中附注云：“此义非短篇所能罄，当专论之。”③但他此后未就此“专论”，即使在李大钊《法俄革命之比较观》等文发表后，陈独秀似乎也未有积极回应。

随着1918年以来国际国内形势的剧烈变化，陈独秀对现实政治问题愈加关注。他同新文化知识分子一样，认为第一次世界大战的胜利是民主主义、人道主义对专制主义、军国主义的胜利，即“公理”战胜“强权”，并且对战后国际情势和亚洲的和平持乐观态度。但战后协约国霸权主义面目逐渐显露，陈独秀对一向被认为代表“公理”的协约国愈发怀疑，先后发表很多批判文章，对俄国十月革命也逐渐有了更多同情的了解。他批评协约国无视俄国布尔什维克政府推翻君主专制的“功劳”，“过激派的行为，纵或有不是的地方，但是协约国把他们破坏俄德两大专制的功劳，一笔抹杀，又试问公理何在”④？1919年4月，陈独秀认为，“欧洲各国社会主义的学说，已经大大的流行了。俄、德和匈牙利，并且成了共产党的世界。这种风气，恐怕马上就要来到东方”⑤，甚至认

① 陈独秀：《答褚葆衡》，载《陈独秀文章选编》（上），三联书店1984年版，第170页。

② 陈独秀：《俄罗斯革命与我国民之觉悟》，载《陈独秀文章选编》（上），三联书店1984年版，第197页。

③ 陈独秀：《驳康有为〈共和平议〉》，载《陈独秀文章选编》（上），三联书店1984年版，第254页。

④ 陈独秀：《公理何在？》，载《陈独秀文章选编》（上），三联书店1984年版，第344页。

⑤ 陈独秀：《纲常名教》，载《陈独秀文章选编》（上），三联书店1984年版，第373页。

为,“十八世纪法兰西的政治革命,二十世纪俄罗斯的社会革命,当时的人都对着他们极口痛骂,但是后来的历史家,都要把他们当做人类社会变动和进化的大关键”[①]。这说明,陈独秀已经认识到十月革命的“社会革命”性质及其将成为“人类社会变动和进化的大关键”的历史意义。这一时期,陈独秀和李大钊创办的《每周评论》发表了许多介绍苏俄社会主义建设、新宪法、土地法、婚姻法等文章,虽然并非出自陈独秀的手笔,但也从一个侧面表明他渴望对苏俄有更多的了解。

从新文化运动发端到五四运动之前,陈独秀的思想主流是资产阶级民主主义,虽然接触到社会主义并对十月革命有一些同情的了解,但并没有改变他的民主主义倾向。

(二)从民主主义走向马克思主义

“五四”期间,陈独秀的思想渐趋激进。随着欧洲列强出卖中国利益的消息被证实,陈独秀认识到当今世界仍然是“强权”战胜“公理”,不再幻想依靠巴黎和会讨回中国主权,“经了这番教训,我们应该觉悟,公理不是能够自己发挥,是要强力拥护的”[②]。这一时期,陈独秀严厉批判反动卖国的军阀政府,主张建立一个人民控制的政府,号召国人应该有“不能单纯依赖公理的觉悟”、“不能让少数人垄断政权的觉悟”,并抱定“强力拥护公理,平民征服政府”的宗旨[③]。陈独秀以“直接行动”的精神支持和领导了“五四”青年“外争国权,内惩国贼”的反帝反封建的爱国运动,号召学生、商人、劳工、军人等谋求社会的根本改造:“直接行动,以图根本之改造。”[④]这标志着陈独秀对中国问题思考和关注重点的重大转向,但仍坚持民主主义的改良立场。1919 年 10 月,他指出,五四运动促成了国人“爱国心之觉悟”、“政治不良之觉悟”、“社会组织不良之觉悟”,并引美国学者杜威的话说:“从前的社会组织有病,非把他改良不可”[⑤]。1919 年底,陈独秀在《新青年》7 卷 1 号发表了一系列重要文章,非常典型地显示出他当时思想的复杂状态。其中《实行民治的基础》代表了陈独秀

① 陈独秀:《二十世纪的俄罗斯革命》,载《陈独秀文章选编》(上),三联书店 1984 年版,第 381 页。

② 陈独秀:《山东问题与国民觉悟》,载《陈独秀文章选编》(上),三联书店 1984 年版,第 410 页。

③ 陈独秀:《山东问题与国民觉悟》,载《陈独秀文章选编》(上),三联书店 1984 年版,第 410、412 页。

④ 陈独秀:《北京市民宣言》,载《陈独秀文章选编》(上),三联书店 1984 年版,第 425 页。

⑤ 陈独秀:《在〈国民〉杂志成立周年大会上的致词》,载《陈独秀文章选编》(上),三联书店 1984 年版,第 426 页。

“五四”以来对中国社会问题的思考。文章根据杜威的“民治主义”观点，主张“我们现在要实行民治主义，是应当拿英、美做榜样，是要注意政治经济两方面，是应当在民治的坚实基础上做工夫。”这个基础就是“人民直接的、实际的自治与联合”，具体来说就是“地方自治和同业联合”[①]。“地方自治”与“同业联合”是陈独秀的“社会改造”的政治和经济方案。《实行民治主义的基础》发展了陈独秀此前“直接行动”和“平民征服政府”的激进倾向，表明陈独秀仍然努力在资本主义民主框架内寻找改造中国社会的方案。但陈独秀并不主张在中国现行的“共和”体制下实施这些方案，同时，这篇文章又具有明显的趋向于社会主义的特征。首先，陈独秀提出的“社会改造”方案既是民主主义的，又有杜威所重视的“基尔特”社会主义色彩。[②] 他甚至认为杜威“关于社会经济（即生计）的民治主义的解释，可算是各派社会主义的公同主张”[③]。这说明，他此时还没有认识到科学社会主义与其他各派社会主义的区别，同时他对社会主义的理解也是从资产阶级民主主义出发的。其次，文章特别重视“社会经济的民治主义”，认为“关于社会经济的设施，应当占政治的大部分；而且社会经济的问题不解决，政治上的大问题没有一件能解决的，社会经济简直是政治的基础”[④]。这已经很有马克思主义的唯物史观的色彩了。《新青年》同期发表的《过激派与世界和平》追溯了 Bolshevki 的由来，指出 Bolshevki“并非是什么过激不过激的意思”，批评指责 Bolshevki 扰乱世界和平的资本家政府“天天在那里侵略弱小国的土地利权”，“我们冷眼旁观的，恐怕正是反对 Bolshevki 的先生们出来扰乱世界和平”[⑤]！陈独秀这一时期在《晨报》发表的《告北京劳动界》一文分析了“无产的劳动阶级”的构成，指出“十八世纪以来的‘德莫克拉西’是那被征服的新兴财产工商阶级，因为自身的共同利害，对于征服阶级的帝王贵族要求权利的旗帜。……如今二十世纪的‘德莫克拉西’，乃是被征服的新兴无产劳动阶级，因为自身的共同利害，对于征服阶级的财产工商界要求权利的旗帜”[⑥]。这表明，陈独秀已经抛弃了以法国为代表的资产阶级民主，而将无产阶级民主视为 20 世纪的大趋势。这是陈独秀正式走向马克思主义

① 陈独秀：《实行民治的基础》，载《陈独秀文章选编》（上），三联书店 1984 年版，第 433 页。

② 参见郭成棠：《陈独秀与中国共产主义运动》，台北联经出版事业公司 1992 年版，第 124 页。

③ 陈独秀：《实行民治的基础》，载《陈独秀文章选编》（上），三联书店 1984 年版，第 430 页。

④ 陈独秀：《实行民治的基础》，载《陈独秀文章选编》（上），三联书店 1984 年版，第 430 页。

⑤ 陈独秀：《过激派与世界和平》，载《陈独秀文章选编》（上），三联书店 1984 年版，第 441 页。

⑥ 陈独秀：《告北京劳动界》，载《陈独秀文章选编》（上），三联书店 1984 年版，第 449 页。

的标志。但是,对于当时社会各种"劳动问题",陈独秀一则仍强调"同业联合",呼吁"各种同业各自联合起来,讲究自己的教育,清洁自己的卫生,维持自己的生计,一不造反,二不罢工,政府和资本家都未必忍心反对",二则呼吁政府、资本家和"智识阶级""注重民生问题"。[①] 此后,陈独秀比较自觉地从经济制度角度分析社会问题,也越来越注意批判私有制度,并从对私有制度的批判进而思考如何改变这一制度。1920 年 2 月,陈独秀在一次演讲中明确提出消灭私有财产制的主张。至于改造社会的根本方法,陈独秀以为,现在还不到"流血"革命的时候,"不过心理上总要有研究革命的方法与信仰。到了那个可以革命的时机,我们就非要与那恶魔奋斗不可……"[②]陈独秀已经意识到"流血"革命是不可避免的,因此主张"要有研究革命的方法和信仰"。

1920 年初,陈独秀因受北洋政府迫害而移居上海,立刻成为倾向于马克思主义、社会主义的进步青年的思想领袖。1920 年 3 月,陈独秀在批判马尔塞斯的人口论时强调自己对各种学说力避"妄想、迷信","不但马尔塞斯的人口论是这样,就是近代别的著名学说,象达尔文自然淘汰说,弥尔自由论,布鲁东私有财产论,马克斯唯物史观,克鲁泡特金互助论,也都是这样"。他将"马克斯唯物史观"与"克鲁泡特金互助论"等并列,承认它们都是"一种救济的学说","有一方面的真理",但在批判马尔塞斯人口论时却运用了唯物史观和"生产过剩"、"剩余价值"等概念。[③] 由这篇文章可以看出,陈独秀对马克思主义已经有了比较多的了解,他的学说立场也明显转向了马克思主义。1920 年上半年是陈独秀走向马克思主义的重要阶段。这一时期,他开始认真阅读和研究马克思主义著作,逐步接受了马克思主义的基本观点。在为纪念五一国际劳动节所编的《新青年》"劳动节纪念专号"中,陈独秀发表了多篇探讨劳动问题的文章。他阐发了"劳工神圣"的思想,指出"我以为只有做工的人最有用最贵重",并且呼唤劳动者觉悟,"我们中国的劳动运动,还没有萌芽",因而尤其需要觉悟,并切合实际地做"劳动运动"。[④] 他运用马克思的"剩余价值"学说分析了资本家剥削工人剩余劳动问题,并区分了"个人的工业"与"社会的工

---

① 陈独秀:《告北京劳动界》,载《陈独秀文章选编》(上),三联书店 1984 年版,第 451 页。

② 陈独秀:《社会改造的方法与信仰》,载 1920 年 2 月 7 日《国民新报》。转引自任建树:《陈独秀传》(上),上海人民出版社 1989 年版,第 187～188 页。

③ 陈独秀:《马尔塞斯人口论与中国人口问题》,载《陈独秀文章选编》(上),三联书店 1984 年版,第 498、504 页。

④ 陈独秀:《劳动者底觉悟》,载《陈独秀文章选编》(上),三联书店 1984 年版,第 520、521 页。

业”，认为“个人的工业，牺牲了无数的穷苦工人，利益都集中到少数的资本家个人手里”，而“欧、美、日本底社会危机，就是这个人的工业主义造出来的”。陈独秀非常忧虑中国工业发展走上这一“错路”，提出“要想中国产业界资本雄厚可以同外国竞争，非由公共的力量强行把全国底资本都集合到社会的工业上不可。果然是社会的工业，他的发达，社会上人人底幸福都跟着平等的发展”[①]。显然，陈独秀的所谓“社会的工业”指的就是社会主义的工业，这说明他已经初步形成了关于中国工业发展要走社会主义道路的观念。《新青年》“劳动节纪念专号”的出版既标志着这一五四新文化运动著名杂志的宣传方向的转变，又表征着陈独秀在走向马克思主义的道路上的巨大进步。

1920 年 9 月，陈独秀在《新青年》发表一组探讨政治问题、表达对时局意见的文章。其中，《谈政治》具体地阐述他“最近对于政治的见解”。陈独秀就“无政府党人”对政治的否定指出，“强权、国家、政治、法律是一件东西底四个名目”，“强权所以可恶，是因为有人拿他来拥护强者、无道者，压迫弱者与正义”，“要扫除这种不平、这种痛苦，只有被压迫的生产的劳动阶级自己造成新的强力，自己站在国家地位，利用政治、法律等机关，把那压迫的资产阶级完全征服，然后才可望将财产私有、工银劳动等制度废去，将过于不平等的经济状况除去”。根据这一认识，陈独秀批评“世界劳动团体”如法国的工团派等“不主张用强力，不主张阶级战争”，“天天空想自由组织的社会出现”。对那些“不取革命的手段改造这工具，仍旧利用旧的工具来建设新的事业”的“新派”，陈独秀认为，“这派人所依据的学说，就是所谓马格斯修正派”。陈独秀引述《共产党宣言》关于无产阶级专政的论述，指出“马格斯修正派”“反对马格斯底阶级战争说”，“反对劳动专政”，“用德谟克拉西来反对劳动阶级底特权”不仅背离了马克思主义，而且看不到资产阶级“德谟克拉西”的虚伪本质。他强调指出，“我敢说：若不经过阶级战争，若不经过劳动阶级占领权力阶级底时代，德谟克拉西必然永远是资产阶级底专有物，也就是资产阶级永远把持政治抵制劳动阶级的利器”。[②]《谈政治》一文比较集中地批判了无政府主义和“马格斯修正派”，体现了陈独秀对国家、政治、法律之本质的比较准确的把握，尤其是突出地强调了马克思主义的“阶级战争”学说和无产阶级专政思想。由此可以

① 陈独秀：《我的意见》，载《陈独秀文章选编》（上），三联书店 1984 年版，第 526 页。

② 陈独秀：《谈政治》，载《陈独秀文章选编》（中），三联书店 1984 年版，第 2、4、7、8、9 页。

确定,它的发表是陈独秀"由民主主义者转变成为马克思主义者的标志"①。在《新青年》同期发表的《对于时局的我见》中,陈独秀就明确称自己是"社会主义者",而此时他正在领导上海共产主义小组从事建党活动。文章指出:

> 在社会党的立法和劳动者的国家未成立以前,资产阶级内民主派的立法和政治,在社会进化上决不是毫无意义;所以吾党遇着资本阶级内民主派和君主派战争的时候,应该帮助前者攻击后者;后者胜利时,马上就是我们的敌人,我们对于他们的要求,除出版、结社两大自由及工厂劳动保护的立法外,别无希望。因为吾党虽不像无政府党绝对否认政治的组织,也决不屑学德国的社会民主党,利用资本阶级的政治机关和权力作政治活动。②

这段论述声明不取德国社会民主党的议会路线,也不取无政府党绝对否认任何政治组织的路线,说明陈独秀已经自觉地选择了"革命的社会主义"。陈独秀将"吾党"争取建立"社会党的立法和劳动者的国家"的道路明确分为两个阶段:第一阶段是帮助"资本阶级内民主派"和"君主派"战争,第二阶段是在"资本阶级内民主派"胜利之后要求"出版、结社两大自由及工厂劳动保护的立法"。这是陈独秀第一次以中国共产党领导人的身份对中国革命道路的初步确定,也是他在党正式成立后能够接受共产国际对中国革命道路指导的思想基础。

在成为马克思主义者前后,陈独秀就领导早期中国马克思主义者与无政府主义者和基尔特社会主义者就马克思主义的无产阶级专政学说、国家学说以及社会主义是否适合于中国等问题展开了激烈的思想论战。在这两次论战中,陈独秀自觉、坚定地站在马克思主义立场上思考中国问题,不仅宣传了马克思主义,扩大了马克思主义的影响,而且也对马克思主义有了比较全面的认识,促进了他的马克思主义观的成熟。1921 年 1 月,陈独秀发表题为《社会主义批评》的长篇演讲,从"为什么要讲社会主义"、"为什么能讲社会主义"、"应讲何种社会主义"三个方面比较系统地表述他对社会主义的看法。他指出了社会主义存在着空想与科学的区别,"马格斯以后的社会主义是科学的是客观的是建设在经济上面的"。在他看来,"马格斯主义在德国变为国家社会主

---

① 贾兴权:《陈独秀传》,山东人民出版社 1998 年版,第 203 页。

② 陈独秀:《对于时局的我见》,载《陈独秀文章选编》(中),三联书店 1984 年版,第 12 页。

义”,“在俄国才还了马格斯底本来面目叫做共产主义”,并将“共产主义”的基本主张概括为“阶级战争”、“直接行动”、“无产阶级专政”、“国际运动”①。1922 年 5 月,陈独秀“马克思的两大精神”的讲演中,指出马克思主义是“科学的社会主义”,提倡运用马克思主义研究现社会的政治及经济状况,“把马克思学说当做社会革命的原动力”。② 1922 年 7 月,陈独秀发表《马克思学说》,比较具体地表达了他对马克思主义的“剩余价值”、“唯物史观”、“阶级斗争”、“劳工专政”等学说的认识和理解③。《马克思学说》是李大钊《我的马克思主义观》之后早期中国共产党人又一篇比较全面地介绍马克思主义的重要文章。它的发表,标志着陈独秀马克思主义观的成熟。

(三)从社会主义革命转向民主革命

中国共产党成立之时,确立了领导工人运动通过阶级斗争进行社会主义革命的方针。尽管陈独秀没有参加中共“一大”,但大会确立的方针与他对于中国革命道路的思考是完全一致的。但是,在列宁主义和共产国际“二大”关于被压迫民族和殖民地、半殖民地革命的性质与任务的政策的指导下,陈独秀对中国革命的性质、任务、道路的认识开始发生转变。1922 年 5 月,在谈到“劳动界,对于政治应取的态度”时,陈独秀指出:

> 劳动运动最终目的,自然是要造成劳动者的国家,劳动者的世界;但是在这力量未充足的时期,便不得不采取各种和劳动界战斗力相应的战略,这应该是注重实际运动的人所应了解的。劳动者在自己阶级(即无产劳动者阶级)没有完全力量建设革命的政府以前,对于别的阶级反抗封建式的政治之革命党派,应该予以援助;因为援助这种革命的党派成功了,劳动者至少可以得着集会、结社、出版、罢工底自由,这几种自由是劳动运动的重要的基础。④

这里已经将“劳动运动最终目的”和与实际战斗力相应的“战略”区别开来,并且强调在无产阶级尚没有力量建设革命的政府以前应支持其他“革命的党派”反抗封建式的政治。此后,陈独秀根据唯物史观指出,当今世界政治、经济制

① 陈独秀:《社会主义批评》,载《陈独秀文章选编》(中),三联书店 1984 年版,第 85、95、98、93 页。

② 陈独秀:《马克思的两大精神》,载《陈独秀文章选编》(中),三联书店 1984 年版,第 178 页。

③ 参见陈独秀:《马克思学说》,载《陈独秀文章选编》(中),三联书店 1984 年版,第 189～198 页。

④ 陈独秀:《告做劳动运动的人》,载《陈独秀文章选编》(中),三联书店 1984 年版,第 175 页。

度发展不平衡，无产阶级对资产阶级的斗争正在进行，资产阶级对封建阶级的斗争即使在发达国家也仍未完成。中国作为被压迫民族，经济上家庭农业、城市手工工业和近代资本主义工商业共存，政治上处于国际帝国主义压迫、国内军阀扰乱和政党萎弱并立状态。因此，他指出：

> 这样的经济及政治状况，遂使中国的阶级争斗不得不分为两段路程：第一段是大的和小的资产阶级对于封建军阀之民主主义的争斗，第二段是新起的无产阶级对于资产阶级之社会主义的争斗。……第一段争斗，是中国人对于现在的政治问题上至急切要的工作，一切劳苦群众也都应该加入，因为这第一段民主主义的争斗，乃是对内完全倾覆封建军阀得着和平与自由，对外促成中国真正的独立。这种和平、自由与独立，不但能给中国资产阶级以充分发展的机会，而且在产业不发达的国家，也只有这种和平、自由与独立，是解放无产阶级使他们由幼稚而到强壮的唯一道路。①

这标志着陈独秀对中国革命问题的思考已经完成了从主张社会主义革命到提出由民主主义到社会主义两步走、从反对资本主义到给资产阶级以“充分发展的机会”、从强调无产阶级通过社会主义革命求解放到主张通过民主主义斗争解放无产阶级并使之力量强壮的转变。1922 年 7 月 16 日，陈独秀主持召开中共“二大”。大会指出，中国人民最大的痛苦是帝国主义压迫和封建军阀统治，因此反帝反封建的民主主义革命是有意义的，“我们无产阶级审察今日中国的政治经济状况，我们无产阶级和贫苦的农民都应该援助民主主义革命运动。而且我们无产阶级相信在现今的奋斗进行中间，只有无产阶级的革命势力和民主主义的革命势力合同运动，才能使真正民主主义革命格外迅速成功”②。大会在坚持共产主义最高纲领的同时提出了党在“民主主义的联合战线”中的奋斗目标，“在中国的政治经济现状下，在中国的无产阶级现状之下，我们认定民主的革命固然是资产阶级的利益，而于无产阶级也是有利益的。因此我们共产党应该出来联合全国革新党派，组织民主的联合战线，以扫清封

---

① 陈独秀：《对于现在中国政治问题的我见》，载《陈独秀文章选编》(中)，三联书店 1984 年版，第 185～186 页。

② 《中国共产党第二次全国大会宣言》，载中央档案馆编：《中共中央文件选集(1921～1925)》(1)，中共中央党校 1987 年版，第 114 页。

建军阀推翻帝国主义的压迫，建设真正民主政治的独立国家为职志”[①]。“二大”的召开标志着中国共产党对中国革命的性质、任务以及策略的认识已经从社会主义革命转变到民族民主革命之上。此后，在共产国际指导和直接参与下，陈独秀领导中国共产党开始建立与国民党的合作关系，并在国共合作建立后领导中国共产党在统一战线中展开反帝反封建的国民革命斗争。

1922年7月以后，陈独秀从马克思主义立场出发对国民革命一系列重要问题进行了深入思考，表现出他对马克思主义认识和理解的进步。

首先，关于国民革命的必要性及其性质等问题。1922年9月，陈独秀指出，由于经济、政治都受外国列强控制，中国并不是独立的共和国而是殖民地。就产业状况来说，“资产阶级没有壮大”，“在私产制度之下，资产阶级未壮大，无产阶级也自然不能壮大”。他由此指出：

> 中国产业之发达还没有到使阶级壮大而显然分裂的程度，所以无产阶级革命的时期尚未成熟，只有两阶级联合的国民革命的时期是已经成熟了，这个时期的成熟是可以拿十余年来的政治史及眼前要求打倒军阀、建设民主政治的呼声可以证明的。[②]

陈独秀力图在马克思主义理论范围内解释社会主义革命条件尚不成熟而只能进行民主主义革命的问题。他进而指出，人类社会由封建社会到资本主义社会以至社会主义社会这一“进化的历程恒次第不爽”，“依世界的政治状况及中国的经济文化状况和在国际的地位，资产阶级的民主革命正负着历史的使命，这是毫无疑义的”，“幼稚的无产阶级目前只有在此胜利之奋斗中才有获得若干自由及扩大自己能力的机会，所以和革命的资产阶级合作，也是中国无产阶级目前必由之路”。[③] 陈独秀充分强调了唯物史观的客观必然性，并由此阐明了资产阶级民主革命的不可超越，从而为无产阶级从事民主革命提供了马克思主义理论依据。对于国民革命的性质，陈独秀指出，“殖民地或半殖民地的国民革命”是区别于“资产阶级的民主革命”和“无产阶级的社会革命”的

① 《关于“民主的联合战线”的议决案》，载中央档案馆编：《中共中央文件选集（1921～1925）》（1），中共中央党校1987年版，第65～66页。

② 陈独秀：《造国论》，载《陈独秀文章选编》（中），三联书店1984年版，第208页。

③ 陈独秀：《资产阶级的革命和革命的资产阶级》，载《陈独秀文章选编》（中），三联书店1984年版，第254、256、258～259页。

"一种特殊形式的革命",它的性质虽然是"资产阶级的革命",但却"不能形成一个纯粹的资产阶级的民主革命",而是"含有对内的民主革命和对外的民族革命两个意义"。[①] 因此,国民革命是世界革命的一部分,"殖民地半殖民地的国民革命,其性质其结果不是属于一个国家的革命,乃是世界的革命;不仅是民主主义对于军阀的革命,还是平民主义对于国际帝国资本主义的革命"[②],"殖民地半殖民地之国民革命,形式上虽是一国的革命,事实上是世界的革命之一部分,而且是重大的一部分"[③]。这些论述表明,陈独秀将马克思主义唯物史观运用于对中国社会半殖民地性质的分析考察,从而科学地阐明了国民革命的性质和任务。

其次,关于国民革命的领导力量问题。陈独秀最初向民主革命转变时仍然坚持将劳动运动作为国民革命的基本方式,号召共产党、国民党等在劳动运动上互相提携。此后,他虽然将国民革命的支持力量扩大到"劳苦群众"、"全国民主主义的分子"、"全国被压迫的各阶级爱国者"、"全国各阶级觉悟的大群众"等,但强调"必须认定劳动阶级是国民运动中的重要部分","此时中国的国民运动,劳动阶级不但是重要部分,已经是最勇敢急进的先锋了"。[④] 1923 年 4 月,陈独秀提出资产阶级在国民革命中的地位问题,"半殖民地的中国社会状况既然需要一个资产阶级的民主革命,在这革命运动中,革命党便须取得资产阶级充分的援助;资产阶级的民主革命若失了资产阶级的援助,在革命事业中便没有阶级的意义和社会的基础",主张国民党"统率革命的资产阶级,联合革命的无产阶级,实现资产阶级的民主革命"。[⑤] 此后又认为,"殖民地半殖民地的各社会阶级固然一体幼稚,然而资产阶级的力量究竟比农民集中,比工人雄厚","工人阶级在国民革命中固然是重要分子,然亦只是重要分子而不是独

---

① 陈独秀:《中国国民革命与社会各阶级》,载《陈独秀文章选编》(中),三联书店 1984 年版,第 362 页。

② 陈独秀:《关于社会主义问题》,载《陈独秀文章选编》(中),三联书店 1984 年版,第 303 页。

③ 陈独秀:《中国国民革命与社会各阶级》,载《陈独秀文章选编》(中),三联书店 1984 年版,第 370～371 页。

④ 陈独秀:《怎么打倒军阀》,载《陈独秀文章选编》(中),三联书店 1984 年版,第 252、252～253 页。

⑤ 陈独秀:《资产阶级的革命和革命的资产阶级》,载《陈独秀文章选编》(中),三联书店 1984 年版,第 256、259 页。

立的革命势力”[①]。陈独秀的这些论述在当时就被认为是其走向“右倾”的标志。[②] 当然，陈独秀并没有明确表示资产阶级应该成为国民革命的领导力量。同时，陈独秀的这一看法也是其对国民革命性质认识的逻辑发展。国民革命既然是资产阶级的民主革命（尽管是不纯粹的），当然应该主要依靠资产阶级，这样才有“阶级的意义和社会的基础”，“每个阶级的革命，都要建设在每个阶级的力量上面”[③]。随着国共合作建立之后工人运动的兴旺发展以及国民党右派活动的加剧，陈独秀对工人阶级在国民革命中的作用逐渐恢复了信心。1924 年 6 月，陈独秀批评资产阶级的妥协性，“我们固然不能武断资产阶级永远是不革命的，然而我们的确知道他们的革命热总是间歇的，越向上层的资产阶级越富于妥协性，越向下层的劳动阶级，越富于革命性”，呼吁国民党充分认识劳动运动的“最重大的意义”，“万不可牺牲这最有革命战斗力的阶级来维持资产阶级之利益，因为若没有这最有革命战斗力的阶级起来奋斗，中国资产阶级之解放运动，中国之国民之解放运动，是不能成功的”。[④] 1924 年底，陈独秀在总结中国民主革命经验教训时指出：“无产阶级，是最不妥协的革命阶级，而且是国际资本帝国主义之天然对敌者；不但在资本帝国主义国家的社会革命他是主力军，即在被资本帝国主义压迫的国家之国民革命，也须他做一个督战者”[⑤]。尽管“督战者”并不能理解为“领导者”[⑥]，但这一评价对党的“四大”提出无产阶级在国民革命中领导权问题是有影响的。陈独秀关于无产阶级在国民革命中“领导地位”的认识在“四大”以后的许多文章中得到突出强调和丰富，成为他直到大革命失败之前的主导思想。1923 年 5 月，共产国际指示中

① 陈独秀：《中国国民革命与社会各阶级》，载《陈独秀文章选编》（中），三联书店 1984 年版，第 365、368 页。

② 参见蔡和森：《中国共产党史的发展（提纲）》，载《蔡和森的十二篇文章》，人民出版社 1980 年版，第 42 页；邓中夏：《中国职工运动简史》，载《邓中夏文集》，人民出版社 1983 年版，第 516 页。又，美国学者本杰明·J·史华兹 1950 年认为：“由工人运动高潮所激起的过度希望已经消散，陈独秀当时得以洞察在中国年轻的工人阶级身上所有被先前的救世主的幻想或多或少遮蔽的那些点。”（载《中国的共产主义与毛泽东的崛起》，陈玮译，中国人民大学出版社 2006 年版，第 42 页）

③ 陈独秀：《资产阶级的革命和革命的资产阶级》，载《陈独秀文章选编》（中），三联书店 1984 年版，第 257 页。

④ 陈独秀：《国民党与劳动运动》，载《陈独秀文章选编》（中），三联书店 1984 年版，第 519 页。

⑤ 陈独秀：《二十七年以来国民运动中所得教训》，载《陈独秀文章选编》（中），三联书店 1984 年版，第 620 页。

⑥ 贾兴权根据陈独秀的上段论述认为：“陈独秀已经明确提出了无产阶级作为革命的领导阶级概念。”（载《陈独秀传》，山东人民出版社 1998 年版，第 360 页）

共,“在中国进行民族革命和建立反帝战线之际,必须同时进行反对封建主义残余的农民土地革命”,“全部政策的中心问题乃是农民问题”,“共产党作为工人阶级的政党,应当力求实现工农联盟”。① 陈独秀于同年7月发表《中国农民问题》,承认“在经济落后的殖民地半殖民地,不但农民占全人口之大半数,其国民经济之真正基础,还是农业;在这些地方之各种革命都不可忽视了农民的力量”,“农民的大群众,在目前已是国民革命之一种伟大的潜势力,所以在中国目前需要的而且是可能的国民运动(即排斥外力打倒军阀官僚)中,不可漠视农民问题”②。但陈独秀同时也严厉批评农民私有观念的强固和对政治的漠不关心,对农民参与国民革命的可能性作出了消极的估计,以致与主张积极支持农民革命的瞿秋白发生过激烈的思想交锋。1926年7月,中共第三次中央扩大执行委员会会议通过了陈独秀起草的《农民运动议决案》,肯定了帝国主义侵略、军阀压迫之下全国农民暴动的反抗精神,认为“农民已经起来参加国民革命的战线了,并且在实际政治上现已发生很大的作用,在中国民族解放运动中占重要的地位”,“我们党要想领导中国民族解放运动顺利地进行,就在取得这项农民的势力,取得农民运动的指导权”。③ 1926年12月,在北伐战争节节胜利之际,陈独秀提出:

> 依我们现在的经验,中国民主运动,有三种形式的可能:一是革命的军事行动,由辛亥革命到此次北伐,属于此种形式;二是资产阶级的自治运动,此次上海及东南三省自治运动,即属此种形式;三是农民推翻乡绅政权的暴动,此种运动才开始,将来或者是中国民主运动最后的最高的形式。这三种形式不同的运动,都有一共同性质,即资产阶级的民主运动。④

这三种形式应是时间上同时并存而不是前后相续的。陈独秀将农民运动而不是把工人运动视为资产阶级民主运动的形式,这说明,他即使承认农民运动的

---

① 《共产国际执行委员会给中国共产党第三次代表大会的指示》,载中国社会科学院、近代史研究所翻译室编译:《共产国际有关中国革命的文献资料(1919~1928)》(1),中国社会科学出版社1981年版,第79页。

② 陈独秀:《中国农民问题》,载《陈独秀文章选编》(中),三联书店1984年版,第312页。

③ 陈独秀:《农民运动议决案》,载中央档案馆编:《中共中央文件选集(1926)》(2),中共中央党校出版1987年版,第206~207页。

④ 陈独秀:《孙传芳败后之东南》,载《陈独秀文章选编》(下),三联书店1984年版,第312页。

积极作用,也是将其置于资产阶级民主运动的框架内来思考的,与同一时期毛泽东认为农民运动甚至比城市工人运动更具有"经济争斗"和"政治争斗"意义①形成了鲜明的对比。

再次,关于国民革命的前途问题。1922 年 7 月,陈独秀起草的中共"二大"《宣言》指出:

> 民主主义成功,幼稚的资产阶级便会迅速发展,与无产阶级处于对抗地位。因此无产阶级便须对付资产阶级,实行"与贫苦农民联合的无产阶级专政"的第二步奋斗。如果无产阶级的组织力和战斗力强固,这第二步奋斗是能跟着民主主义革命胜利以后即刻成功的。②

《宣言》提出了国民革命的两种可能前途:一种是资产阶级获得胜利,"与无产阶级处于对抗地位",无产阶级将进行社会主义革命;一种是"无产阶级的组织力和战斗力强固",国民革命胜利后社会主义革命可以"即刻成功"。"二大"之后,陈独秀又指出,"到了国民革命能够解除国外的侵略和国内的叛乱以后,无产阶级所尽的力量所造成的地位,未必不大过资产阶级,……那时资产阶级决难坚持独厚于自己阶级的经济制度,所以我敢说,采用国家社会主义来开发实业,是国民革命成功后不能免的境界"。③"国家社会主义"既非社会主义,但也非纯粹的资本主义经济制度。1923 年年底,陈独秀又说:

> 国民革命成功后,在普通形势之下,自然是资产阶级握得政权;但彼时若有特殊的环境,也许有新的变化,工人阶级在彼时能获得若干政权,乃视工人阶级在革命中的努力至何程度及世界的形势而决定。④

总之,在国共合作建立之前,陈独秀对国民革命的前途还没有形成确定看法。在理论上,国民革命胜利的结果当然是资产阶级获得政权,但陈独秀没有排除在"普通形势"之下特殊情况发生的可能,即无产阶级在国民革命中的地位和

① 毛泽东:《国民革命与农民运动——〈农民问题丛刊〉序》,载《毛泽东文集》(1),人民出版社 1993 年版,第 40～41 页。

② 《中国共产党第二次全国大会宣言》,载中央档案馆编:《中共中央文件选集(1921～1925)》(1),中共中央党校 1987 年版,第 115 页。

③ 陈独秀:《造国论》,载《陈独秀文章选编》(中),三联书店 1984 年版,第 208～209 页。

④ 陈独秀:《中国国民革命与社会各阶级》,载《陈独秀文章选编》(中),三联书店 1984 年版,第 371 页。

世界形势的影响将使国民革命胜利后所建立的资产阶级民主制度变得不那么纯粹，无产阶级可能“获得若干政权”，国家经济制度将采取国家社会主义。在国共合作建立之后，陈独秀对国民革命的前途问题有过多次论述。1926 年 7 月，陈独秀在中共第三次中央扩大执行委员会作《中央政治报告》，谈到“民族运动之前途”时，指出：

> 中国民族革命运动的前途，我们可以看见有两条道路：一是由工农阶级领导小资产阶级，推动资产阶级，以革命手段达到民族的资本主义之建设；一是由买办性的资产阶级拿住小资产阶级，并结合买办阶级，与帝国主义妥协，扑灭革命运动，实现道威士的资本主义之侵略。我们的责任，就在努力扩大工农群众的力量，拿住小资产阶级，推动资产阶级，始终能够巩固民族运动的联合战线，则中国民族运动便有由第一条道路之可能。①

所谓工农阶级领导的“民族的资本主义之建设”，显然既非社会主义，也非纯粹资本主义。同年 9 月，陈独秀指出：

> 国民革命成功后之建设时期，也必然是革命的民主的民众政权，而不是无产阶级专政，并且还不是工农政府；在那时革命的民主的民众政权之下，中国的资本主义当然要发展起来，也只有到那时，真正中国的资本主义才能够自由发展。……不过那时的中国资本主义，已经过国民革命的洗礼，已经是民族的民主的资本主义，他的发展影响到全民族的经济生活。②

在这里，陈独秀否定了国民革命成功后即刻进行社会主义革命的可能。他根据马克思主义科学社会主义原则强调必须经过资本主义才能进至社会主义，但对这个中国必须经过的资本主义有两个基本规定：一是“革命的民主的民众政权”，二是“民族的民主的资本主义”，这显然并非纯粹资本主义的政治、经济制度。1927 年 4 月，陈独秀在谈到“中国国民革命之归趋”时指出，中国国民

---

① 《中央政治报告》，载中央档案馆编：《中共中央文件选集(1921～1925)》(2)，中共中央党校 1987 年版，第 170～171 页。

② 陈独秀：《我们现在为什么争斗？》，载《陈独秀文章选编》(下)，三联书店 1984 年版，第 263～264 页。

革命处于“世界资本主义将近崩溃时代”,“不是纯粹的资产阶级民主革命”,这决定了“革命后之政治的构造和经济的建设”和“纯资产阶级的革命”不同。因此,“中国国民革命之前途,只有两条路:(一)是由工农及其他被压迫剥削阶级之手实现国民革命而行向社会主义;(二)是由资产阶级之手联络一切反动势力,在国民革命的假招牌之下,回复到帝国主义的统治”①。根据殖民地半殖民地中国的经济发展状况,陈独秀提出,“我们以为中国国民革命成功后的经济建设,在主观上在客观上,都不必采用私人资本主义为全社会主要的生产制度,而可以采用国家资本主义以过渡到非资本主义的国家工业,即是行向社会主义的社会”,而“只有在工农及其他被压迫剥削阶级革命的国家而采用国家资本主义,才能够由此过渡到非资本主义的社会主义的经济建设”。② 由此可见,陈独秀把国民革命成功后在经济上实行国家资本主义看作是“过渡到非资本主义的社会主义”的基本途径,“在世界资本主义将崩溃的现代,在资本主义的大生产制犹未垄断全产业界资产阶级势力犹未强固的中国,如果工农及其他被压迫剥削阶级,能够建立一个民主独裁的革命国家,如果能够由国家资本主义过渡到社会主义的社会,那便自然没有一定必须经过无产阶级专政的必要了”③。

综合陈独秀自 1922 年 5 月到大革命失败前的思考,可以看出,他明显倾向于国民革命成功后“工农及其他被压迫剥削阶级”“建立一个民主独裁的国家”,这个国家既非无产阶级专政,也不是纯粹的资产阶级民主制度,而只是由“工农阶级领导”的带有资本主义性质的“革命的民主的民众政权”。陈独秀主张在这样一个政治制度之下通过采用国家资本主义“过渡到非资本主义的社会主义”。在陈独秀的思考中,这条道路既符合马克思主义关于资本主义不可逾越、社会主义必然建立在资本主义发展之上的基本原则,又是殖民地半殖民地中国的政治、经济状况和世界资本主义即将崩溃这一国内国际形势之下的一种必然选择。

① 陈独秀:《答沈滨祈、朱近赤》,载《陈独秀文章选编》(下),三联书店 1984 年版,第 409 页。

② 陈独秀:《答沈滨祈、朱近赤》,载《陈独秀文章选编》(下),三联书店 1984 年版,第 410 页。

③ 陈独秀:《答沈滨祈、朱近赤》,载《陈独秀文章选编》(下),三联书店 1984 年版,第 410～411 页。

二、陈独秀马克思主义观的基本内容

(一)“共产主义底主张”——对马克思主义基本内容及性质的认识

马克思主义观的形成确立必然要从马克思主义的具体的理论、观念的认识、理解上升到对马克思主义理论体系及其特征的认识。在成为马克思主义者之前,陈独秀对马克思主义的一些基本观点已有较准确的认识,但他从没有直接表明对马克思主义的总体看法。这或者可以说明,陈独秀之成为马克思主义者与其马克思主义观的成熟并不完全是同步的。在成为马克思主义者之后的1920年至1923年,由于建党的需要,也由于参与“社会主义论战”和“无政府主义论战”,陈独秀自觉地运用马克思主义学说批判了基尔特社会主义者和无政府主义者的挑战,不仅宣传了马克思主义,扩大了马克思主义的影响,而且也对马克思主义得到了比较全面的认识,促进了他的马克思主义观的成熟。

陈独秀很早就把马克思主义作为一种社会主义学说认识。陈独秀在长篇演讲《社会主义批评》中,把社会主义区分为“古代所讲的社会主义”和“近代所讲的社会主义”,指出“古代所讲的社会主义,都是理想的,其学说都建设在伦理上面”,其试图“平均贫富”的方法“都全是理想,不曾建设在社会底经济的事实上面”,而“近代所讲的社会主义”“乃是由科学的方法证明出来现社会不安底原因,完全是社会经济制度——即生产和分配方法——发生了自然的危机,要救济他的危机,先要认明现社会底经济的事实,在这个事实的基础上面,来设法改造生产和分配底方法”。因此,“马格斯以后的社会主义是科学的是客观的是建筑在经济上面的,和马格斯以前建设在伦理上面的空想的主观的社会主义完全不同”。① “科学的”、“客观的”、“建设在经济上面的”三个基本规定虽是就“马格斯以后的社会主义”来说的,但主要是指马克思主义。陈独秀把“至今尚留存的,有力量的”社会主义分为“无政府主义”、“共产主义”、“国家社会主义”、“工团主义”、“行会社会主义”五派。在论述“国家社会主义”时明确提出了“马格斯主义”概念,指出“马格斯主义在德国变为国家社会主义”,“在俄国才还了马格斯底本来面目叫做共产主义”。通过与“国家社会主义”的比较,陈独秀概括出“共产主义”的基本主张,即“阶级战争”、“直接行动”、“无

① 陈独秀:《社会主义批评》,载《陈独秀文章选编》(中),三联书店1984年版,第93页。

产阶级专政"、"国际运动"。[1] 因此，这一时期，陈独秀虽认识到马克思主义的"科学"性质，但他重视的是马克思主义与"国家社会主义"相区别的性质，也就是李大钊、李达所说的"革命的社会主义"。1921 年 2 月，蔡和森致信陈独秀，提出"马克思主义的骨髓在综合革命说与进化说"，唯物史观、"资本论"、"阶级战争说""三者一以贯之"构成了"革命的马克思主义"。[2] 唯物史观与阶级斗争学说的统一，在早期中国共产党人关于马克思主义的"革命的社会主义"性质的理解中处于核心地位。李大钊、李达、施存统等都曾着重强调这一点，蔡和森的"综合革命说与进化说"也是这种观点的表达。陈独秀在回信中肯定蔡和森的"综合革命说与进化说""是马克思主义的骨髓"，并强调唯物史观与阶级斗争学说"并没有什么矛盾"。[3] 后来在《马克思学说》中仍重申这一观点。这说明，陈独秀在对马克思主义性质的认识上认同了蔡和森的"革命的马克思主义"的看法。

1922 年 5 月，陈独秀发表《马克思的两大精神》演讲，认为"马克思的学说和行为有两大精神"，其一是"实际研究的精神"，其二是"实际活动的精神"。关于"实际研究的精神"，陈独秀指出："古代人的思想，大都偏于演绎法"，"到了近代科学发明，多采用归纳法"。马克思主义将自然科学的归纳法运用于社会科学，因而是科学的：

> 欧洲近代以自然科学证实归纳法，马克思就以自然科学的归纳法应用于社会科学。马克思搜集了许多社会上的事实，一一证明其原理和学说。所以现代的人都称马克思的学说为科学的社会学，因为他应用自然科学归纳法研究社会科学。马克思所说的经济学或社会学，都是以这种科学归纳法作根据，所以都可相信的，都有根据的。现代人说马克思为科学的社会主义，和空想的社会主义不同，便是在此。[4]

这样，陈独秀就从科学方法的角度明确认识到马克思主义区别空想社会主义的"科学的社会主义"性质。此后的《马克思学说》也指出：

---

① 陈独秀：《社会主义批评》，载《陈独秀文章选编》(中)，三联书店 1984 年版，第 85～98 页。

② 蔡和森：《马克思学说与中国无产阶级》，载《新青年》9 卷 4 号，1921 年 8 月。

③ 陈独秀：《答蔡和森》，载《陈独秀文章选编》(中)，三联书店 1984 年版，第 157 页。

④ 陈独秀：《马克思的两大精神》，载《陈独秀文章选编》(中)，三联书店 1984 年版，第 177 页。

> 马克思社会主义所以称为科学的不是空想的，正因为他能以唯物史观的见解，说明资本主义的生产方法和资本主义的社会制度所以成立所以发达所以崩坏，都是经济发展之自然结果，是能够在客观上说明必然的因果，不是在主观上主张当然的理想，这是马克思社会主义和别家空想的社会主义不同之要点。[①]

陈独秀实际上认为，马克思主义之所以是科学的社会主义，不仅仅是因为它以“科学归纳法作根据”，更主要是因为它建立在马克思“应用自然科学归纳法研究社会科学”所形成的唯物史观这一科学的世界观的基础之上。换句话说，不是科学的归纳法而是唯物史观为马克思主义提供了“科学”的根据。不过，陈独秀仍坚持马克思主义的“革命的社会主义”性质。他在谈到马克思的“实际行动的精神”时指出，马克思与其他社会主义者的不同在于“他是革命的社会主义者”，“凡能实际活动者才可革命”。因此，他号召青年们运用马克思主义研究现社会的政治及经济状况，“把马克思学说当做社会革命的原动力”，甚至提出“宁可以少研究点马克思的学说，不可不多干马克思革命的运动”[②]！

1923 年 5～6 月间，陈独秀在广东发表《关于社会主义问题》演讲，这是两年前《社会主义批评》演讲的深化，也显示出他对马克思主义认识的进步。陈独秀在演讲中明确指出，“共产主义”就是“马克思底科学的社会主义”，并概括“马克思派共产主义的重要原则”：

> 马克思派的共产主义，第一个原则就是要有科学的根据。所谓科学的根据，是根据社会之历史的进化和现社会的经济文化状况种种的客观境界，不是空中楼阁主观的幻想。我们对于改造社会，不可只看见我们主观上意志上改造的必要，必须由客观上观察社会的物质的条件有何种改造的可能，要处处不离开唯物的历史观，不可陷于唯心派的思想。第二个原则就是社会改造应有的步骤。马克思在《共产党宣言》里，把各国共产党的步骤略略说过，指示在某种国家应该怎样，在某种国家应该怎样，并非主张同时一跳，就跳到共产主义的路上去，这是因为各民族之经济的、政治的、文化的进步各不相同。所以改造的步骤不能一致。第三个原则就是每一步骤都须用革命的方法。从组织共产党一直到实现共产社会，

① 陈独秀：《马克思学说》，载《陈独秀文章选编》(中)，三联书店 1984 年版，第 194 页。

② 陈独秀：《马克思的两大精神》，载《陈独秀文章选编》(中)，三联书店 1984 年版，第 177～178 页。

其间须经过几多步骤，每个步骤之中，或者又须经过几多曲折的步骤，但每个步骤都必须采用革命的方法，不可采用改良的方法，这是革命的马克思派之特色。以上三个原则，是马克思派共产主义最重要之点，若是忘了第一、第二两个原则，便和其他空想的社会主义无异；若是忘了第三个原则，就变为改良的、堕落的社会民主党。这是我们研究马克思社会主义者应该特别注意的地方！[①]

这三个“重要原则”比较完整地体现了陈独秀对马克思主义性质的理解。其中第一、二两个原则决定了“马克思派的共产主义”的科学社会主义性质，而“第三个原则”则决定了“马克思社会主义”与“改良的、堕落的社会民主党”的区别，即决定了马克思主义的“革命的社会主义”的性质。在这次演讲之前，中共“二大”已经提出了反帝反封建的民主革命纲领，标志着中国共产党在中国革命的性质、任务尤其是马克思主义观上的重大转变。陈独秀的马克思主义观也逐渐转变到民主革命上来，他在1922年6月就提出了“中国的阶级争斗不得不分为两段路程”，即从民主主义到社会主义的过程的看法。[②] 在关于马克思主义性质的认识上，如果说“二大”以前陈独秀是“科学”与“革命”并重而主要倾向于“革命”，那么“二大”以后陈独秀则是“科学”与“革命”并重而主要倾向于“科学”，其中一个重要发展就是社会改造必须建立在社会客观的物质条件的可能性之上。陈独秀对马克思主义性质认识的这一变化与早期中国共产党人马克思主义观的发展变化是一致的。

在对于马克思主义基本内容的认识上，陈独秀在成为马克思主义者之前已经基本上掌握了马克思主义的剩余价值理论、唯物史观、阶级斗争学说、无产阶级专政学说等。在《社会主义批评》演讲中，陈独秀把“马格斯主义”的基本主张概括为“阶级战争”、“直接行动”、“无产阶级专政”、“国际运动”，也可看作是对马克思主义内容的理解。1922年7月，陈独秀发表《马克思学说》。这是李大钊《我的马克思主义观》之后早期中国共产党人又一篇比较全面地介绍马克思主义的重要文章。相比之下，《马克思学说》有几个比较突出的特点：一是陈独秀没有像李大钊那样首先阐述马克思主义的历史地位、理论体系等问题，也没有具体探讨马克思主义产生的时代条件、各个部分的理论来源以及对

① 陈独秀：《关于社会主义问题》，载《陈独秀文章选编》(中)，三联书店1984年版，第295页。

② 参见陈独秀：《对于现在中国政治问题的我见》，载《陈独秀文章选编》(中)，三联书店1984年版，第185页。

待马克思主义应有的态度，而是直接论述马克思主义的"剩余价值"、"唯物史观"、"阶级斗争"、"劳工专政"四方面学说；二是《我的马克思主义观》对马克思主义学说首先论述的是唯物史观与阶级斗争学说，然后才是"经济论"即"余工余值说"、"资本集中说"，陈独秀则将"剩余价值"置于"唯物史观"和"阶级斗争"的前面，并论述了李大钊所没有提到的"劳工专政"；三是《马克思学说》对马克思主义采取了完全肯定的态度，一再强调唯物史观与阶级斗争学说并不存在矛盾；四是《马克思学说》在理论概念的运用上比《我的马克思主义观》显然更为准确了，如以"剩余价值"代替"余工余值"、以"阶级斗争"代替"阶级竞争"。有人认为，陈独秀"此时虽然对马克思主义已有一定的研究，但是他的研究不够深入，也不系统，对马克思主义体系的宏观把握能力还是很有限的，其理论水平并没有达到应有的高度"①。这个评价是不公允的。确实，《马克思学说》显然写得比较匆忙，除"剩余价值"外其他部分的论述都比较粗略，"劳工专政"部分更只是引用了马克思的《共产党宣言》、《法兰西内战》、《哥达纲领批判》的几段经典论述，因而整体上远不如《我的马克思主义观》内容丰富。其各部分之间缺乏理论上的关联，尤其没有具体地阐述对马克思主义体系的看法，是个很大的缺憾。但它比较准确地把握和阐述了马克思主义理论体系的几个重要学说，而这几个重要学说一方面对早期中国共产党人马克思主义观影响最大，另一方面也是李大钊、李达等所概括的马克思主义理论体系的基本内容，因此，尽管陈独秀没有谈及马克思主义各组成部分的关系，但《马克思学说》内容上的选择与安排实际上也代表了他对马克思主义理论体系的全面理解。鉴于陈独秀的马克思主义观此时正处于从社会主义革命论向民主主义革命论转变期间，而且他此后再没有具体表达对马克思主义的总体看法，《马克思学说》既是其马克思主义观成熟的重要标志，也代表着陈独秀早期马克思主义观。

(二)"'唯物的历史观'是我们的根本思想"——对唯物史观的理解与运用

陈独秀把唯物史观理解为马克思主义成为科学的社会主义的理论基础，对唯物史观的理解既决定着他对马克思主义观的性质的认识，也决定着他的马克思主义观的发展。在中共"二大"之前，陈独秀对马克思主义性质的认识主要倾向于"革命的社会主义"，唯物史观作为马克思主义"科学"的依据主要

① 文君：《陈独秀李大钊马克思主义观之比较》，载《漳州师范学院学报》(哲学社会科学版)2001年第3期。

被用于论证资本主义灭亡、社会主义出现的必然性，从而为其主张社会主义革命提供理论依据。也许是鉴于李大钊曾为唯物史观与阶级斗争学说的“牵强矛盾”所困扰，陈独秀非常注意思考这一问题。1921 年 8 月，他在给蔡和森的回信中就提到“有些人对于马克思主义怀疑”，“怀疑的地方就是：马克思一面主张人为的革命说，一面又主张唯物史观，类乎一种自然进化说，这两说不免自相矛盾”。陈独秀承认，唯物史观“含着有自然进化的意义”，但他认为过分强调这一点，就会“把唯物史观看做一种挨板的自然进化说”，使马克思主义成为“完全机械论的哲学”。陈独秀指出，“我们固然不能忘了自然进化的法则，然同时我们也不能忘了人类确有利用自然法则来征服自然的事实”，而“创造历史之最有效果最根本的方法，即经济制度的革命”。可以看出，陈独秀对唯物史观的认识一方面注意到它所揭示的人类社会历史发展的必然规律，即所谓“自然进化的法则”，一方面强调唯物史观本身就包含着的对人自觉地“利用自然法则来征服自然”，即根据社会发展的必然规律进行“人为的革命”的能动性的肯定。完整的唯物史观应该是这两者的辩证统一，因此，陈独秀认为“马克思主义并没有什么矛盾”。① 在《马克思学说》中，陈独秀仍然将解除对唯物史观和阶级斗争的“矛盾”的怀疑作为阐述的重点。文章在论述“唯物史观”之时针对“以为马克思唯物史观是一种自然进化说，和他的阶级争斗之革命说未免矛盾”的看法，指出“马克思的革命说乃指经济自然进化的结果，和空想家的革命说不同；马克思的阶级斗争说乃指人类历史进化之自然现象，并非一种超自然的玄想。所以唯物史观说和阶级斗争说不但不矛盾，并且可以互相证明”。在介绍“阶级斗争”时又重申“我们实在找不出和唯物史观有矛盾的地方”。② 这里，陈独秀侧重强调的是无论是“阶级斗争”现象还是按照“阶级斗争学说”进行的革命都是必然的、符合社会历史发展的必然规律的。

在中共“二大”以后，陈独秀对马克思主义性质的理解由强调“革命”转变为重视“科学”。唯物史观是他此后思考中国革命道路、参与思想界论战的主要理论武器，他也由此深化了对马克思主义的认识和理解。1923 年 11 月，陈独秀运用唯物史观参与了当时思想界声势浩大的科学与人生观论战，即所谓“科玄论战”，对唯物史观有很多具体阐发和深入理解。

首先，关于唯物史观是否适用于支配人生观的问题。陈独秀与胡适曾就

① 陈独秀：《答蔡和森》，载《陈独秀文章选编》(中)，三联书店 1984 年版，第 157 页。

② 陈独秀：《马克思学说》，载《陈独秀文章选编》(中)，三联书店 1984 年版，第 194～197 页。

唯物史观与人生观的关系有所探讨：胡适认为，“唯物史观至多只能解释大部分的问题”；陈独秀则主张，“我们相信只有客观的物质原因可以变动社会，可以解释历史，可以支配人生观，这便是‘唯物的历史观’”[①]。在回应胡适的批评时，陈独秀重申“‘唯物的历史观’是我们的根本思想，名为历史观，其实不限于历史，并应用于人生观及社会观”[②]。这一看法，与李大钊一直强调的唯物史观对树立人生观有积极的影响、对社会学也有积极意义的观点是很一致的。

其次，关于“心”与“物”的主次关系。主张物质第一性，意识第二性是唯物史观的基本观点，这也直接涉及社会存在与社会意识的关系。陈独秀批评“适之好像于唯物史观的理论还不大清楚”，重申“唯物史观所谓客观的物质原因，在人类社会，自然以经济(即生产方法)为骨干”，“唯物史观的哲学者也并不是不重视思想、文化、宗教、道德、教育等心的现象之存在，惟只承认他们都是经济的基础上面之建筑物，而非基础之本身”。[③] 陈独秀批评张君劢的“思想者事实之母也”的论断是“倒果为因”，指出历史唯心论者“在社会动象中，只看见思想演成事实这后一段过程，而忘记了造成思想背景的事实这前一段过程，这本是各派唯心论之共同的中心的错误”。因此，“第一先有了物质的世界这个事实，第二才有能思想的人这个事实，第三又有了所思想的对象这个事实，然后思想才会发生”[④]。

再次，关于唯物史观与人的主观能动性之关系，即经济基础与上层建筑的辩证关系问题，也包括唯物史观与阶级斗争学说的关系。胡适批评陈独秀，“他若不相信思想、知识、言论、教育，也可以变动社会，解释历史，支配人生观，那么，他尽可以袖着手坐待经济组织的变更就完了，又何必辛辛苦苦地努力做宣传的事业，谋思想的革新呢”[⑤]？张君劢、梁启超也有相近的批评。梁启超将唯物史观的人生观称为“机械的人生观”，张君劢批评陈独秀：“假如其言，社会进化为生计条件所支配，而无假于人力之推助，则马克思之宣传与颠沛流离，岂不等于庸人自扰？”陈独秀指出，胡适等的批评“原来是各国学者对于马克思派普遍的误会”，而“这个误会也是因为他把历史的唯物论和机械的唯物论看做一样”。1924 年 5 月，陈独秀在回答张君劢、梁启超的批评时指出，“历

① 陈独秀：《〈科学与人生观〉序》，载《陈独秀文章选编》(中)，三联书店 1984 年版，第 349～354 页。

② 陈独秀：《答适之》，载《陈独秀文章选编》(中)，三联书店 1984 年版，第 377 页。

③ 陈独秀：《答适之》，载《陈独秀文章选编》(中)，三联书店 1984 年版，第 379 页。

④ 陈独秀：《答张君劢及梁任公》，载《陈独秀文章选编》(中)，三联书店 1984 年版，第 490 页。

⑤ 陈独秀：《答适之》，载《陈独秀文章选编》(中)，三联书店 1984 年版，第 379 页。

史的唯物论者，以为人是物质造成的，历史是人造成的”，而“唯心派素来把历史变动之唯一原动力归到个人意志之伟大”，“不明白个人的主观意志无论如何伟大，决不能创造客观上绝对不可能的东西”，但是，唯物史观也并不否认人的主观意志的作用：

> 个人的意志固然不能创造客观上不可能的东西，而在客观上可能的范围以内，却有个人意志回旋的余地；并且必须有许多个人的努力及天才的创见，这客观上的可能才能够适当的实现。人们的意志，是人们物质生活关系造成的；人们的历史，是人们贪欲无厌的意志造成的；这就是我们所相信之历史的唯物论和机械的唯物论不同之点。
>
> 在社会的物质条件可能范围内，唯物史观论者本不否认人的努力及天才之活动。……人的努力及天才这活动，本为社会进步所必需，然其效力只在社会的物质条件可能以内。思想知识言论教育，自然都是社会进步的重要工具，然不能说他们可以变动社会、解释历史、支配人生观和经济立在同等地位。①

可以看出，通过这次论战，陈独秀对经济基础与上层建筑、必然性与能动性的辩证关系有了更深刻的认识和更为明确的阐发，尤其是强调思想、知识、言论、教育等只有“在社会的物质条件可能范围内”才可以成为“社会进步的重要工具”，与他在中国革命道路上承认和肯定资产阶级民主主义是走向社会主义的必经之路的看法是一致的，说明他对经济基础与上层建筑、必然性与能动性的辩证关系的理解主要是建立在生产力决定生产关系这一唯物史观最根本的“科学”观点之上，也是其马克思主义是科学的社会主义认识的表现。

最后，关于唯物史观与社会主义革命的关系。陈独秀与张君劢的论辩涉及唯物史观的一个关键问题，那就是社会主义革命首先在经济落后的俄国发生而不是首先发生在发达的资本主义国家是否符合唯物史观？张君劢质问道：

> 马氏自名其主义曰科学的社会主义，以别于翁文辈之乌托邦的理想，且推定生计上之进化，遵正反合之惟物史观之原则，故资本主义之崩坏为

① 陈独秀：《答张君劢及梁任公》，载《陈独秀文章选编》（中），三联书店 1984 年版，第 492～493 页。

> 不可逃之数。然自今日观之,以欧洲而言,资本主义之成熟,英远在俄上,顾劳农革命,何以不起于英而起于俄乎?以俄与德较,则德资本主义之成熟又在俄上,何以德之革命成绩,反居俄后乎?①

应当承认,这一质疑确实触及到20世纪马克思主义的一个最大的难题,也是对唯物史观的最大挑战。其实,陈独秀1921年1月在《社会主义批评》演讲中就曾间接谈到这一问题:

> 一定又有人说:资本制度既然是自身造成了必然崩溃的危机如马格斯所指示,而马格斯身后数十年资本阶级何以不但未曾崩溃并且日见强盛呢?我以为这不过是因为殖民政策一时的救济,并不是马格斯学说失了效验。各国资本家拼命占据了剩余价值,拼命推广制造业,拼命寻求殖民地将所有的剩余生产送去销售了,才能够弥缝一时表面上没有十分现出危机来。②

针对张君劢的质疑,陈独秀承认,"怀这样疑问的人,世界上很多"。他认为,这主要"都是因为不明白社会科学之方法论的缘故"。他指出,"因果律虽是一切科学共通的原则,而各种科学之方法论却各不相同","社会上有相类的因之现象,必将有相类的果之现象;惟其果之现象之特定的时空及现象中之个体现象,则另有其因果关系,而非社会科学范围以内之事,这本是社会科学重要方法之一"。③ 根据这一观点,陈独秀指出:

> 马克思科学的社会主义,预料资本主义必由发达而崩坏,崩坏后继之者必为社会主义,此乃就人类社会历史的进化一般趋向而言;至于资本主义之崩坏与夫社会主义之现实,果在何国开始及完成,又另有其特殊的因果关系。
>
> 俄国劳农革命何以先于英、德,将来英、德劳农革命后,其社会主义实现之日程,必速于今日之俄,这是因为他们资本主义发展之进程各有特殊的原因(例如俄国资本不及英、德,而集中速度则过之。),和马克思所指全

① 转引自陈独秀:《答张君劢及梁任公》,载《陈独秀文章选编》(中),三联书店1984年版,第85页。

② 陈独秀:《社会主义批评》,载《陈独秀文章选编》(中),三联书店1984年版,第90页。

③ 陈独秀:《答张君劢及梁任公》,载《陈独秀文章选编》(中),三联书店1984年版,第485页。

人类社会历史进化的过程,是两件事。①

陈独秀运用必然性与偶然性、普遍规律与规律之表现之间的辩证关系回答张君劢的质疑,尽管这一解释仍没有科学地说明社会主义革命为何首先在经济落后国家而不是在发达的资本主义发生的问题,但他由此从理论上维护、深化了唯物史观的科学地位。

(三)"社会主义是今后必走的路"——对社会主义革命和建设问题的理解与阐释

同李大钊一样,陈独秀对马克思主义的认识也是以对社会主义革命问题的认识为中心的。他接受马克思主义之后不久就很快把握住了与社会主义革命直接相关的剩余价值、唯物史观、阶级斗争、无产阶级专政等学说,用剩余价值学说揭露和批判资本主义剥削的罪恶,运用唯物史观揭示资本主义必然灭亡、社会主义必然胜利的历史规律,运用阶级斗争学说、无产阶级专政学说鼓吹"劳工运动"和社会主义革命。后来在《马克思学说》中集中论述的四个方面学说,其实正是接受马克思主义以来一直特别重视的。陈独秀对社会主义的认识既与其对马克思主义的认识、理解有关,又与其对中国革命问题的思考紧密联系。他很少像李大钊、李达那样对马克思主义进行严格的学理性探讨,而主要是通过运用马克思主义对现实问题的思考来间接地表达他对马克思主义的理解。

从转变为马克思主义者到中共"二大"之前,陈独秀主要通过将马克思主义运用中国问题的解决、阐述中国的社会主义道路来表达他对社会主义的认识。1920 年 5 月,陈独秀指出世界劳动运动已发展到"要求做工的人自已起来管理政治、军事、产业"的时代,中国的劳动运动还没有萌芽,因此,尤其需要切实作"劳动运动"。他批判了资本主义剥削所造成的社会危机,提出要预防中国工业的发展走上欧美、日本的"个人的工业主义"的"错路":"要想中国产业界资本雄厚可以同外国竞争,非由公共的力量强行把全国底资本都集合到社会的工业上不可。果然是社会的工业,他的发达,社会上人人底幸福都跟着平等的发展。"②1920 年 9 月的《谈政治》等文章批判了无政府主义和"马格斯的修正派",比较系统地论述了马克思主义的阶级斗争学说和无产阶级专政理

① 陈独秀:《答张君劢及梁任公》,载《陈独秀文章选编》(中),三联书店 1984 年版,第 485～486 页。

② 陈独秀:《劳动者底觉悟》,载《陈独秀文章选编》(上),三联书店 1984 年版,第 521 页。

论，明确提出要解决妇女问题、青年问题、劳动问题等社会问题"非用阶级战争的手段来改革社会制度不可"①。1920 年 11 月，陈独秀指出，"资本主义在欧美已经由发达而倾于崩坏了"，中国的资本主义虽然刚开始发展，但它本质上"必然的罪恶"已经显现出来了。因而即使在中国，"社会主义的生产方法"也将"代他而起"。"要想把我们的同胞从奴隶境遇中完全救出，非由生产劳动者全体结合起来，用革命的手段打倒本国、外国一切资本阶级，跟着俄国的共产党一同试验新的生产方法不可。"②

社会主义将发生在资本主义充分发展之上，这是马克思主义题中之意，陈独秀也并非没有认识到。他在 1920 年 10 月指出："由封建而共和，由共和而社会主义，这是社会进化一定的轨道，中国也难以独异的。"但他并不认为中国的任务是完成资产阶级革命，并针对基尔特社会主义者的"眼前只是政治革命要紧，还不须经济革命"的看法提出了七个疑问。在他看来，在国内封建军阀统治、资本主义尚未充分发展和国外帝国主义经济、政治侵略形势日益严峻的情况下，"政治革命"虽然有必要，但不仅不能"造成多数幸福"，而且也不能"将中国从危险中救出"。因此，要拯救中国，只能进行"经济革命"，即社会主义革命。这是因为，从世界历史发展趋向来看，"即在最近的将来，不但封建主义要让共和，就是共和也要让社会主义"。另一方面，"由共和而社会主义虽是一定的轨道，然这轨道却不能够说必须经过若干岁月才可以改变方向"，"俄罗斯共和推倒了封建半年便被社会主义代替了"，这证明"封建和社会主义之间不必经过长久的岁月"。③ 因此，陈独秀认为，在产业不发达的中国进行社会主义革命不仅不违背马克思主义原则，而且正是马克思主义原则的运用。他 1920 年 10 月在致张东荪的信中曾谈到："先生以为近来始有二三实业组织，资本主义方在萌芽，应该先经过 Bourgeois（资产阶级）的政治及资本主义的经济，然后才说得到社会主义，然这样完全听着自然的 Evolution（进化）而不加以人力的 Revolution（革命），马上在中国成立的 Bourgeois 阶级的是不是中国人？"④ 陈独秀承认唯物史观所揭示的人类社会发展的客观规律是必然的，但他反对"把唯物史观看做一种挨板的自然进化说"⑤，认为这样"马克思主义便成了完

① 陈独秀：《答费哲民》，载《陈独秀文章选编》（中），三联书店 1984 年版，第 17 页。

② 陈独秀：《〈共产党〉月刊短言》，载《陈独秀文章选编》（中），三联书店 1984 年版，第 50 页。

③ 陈独秀：《国庆纪念底价值》，载《陈独秀文章选编》（中），三联书店 1984 年版，第 33～34 页。

④ 陈独秀：《致罗素、张东荪的信》，载《陈独秀文章选编》（中），三联书店 1984 年版，第 58 页。

⑤ 陈独秀：《答蔡和森》，载《陈独秀文章选编》（中），三联书店 1984 年版，第 157 页。

全机械的哲学"[①]。他之所以认为中国具备了进行社会主义革命的条件,有两个最基本的理由:其一,在他看来,"资本主义的生产分配方法不良,已到了自身不能救济自身底危机必然崩溃的运命,代他而起的自然是社会主义的分配方法,才能免剩余价值,剩余生产等弊,所以我们可以说现在能讲社会主义"[②]。中国虽然产业不发达,但既然已经处于资本主义制度即将崩溃而走向社会主义的国际形势之下,自然也"能讲社会主义":

> 一定又有人说:资本主义在欧美是要崩溃的了,是可以讲社会主义了;我们中国资本制度并不甚发达,更没有到崩溃的地步,如何能讲社会主义呢?象这种似是而非的话,恐怕很有许多人相信;其实他最大的缺点,是忘记了现代人类底经济关系乃国际的而非国别的了。如果他断定欧美资本制度要崩溃能讲社会主义,他便不应该说中国不能讲社会主义仍要采用资本制度。因为交通便利,需要复杂底缘故,有许多事都渐渐逃不了国际化,经济制度更是显著;各国资本制度都要崩溃,中国那能够拿国民性和特别国情等理由来单独保存他。[③]

其二,是认为中国已经具备了进行社会主义革命所需要的阶级基础。在陈独秀看来,中国不仅已有劳动阶级,而且"中国全民族对于欧美各国是站在劳动的地位,只有劳动阶级胜利,才能救济中国底危急及不独立"[④]。这与李大钊的"世界的无产阶级"、蔡和森的"无产阶级的国"看法一致。也和李大钊、李达、施存统等一样,陈独秀重视马克思主义唯物史观所强调的人类自觉创造历史的积极能动性,并将这种能动性导向阶级斗争和社会主义革命。用陈独秀自己的话说就是:"我们固然不能忘了自然进化的法则,然同时我们也不能忘了人类确有利用自然法则来征服自然的事实。"[⑤]因此,陈独秀认为:"中国不但有讲社会主义底可能,而且有急于讲社会主义底必要。"[⑥]

在转向民主革命之后,陈独秀仍坚持相信"社会主义是今后必走的路"[⑦],

---

① 陈独秀:《答蔡和森》,载《陈独秀文章选编》(中),三联书店 1984 年版,第 158 页。

② 陈独秀:《社会主义批评》,载《陈独秀文章选编》(中),三联书店 1984 年版,第 91 页。

③ 陈独秀:《社会主义批评》,载《陈独秀文章选编》(中),三联书店 1984 年版,第 91～92 页。

④ 陈独秀:《社会主义批评》,载《陈独秀文章选编》(中),三联书店 1984 年版,第 92 页。

⑤ 陈独秀:《答蔡和森》,载《陈独秀文章选编》(中),三联书店 1984 年版,第 157 页。

⑥ 陈独秀:《社会主义批评》,载《陈独秀文章选编》(中),三联书店 1984 年版,第 91～92 页。

⑦ 陈独秀:《关于社会主义问题》,载《陈独秀文章选编》(中),三联书店 1984 年版,第 292 页。

并没有因为中国革命的资产阶级民族民主革命性质而放弃对社会主义问题的思考。首先，他对社会主义必须建立在资本主义的一定发展之上这一马克思主义原则有了更为深刻的认识。他在1923年6月强调："马克思的社会主义是注重客观的事实，不是主观的理想的；他不独要求改造的必要，还要求改造的可能。马克思的根本原则，就在这一点。我们一定要懂得这一点，然后才以明白他的主义，配谈他的主义。"①因此，他一方面肯定资本主义一定程度发展的进步意义："经济文化落后的国家，却不是受了资本主义发达的害，正是受了资本主义不发达的害。"②另一方面指出，中国必须经历资产阶级民主革命阶段才能发展到社会主义："国际帝国主义倒了，国际资本主义也自然倒了，殖民地、半殖民地也自然解放了，在此时世界各国才有开始建设社会主义的社会之可能。"③在这一认识之下，陈独秀甚至将国民革命视为社会主义革命的准备阶段。1923年5月，他在"关于社会主义问题"的演讲中提出，社会主义者"于国民运动以外，同时须特别注意劳动的宣传及组织，尽量促进其革命的精神与阶级的意识，以预备社会革命的基础"④。这是就培养无产阶级的"革命的精神与阶级的意识"方面准备社会主义的基础，但应注意的是陈独秀认为这种培养是与无产阶级参与国民革命同时进行的。其次，陈独秀提出了国民革命胜利后实行国家资本主义或国家社会主义从而过渡到社会主义的问题。如上节所述，在陈独秀看来，中国国民革命并非纯粹的资产阶级民主革命，由于无产阶级的革命性及其对国民革命的领导使国民革命胜利后可能建立一个工农阶级领导的"革命的民主的民众政权"，实行"民族的民主的资本主义"，在这样的政治体制下，私人资本主义的发展将成为不可能，而要采用国家资本主义，"只有在工农及其他被压迫剥削阶级革命的国家而采用国家资本主义，才能够由此过渡到非资本主义的社会主义的经济建设"⑤。当然，这只是陈独秀对国民革命前途及中国如何发展到社会主义的一种判断，但这无疑是陈独秀领导中国共产党在国民革命中致力于实现的目标。我们认为，陈独秀这一判断无论如何不能归结为"二次革命论"，它毋宁更接近于毛泽东后来提出的"新民主主

① 陈独秀：《关于社会主义问题》，载《陈独秀文章选编》(中)，三联书店1984年版，第296页。

② 陈独秀：《中国国民革命与社会各阶级》，载《陈独秀文章选编》(中)，三联书店1984年版，第365页。

③ 陈独秀：《关于社会主义问题》，载《陈独秀文章选编》(中)，三联书店1984年版，第303页。

④ 陈独秀：《关于社会主义问题》，载《陈独秀文章选编》(中)，三联书店1984年版，第302页。

⑤ 陈独秀：《答沈滨祈、朱近赤》，载《陈独秀文章选编》(下)，三联书店1984年版，第410页。

义论”。

陈独秀对社会主义革命和建设问题的论述，一方面是其运用马克思主义对中国革命性质、道路问题的探讨，另一方面这种探讨本身也体现了他对马克思主义尤其是社会主义理论认识的深化，因而构成了他马克思主义观的重要组成部分。

(四)“把马克思学说当做社会革命的原动力”——关于如何对待马克思主义的基本看法

陈独秀很少直接地、正面地表述他在如何认识、评价、运用马克思主义问题上的看法，我们主要是根据他对马克思主义的认识、评价、运用来分析他是如何对待马克思主义的。在这方面，陈独秀与早期中国共产党人的理论代表如李大钊、李达等有很多共同之处，但也表现出他自己的特色。由于中共成立后陈独秀长期担任中共的第一领导人，因此，他在如何对待马克思主义问题上的基本看法对早期中国共产党人马克思主义有着直接的影响。

首先，对待马克思主义应有科学的态度。在这方面，陈独秀很早就有明确的自觉意识。1920 年 3 月，陈独秀在一篇批判马尔萨斯人口论的文章开篇就表示：

> 我向来有两种信念：一是相信进化无穷期，古往今来只有在一时代是补偏救弊的贤哲，时间上没有“万世师表”的圣人，也没有“推诸万世而皆准”的制度；一是相信在复杂的人类社会，只有一方面的真理，对于社会各有一种救济的学说，空间上没有包医百病的良方。①

陈独秀指出，这是他对马尔萨斯人口论、克鲁泡特金互助论、马克思唯物史观等近代著名学说的基本看法。在他看来，以为世上有“万世师表的圣人、推诸万世而皆准的制度和包医百病的学说”这种“妄想、迷信”的态度在鼓吹一种理想实际运动的时候固然很有力量和价值，“但是在我们学术思想进步上，在我们讨论社会问题上，却有很大的障碍”②。这段论述当然并非主要针对马克思主义，而且正处于向马克思主义转变过程中，但也正是如此，可以说陈独秀很

① 陈独秀：《马尔塞斯人口论与中国人口问题》，载《陈独秀文章选编》(上)，三联书店 1984 年版，第 498 页。

② 陈独秀：《马尔塞斯人口论与中国人口问题》，载《陈独秀文章选编》(上)，三联书店 1984 年版，第 498 页。

早就形成了对待马克思主义力戒“妄想、迷信”的科学态度，他也正是根据这种科学态度最终接受并信仰马克思主义的。1920 年 10 月，陈独秀在一篇文章中批判那种盲目鼓吹所谓“新学说”的倾向，提出：

> 学说之所以可贵，不过为他能够救济一社会、一时代弊害昭著的思想或制度。所以详论一种学说有没有输入我们社会底价值，应该看我们的社会有没有用他来救济弊害的需要。输入学说若不以需要为标准，以旧为标准的，是把学说弄成了废物，以新为标准的，是把学说弄成了装饰品。[①]

在他看来，“我们士大夫阶级断然是没有革新希望的，生产劳动者又受了世界上无比的压迫，所以有输入马格斯社会主义底需要”[②]。这也就是说，无论是评价还是接受一种学说包括马克思主义，都应该以需要为标准，看它能否解决“一社会、一时代弊害昭著的思想或制度”。与这篇文章同时发表的纪念中华民国国庆的文章也指出，“我们对于一切信仰一切趋赴底事，必须将这事体批评起来确有信仰趋赴底价值，才值得去信仰趋赴，不然便是无意识的盲从或无价值的迷信”[③]。这时陈独秀已经完成了向马克思主义的转变，可以确信他是经过“批评起来确有信仰趋赴底价值”才最终接受马克思主义的。此后不久，陈独秀在“社会主义批评”演讲中从“为什么要讲社会主义”、“为什么能讲社会主义”、“应讲何种社会主义”三个方面阐述了他对马克思主义的看法以及接受和选择社会主义的原因，这可以说是他对待马克思主义科学态度的集中表现。对于陈独秀来说，以科学态度对待马克思主义还意味着要继承和发扬马克思主义的科学精神。他在 1921 年初就指出：“马格斯以后的社会主义是科学的是客观的是建设在经济上面的。”[④]1922 年 5 月在关于“马克思的两大精神”的演讲中首先阐述的就是马克思“实际研究的精神”。在陈独秀看来，马克思主义所以被称为“科学的社会学”、“科学的社会主义”主要就是因为“马克思所说的经济学或社会学，都是以科学归纳法作根据，所以都可信的，都有根据的”，所以他呼吁“我很希望青年诸君能以马克思实际研究的精神研究社会上各种

① 陈独秀：《学说与装饰品》，载《陈独秀文章选编》（中），三联书店 1984 年版，第 25 页。
② 陈独秀：《学说与装饰品》，载《陈独秀文章选编》（中），三联书店 1984 年版，第 25 页。
③ 陈独秀：《国庆纪念底价值》，载《陈独秀文章选编》（中），三联书店 1984 年版，第 31 页。
④ 陈独秀：《社会主义批评》，载《陈独秀文章选编》（中），三联书店 1984 年版，第 85 页。

情形，最重要的是现社会的政治及经济状况，不要单单研究马克思的学理。”[①]也就是说，不但要以科学精神对待马克思主义，而且应该充分发挥马克思的科学精神用于社会实践。

其次，要正确认识和理解马克思主义。要使马克思主义真正发挥“救济一社会、一时代弊害昭著的思想或制度”的作用，最基本的前提是正确的认识和理解马克思主义。在这个问题上，陈独秀的相关论述提示出以下几个基本观点：其一，要把握真正的马克思主义。在《社会主义批评》演讲中，陈独秀就“应讲何种社会主义”问题列举了“至今尚留存的，有力量的”“无政府主义”、“共产主义”、“国家社会主义”、“工团主义”、“行会社会主义”五派社会主义学说，并通过与“国家社会主义”的比较概括了“共产主义”即马克思主义基本观念，指出“只有俄国底共产党在名义上，在实质上，都真是马格斯主义，而德国底社会民主党不但忘记了马格斯底学说，并且明明白白反对马格斯，表面上却挂着马格斯派底招牌”[②]。这意味着，陈独秀已经把马克思主义同其他社会主义尤其是第二国际社会主义区别开来，认为俄国布尔什维克的“革命的社会主义”才是真正的马克思主义。这一基本看法此后还有多次论述，代表了中共“二大”以前陈独秀对马克思主义性质的理解。虽然陈独秀对马克思主义“是科学的是客观的是建设在经济上面的”的性质早有认识，并明确地指出马克思主义的“科学的社会主义”，但直到中共“二大”以后他才对马克思主义的“科学的社会主义”性质有比较正确的理解。尽管有这样前后理解的不同，但注意把握真正的马克思主义却是陈独秀一贯的看法。其二，辩证地而不是机械地理解马克思主义。马克思主义产生后不断有人批评它是“经济决定论”，李大钊也曾为唯物史观的“定命的彩色”和唯物史观与“阶级竞争说”的所谓“牵强矛盾”问题所困扰。虽然这在李大钊那里已经得到妥善解决，但对于陈独秀来说还是必须面对的问题。他在1921年8月给蔡和森的回信和后来的《马克思学说》中就一再强调马克思的唯物史观与阶级斗争学说并不矛盾，并对两者的辩证关系予以科学的解释。针对马克思关于资本主义必然崩溃的预言未能实现的问题，陈独秀也指出，这主要是由于资本主义国家的殖民政策缓解了表面的危

① 陈独秀：《马克思的两大精神》，载《陈独秀文章选编》(中)，三联书店1984年版，第177～178页。

② 陈独秀：《社会主义批评》，载《陈独秀文章选编》(中)，三联书店1984年版，第98页。

机,“并不是马格斯学说失了效验”[①]。后来在批评张君劢因社会主义首先在俄国发生而不是像马克思所说的在发达资本主义国家发生而怀疑马克思主义是否“科学”时,陈独秀也强调应该辩证地理解马克思主义。在“科玄论战”中,针对胡适、梁启超、张君劢等对唯物史观的指责,陈独秀特别强调不应该“把历史的唯物论和机械的唯物论看做一样”[②]。尽管陈独秀对马克思主义的理解尚未完全达到辩证认识,存在着明显的教条主义倾向,但他提示出的这一辩证理解的原则仍然是有重要意义的。其三,运用马克思主义方法分析国情,根据对国情的认识理解和运用马克思主义。陈独秀在接受马克思主义之后就非常关注中国近代工业经济的发展和无产阶级以及全民族被压迫的状况,并运用剩余价值理论揭露和批判资本主义剥削本质,同时又将中国问题的解决与对世界形势的发展的认识联系起来思考,由此把握并选择了作为“革命的社会主义”的马克思主义。1921 年初,在回答“为什么中国资本主义不发达而仍可以讲社会主义”,问题时,陈独秀就指出,“现代人类底经济关系乃国际的而非国别的”,既然欧美资本主义即将崩溃而可以讲社会主义,而“中国全民族对于欧美各国是站在劳动的地位”,因而“中国不但有讲社会主义底可能,而且有急于讲社会主义底必要”。[③] 这一时期,陈独秀在运用马克思主义分析国情时偏重于中国社会半殖民地的性质,加之俄国十月革命胜利的激励,因此他对马克思主义的“科学的社会主义”性质虽有认识但却偏重于“革命的社会主义”的性质,因而提出了颇为激进的社会主义革命主张。“二大”以后,在列宁主义和共产国际政策指导下,陈独秀对中国社会半殖民地半封建性质有了更深刻认识,迅速转向民主革命,他对马克思主义性质的理解的重点也转向了“科学的社会主义”,如强调人类社会“进化的历程恒次第不爽”,承认资本主义一定发展的进步意义,认为中国在国民革命胜利后要经过“国家资本主义”阶段才能“行向社会主义”等。

最后,以马克思主义指导革命实践,发挥“实际活动”的精神。早期中国共产党人在宣传马克思主义之时非常注意理论与实际相结合的原则,既重视学习、研究、宣传马克思主义,又注意按照马克思主义原则指导革命实践。1920 年之后,陈独秀多次批判“空谈主义”而回避实际行动的倾向,如 1920 年 9 月

---

① 陈独秀:《社会主义批评》,载《陈独秀文章选编》(中),三联书店 1984 年版,第 90 页。

② 陈独秀:《答张君劢及梁任公》,载《陈独秀文章选编》(中),三联书店 1984 年版,第 493 页。

③ 陈独秀:《社会主义批评》,载《陈独秀文章选编》(中),三联书店 1984 年版,第 92 页。

说“与其高谈无政府主义、社会主义，不如去做劳动者教育和解放底实际运动”[①]，同年10月又说“我希望诸君切切实实研究社会实际问题底解决方法，勿藏在空空的什么主义什么理想里面当造逋逃薮安乐窝”。[②] 当然，这些批评是“专为空谈主义不动努力实行的人而发的”，并不意味着陈独秀只“主张办实事，不要谈什么主义，什么制度”，他说，“主义制度好比行船底方向，行船不定方向，若一味盲目的努力，向前碰在礁石上，向后退回原路去都是不可知的”，“改造社会和行船一样，定方向与努力二者缺一不可”。[③] 但是，在“主义”既明、“方向”已定的情况下，陈独秀是明确地主张“直接行动”的。1922年5月在《马克思的两大精神》的演讲中，陈独秀不仅提出要将马克思的“实际研究的精神”用于研究“现社会的政治及经济状况”，而且特别强调马克思是“能实际活动”的“革命的社会主义者”，因此，“我们研究他的学说，不能仅仅研究其学说，还须将其学说实际去活动，干社会的革命。我望青年同志们，宁可少研究点马克思的学说，不可不多干马克思革命的运动！青年们尤其是社会主义青年团诸君，须发挥马克思实际活动的精神，把马克思学说当做社会革命的原动力，不要把马克思学说当做老先生、大少爷、太太、小姐的消遣品”[④]。“宁可少研究点马克思的学说，不可不多干马克思革命的运动”，比较典型地体现出陈独秀对待马克思主义的一种态度。在他看来，“实际研究的精神”、“实际活动的精神”既是“马克思的学说和行为”的两大精神，也应该成为对待马克思主义应该发挥的基本精神。陈独秀早期的马克思主义历程可以说是他对待马克思主义的这种看法的写照。在中国现代史上，陈独秀一直是以积极的革命活动家的形象著称于世的。“五四”时期，他就提倡外抗强权，内除军阀的“直接行动”精神。同时，陈独秀之所以接受马克思主义在很大程度上是认为马克思主义可以满足“救济一社会、一时代弊害昭著的思想或制度”的时代、社会需要(不仅仅是中国)，因此，尽管他接受马克思主义为时甚短，但在他认为已经把握到马克思主义的“精神”时就着力于将马克思主义运用于革命实践。中国共产党成立之后，他把主要精力运用于领导中国共产党进行社会主义革命和民主革命运动，在1922年7月发表《马克思学说》之后，他很少再具体地阐述马

① 李达、陈独秀：《比较上更实际的效果》，载《陈独秀文章选编》(中)，三联书店1984年版，第16页。

② 陈独秀：《敬告广州青年》，载《陈独秀文章选编》(中)，三联书店1984年版，第35页。

③ 陈独秀：《主义与努力》，载《陈独秀文章选编》(中)，三联书店1984年版，第63页。

④ 陈独秀：《马克思的两大精神》，载《陈独秀文章选编》(中)，三联书店1984年版，第178页。

克思主义基本内容，而是运用所掌握的马克思主义学说参与思想界论战、批判国民党"右派"，探讨直接与政治斗争相关的国民革命重大问题。陈独秀对待马克思主义的态度对早期中国共产党人马克思主义观产生了很大影响，一方面它直接促进了早期中国共产党人马克思主义观的"革命实践的性格"的形成，另一方面它也导致了早期中国共产党人马克思主义观的"重实践而轻理论"的倾向。

第八章
李达早期马克思主义观

在早期中国共产党人中，李达是较早受到俄国十月革命感召而逐渐建立起马克思主义信仰的。他在五四运动前就开始从事马克思主义宣传、研究，对马克思主义基本性质、主要观点等有比较准确的认识和深刻的理解，尤其对马克思主义“社会革命”问题进行了深入思考，对早期中国共产党人马克思主义观的形成发展起到了重要作用。

一、李达的马克思主义历程

李达的马克思主义道路是从日本起步的。和“五四”时期许多进步知识分子一样，李达怀着强烈的救国梦东渡扶桑，但饱受屈辱的留学遭遇、北洋军阀政府的腐败无能使李达对祖国命运感到茫然。“当时我们就象在漫漫长夜里摸索道路的行人一样，眼前是黑暗的，内心是极端苦闷的。”[①]因此，当俄国十月革命胜利的消息传到日本时，李达“对于这样一个国家感到无限的喜悦，就留心看报纸上这一方面的消息，才知道‘过激派’和‘过激主义’就是布尔什维克和布尔什维克主义，而布尔什维克主义就是列宁主义，列宁主义又是马克思主义，这才知道马克思主义、列宁主义名称”[②]。十月革命使李达“初步树立了对马克思主义的信心和对苏俄的向往”[③]，但真正促使他走上马克思主义之路的还是1918年留日学生救国运动的挫折。1918年5月，段祺瑞政府与日本

---

① 李达：《沿着革命的道路前进——为纪念党成立四十周年而作》，载《李达文集》(4)，人民出版社1980年版，第732页。

② 李达：《十月革命和中国知识分子》，载1957年11月7日《武汉大学学习简报》。转引自丁晓强、李立志：《李达学术思想评传》，北京图书馆出版社1999年版，第3～4页。

③ 李达：《沿着革命的道路前进——为纪念党成立四十周年而作》，载《李达文集》(4)，人民出版社1980年版，第733页。

签订《中日共同防敌军事协定》，准许日本假道东三省进攻苏联，实际等于允许日本占领东三省。三千留日学生为此义愤填膺，他们罢学归国，组织“留日学生救国团”，分赴北京、上海等地宣传救国运动。运动的失败使李达深切地觉悟到：“要想救国，单靠游行请愿是没有用的；在反动统治下‘实业救国’的道路也是一种行不通的幻想。只有由人民起来推翻反动政府，象俄国那样走革命的道路。而要走这条道路，就要加紧学习马克思列宁主义的理论，学习俄国人的革命经验。”①因此，1918 年 6 月回到日本后，李达发愤学习马克思主义。在一年多时间里，他刻苦研读了《共产党宣言》、《资本论》第 1 卷、《〈政治经济学批判〉导言》、《国家与革命》等马克思主义经典著作，逐渐掌握了马克思主义唯物史观、剩余价值学说、阶级斗争学说。从 1918 年到 1919 年，他还先后翻译了郭泰的《唯物史观解说》、考茨基的《马克思经济学说》和日本学者高畠素之的《社会问题总览》。三部译著的内容大体上包括了马克思主义哲学、政治经济学和科学社会主义。这不仅促进了李达对马克思主义的全面认识，而且也为早期中国共产党人马克思主义观的形成发展提供了重要文献。

五四运动爆发之时，身处日本的李达密切关注着国内形势的变化，并向国内宣传、介绍社会主义。从 1919 年 6 月 18 日到 7 月 3 日，他在上海《民国日报》副刊《觉悟》等报刊连续发表了《什么叫社会主义？》、《社会主义的目的》、《陈独秀与新思想》、《战前欧洲的社会党运动的情况》等 12 篇文章，阐述社会主义的性质和目的，介绍欧洲社会主义运动，批判无政府主义并提出用“新思想”建设改造“新国家”的主张。② 1920 年夏，李达为“寻找同志干社会革命”③来到上海，8 月，与陈独秀、李汉俊、沈玄庐、陈望道、施存统等共同发起成立了中国共产党（即中国共产党上海发起组，又称上海共产主义小组）。翌年 2 月，陈独秀应邀赴广东，李达代理书记之职，全面主持上海发起组工作。此后，李达具体筹划了中国共产党第一次全国代表大会，成为中国共产党的创始人之一，并在这次大会上被推选负责党的中央局的宣传工作。建党期间，为了宣传马克思主义，秘密创办了由李达担任主编的《共产党》月刊，向各地共产党小组和革命者宣传马克思主义关于无产阶级革命和无产阶级专政的理论和建党学

① 李达：《沿着革命的道路前进——为纪念党成立四十周年而作》，载《李达文集》(4)，人民出版社 1980 年版，第 733～734 页。

② 参见李达：《陈独秀与新思想》，载《李达文集》(1)，人民出版社 1980 年版，第 6～8 页。

③ 《李达自传》，载《湖南党史人物传记资料选编》(2)。转引自丁晓强、李立志：《李达学术思想评传》，北京图书馆出版社 1999 年版，第 6 页。

说，介绍俄国十月革命的成就和经验，报道国际共产主义运动的消息，探讨中国革命问题，批判各种非马克思主义思潮，为建立全国性的统一马克思主义政党作了思想准备。党成立之后，李达又主持创办了党的第一个出版机构——人民出版社。在一年之内，该社出版了包括《共产党宣言》、《哥达纲领批判》、《国家与革命》等经典著作和《资本论入门》、《第三国际议案及宣言》、《李卜克内西纪念》等宣传马克思主义的书籍15种。这对于促进马克思主义更加广泛的传播，战胜非马克思主义思潮的围攻，起到了重要作用。

李达的马克思主义观是在与当时各种非马克思主义思潮的斗争中发展的。在写《什么叫社会主义?》之时，李达就注意区分社会主义与无政府主义。此后，这一批判贯穿在他的许多讨论社会主义、马克思主义的论著之中。1921年5月4日，李达发表《无政府主义之解剖》，比较系统地批判了各派无政府主义的社会改造思想。当张东荪、梁启超等提出现在中国还谈不上社会主义，而应该通过资本主义发展实业的说法之后，李达于1920年11发表《张东荪现原形》一文，批判张东荪言行不一，“前言不顾后语，自已反对自己”，“是一个无主义无定见的人”。[①] 此后，李达又相继发表了《社会革命底商榷》、《讨论社会主义并质梁任公》等文，比较全面地批判了张东荪、梁启超等的所谓“要助长资本主义的发达好谈社会主义”的主张，[②]并具体论述了中国进行“社会革命”的可能性及其方法。这一时期，李达形成了关于马克思主义理论体系及其性质的比较准确的认识和把握。他1920年12月发表的《马克思还原》中将马克思主义的基本观点概括为七个方面和五个“重要原则”，并指出“马克思社会主义是科学的”[③]。这是继李大钊《我的马克思主义观》之后早期中国共产党人对马克思主义理论体系及其基本性质的比较全面的论述，因此也是李达马克思主义观确立的基本标志。李达坚持“革命的社会主义”，批判第二国际的“修正路线”。1920年11月发表的《第三国际党(即国际共产党)大会的缘起》批判考茨基、普列汉诺夫等已经将社会主义“变成讲国民自由主义”，指出“国际共产党联盟的主旨，就是实行马克思的共产主义”，是“代表国际社会主义的权威”。[④] 此后，在《马克思还原》、《马克思派社会主义》等文章中，李达比较细致

① 李达:《张东荪现原形》，载《李达文集》(1)，人民出版社1980年版，第24页。

② 参见李达:《社会革命底商榷》，载《李达文集》(1)，人民出版社1980年版，第46页。

③ 李达:《马克思还原》，载《李达文集》(1)，人民出版社1980年版，第31页。

④ 李达:《第三国际党大会的缘起》，载《李达文集》(1)，人民出版社1980年版，第27～28、29页。

地论述了德国社会民主党等背离马克思主义的“堕落”过程。同时，李达也将其关于马克思主义的认识运用于中国革命。他1921年6月发表的《马克思派社会主义》提出了“中国何时能够发生社会革命？中国社会革命究竟采用何种范畴的社会主义，大概也是要按照国情和国民性决定的”[①]的看法，认为中国可以发生“社会革命”。1923年5月发表的《马克思学说与中国》，运用马克思主义唯物史观和阶级斗争学说全面论述了马克思主义与中国革命的关系问题。

党的“二大”确立了反帝反封建的民族民主革命纲领之后，李达明确表示支持。他在《马克思学说与中国》一文中“按照目前中国国情”、参照马克思1848年在《共产党宣言》中关于波兰、瑞士、德国共产党应该帮助资产阶级反封建的革命运动的建议，指出：“中国共产党联合国民党推倒军阀政治的主张，在马克思学说上也是有基础的”，并且提出，“共产党应注重‘组织无产者成为一阶级’的工作，时时要保持独立的存在，免受他党所影响”[②]。此后，为“促起商工阶级的觉悟，来造成民主革命的联合战线，完成国民的工作”，李达于1923年7月撰文，指出“推倒军阀政治完成民主政治，以促工商业之发展，确是商工阶级唯一的重要使命”[③]。1923年，李达因与陈独秀在国共合作等问题上发生争执，竟至不能共事，遂萌发退党决心，于同年秋离开上海，赴长沙担任毛泽东所创办的湖南自修大学学长。李达虽退党，但“自以为专做理论的研究与传播，即算是对党的贡献，在党与否，仍是一样”[④]，因此他仍坚持马克思主义理论的研究与教学，并在他主编的《新时代》杂志上先后发表了《马克思学说与中国》、《中国商工阶级应有之觉悟》等重要论著，探讨马克思主义，宣传反帝反封建的民主革命路线。1926年，李达出版了《现代社会学》一书，比较全面地阐述了马克思主义唯物史观的基本理论，并运用唯物史观、阶级斗争学说探讨了马克思主义、世界革命与中国革命的关系，对中国社会的半殖民地半封建性质以及无产阶级在民族民主革命中的领导权问题也进行了丰富的论述，因而也成为李达早期马克思主义观的代表性著作。

---

① 李达：《马克思派社会主义》，载《李达文集》(1)，人民出版社1980年版，第104页。

② 李达：《马克思学说与中国》，载《李达文集》(1)，人民出版社1980年版，第211～212页。

③ 李达：《中国商工阶级应有之觉悟》，载《李达文集》(1)，人民出版社1980年版，第218～219页。

④ 《李达自传》，载《湖南党史人物传记资料选编》(2)。转引自丁晓强、李立志：《李达学术思想评传》，北京图书馆出版社1999年版，第16页。

二、李达马克思主义观的基本内容

(一)“马克思社会主义是科学的，其重要原则有五”——对马克思主义理论体系与性质的认识

李达最初是以对社会主义的认识为起点理解马克思主义的，他 1919 年 6 月先后发表的《什么叫社会主义?》、《社会主义的目的》，已经认识到社会主义与共产主义、无政府主义的区别，但对社会主义的性质及其与共产主义的关系的认识还是很模糊的。直到 1920 年 11 月的《第三国际党大会的缘起》，李达才明确认识到第三国际党的主旨“就是实行马克思的共产主义，即革命的社会主义”，从而确立了马克思主义就是“革命的社会主义”的认识。此后，李达系统批判了无政府主义学说和第二国际所代表的改良主义、议会主义和国家主义路线。在《马克思派社会主义》中，李达指出：“马克思学说出世以后，从前的空想社会主义变而为科学的社会主义，于是社会主义就为马克思主义所代表。”[①]他将“马克思派社会主义”分为“五种范畴”，即“正统派社会主义”、“修正派社会主义”、“工团主义”、“组合社会主义”和“多数主义”，并对各派观点及其与马克思主义的关系进行了比较全面的论述。在具体论述中，李达否定了“正统派”、“修正派”可以代表马克思主义，认为它们“采用间接的迂缓的手段，愈实行而离去目的愈远”。至于“工团主义”、“组合社会主义”，则和马克思主义相去更远。在论述“多数主义”即布尔什维克主义时，李达引述马克思、列宁等的言论批判了考茨基对“劳工专政”的批评和不承认“多数主义”是马克思主义的看法，指出：“多数主义的施设，完全遵奉马克思主义。”[②]在《马克思还原》中，李达从理论和实践两个方面论述了德国社会民主党背离马克思主义的“堕落”过程，呼吁“马克思还原”：“被威廉里布克勒、贝贝尔、柏伦斯泰因、柯兹基等弄堕落了的马克思社会主义，到今日却能因列宁等的发扬光大，恢复了马克思的真面目，这是一件很重要的事实。所以我要大声疾呼地说，‘马克思还原！’”[③]所谓“马克思还原”，即还原到马克思主义的“革命的社会主义”。李达说列宁发扬光大了“马克思社会主义”，并不是指列宁发展了马克思主义，而是指列宁将马克思主义运用于社会革命的实践并从而取得成功。在李达看来，

① 李达:《马克思派社会主义》，载《李达文集》(1)，人民出版社 1980 年版，第 91 页。

② 李达:《马克思派社会主义》，载《李达文集》(1)，人民出版社 1980 年版，第 100 页。

③ 李达:《马克思还原》，载《李达文集》(1)，人民出版社 1980 年版，第 39 页。

“马克思的社会主义，已经在俄国完全实现了”，“俄国所行的，各国最怕的‘劳动专政’，都是数十年前马克思所倡导、所主张的”，列宁“能将马克思主义的真相阐明表彰出来，善于应用，这便是列宁的伟大，世人都要拜服的”。[①] 这说明，李达还没有意识到列宁主义与马克思主义的区别，但他所理解的马克思主义却更接近于列宁所发展的马克思主义。

在《马克思还原》中，李达根据“马克思所述社会革命的原理、手段、方法及其理想中的社会”将“马克思社会主义”概括为以下七个方面：

一、一切生产关系财产关系，是社会制度的基础；一切社会宗教、哲学、法律、政治等组织，均依这经济的基础而定。

二、社会的物质的生产力，发展至于一定程度时，就与现社会中活动而来的生产关系财产关系发生冲突。资本家利用收集生产物的剩余价值，坐致巨富，劳动者仅赖工钱以谋生。富者愈富，贫者愈贫，遂划分社会为有产者无产者两大阶级。

三、人类的历史是阶级争斗的历史。资本制度发展到了一定阶段，大多数的无产阶级就与少数的有产阶级互相对峙起来。劳动者发生阶级的心理与阶级的自觉，互相联合组成“一大”阶级，与有产阶级为猛烈的争斗。

四、资本主义跋扈，渐带国际的倾向，而无产阶级的作战，亦趋于国际的团结。于是全世界一切掠夺，压迫，阶级制度，阶级斗争，若不完全歼灭，全世界被压迫被掠夺的无产阶级，不能从施压迫施掠夺的有产阶级完全解放。

五、无产阶级的革命，在颠覆有产阶级的权势，建立劳动者的国家，实行无产阶级专政。

六、无产阶级借政治的优越权，施强迫手段夺取资本阶级一切资本，将一切生产工具，集中到劳动者的国家手里，用最大的加速度，发展全生产力。

七、国家是一阶级压迫他一阶级的机关，若无产阶级专政，完全管理社会经济事业，把生产工具变为国家公产以后，则劳动阶级的利益，成为社会全体的利益，就没有奴隶制度，没有阶级差别，生产力完全发达，人人

① 李达：《马克思还原》，载《李达文集》(1)，人民出版社 1980 年版，第 30、38～39 页。

皆得自由发展。国家这种东西自然消灭，自由的社会自然实现了。

以上是马克思社会主义的概观。综合起来说，马克思社会主义的性质，是革命的，是非妥协的，是国际的，是主张劳动专政的，这就可以明白了。①

这是《我的马克思主义观》之后早期中国共产党人对马克思主义的基本观点的全面论述。李达将“马克思社会主义”定性为“革命的”、“非妥协的”、“国际的”、“主张劳工专政的”，说明他所理解的“马克思社会主义”即“革命的社会主义”。而他对这种“革命的社会主义”性质的理解又是以“科学”性为基础的。所以，他接着指出：“马克思社会主义是科学的，其重要原则有五：一，唯物史观；二，资本集中说；三，资本主义崩坏说；四，剩余价值说；五，阶级斗争说。马克思的政治学说和经济学说，均详备于此五原则之中。”②这五项“重要原则”尤其简要地概括了马克思主义学说的基本内容。李达的一、五原则就是李大钊所说的“关于过去的理论”，二、四原则属于“关于现在的理论”，而“资本主义崩坏说”则接近于“关于将来的理论”。李达在李大钊之后将“主张劳工专政”视为“马克思社会主义的性质”，显示出早期中国共产党人马克思主义观的进步。后来，陈独秀在《马克思学说》中就将“劳工专政”列为马克思学说的四个主要内容之一。

随着对马克思主义研究和认识的进步，李达在1926年出版的《现代社会学》一书中对马克思主义的理论体系又有进一步概括。该书的《空想的社会主义和科学的社会主义》一章简要论述了社会主义从空想到科学的发展，然后指出：

马克思社会主义之内容，可分为历史观，经济论，政治论三大部分。历史观与经济论属于理论的方面，政治论属于实际政策的方面。历史观之根柢为唯物史观说，经济论之根柢为剩余价值说，政治论之根柢为劳工专政说，而贯串唯物史观剩余价值与劳工专政三大原理，使成有机的联络关系者，则为阶级斗争说。③

---

① 李达：《马克思还原》，载《李达文集》(1)，人民出版社1980年版，第30～31页。

② 李达：《马克思还原》，载《李达文集》(1)，人民出版社1980年版，第31页。

③ 李达：《空想的社会主义与科学的社会主义》，载《李达文集》(1)，人民出版社1980年版，第370页。

这里值得注意的是：一，“三大部分”、“三大原理”的划分以及认为“阶级斗争说”贯穿“三大原理”“使成有机的联络关系”的看法，无疑是与李大钊的认识一致的。二，李达明确将“劳工专政”视为马克思主义“政治论”也就是科学社会主义论的“根柢”。在上述概括之后，李达比较具体地论述了马克思的“唯物史观说”、“阶级斗争说”、“剩余价值说”、“劳工专政说”，除论述次序不同外，其内容与陈独秀的《马克思学说》完全相同，但比陈著远为丰富、深刻。因此，它不仅是李达，而且是早期中国共产党人马克思主义观发展的重要成果。

(二)“马克思还原”——对马克思主义发展问题的看法

早期中国共产党人不仅是将马克思主义作为一种学说来认识，更主要的是作为“社会革命”运动来认识的。这涉及如何认识和评价马克思主义理论与实践以及发展上所出现的一些重要问题。李达关于这一问题的思考，触及了早期中国共产党人马克思主义观的一系列关键问题，如唯物史观与阶级斗争学说的关系，社会主义革命为什么没有像马克思所预言的那样首先发生在经济进步的西欧国家而是发生在经济落后的俄国等。

按照马克思主义唯物史观，资本主义的发展必然导致社会主义革命，但事实上社会主义革命并没有像马克思所预言那样首先发生在发达的资本主义国家而是发生在经济落后的俄国。这是个曾经困扰早期中国共产党人认识和评价马克思主义的关键问题。在“科玄论战”中，张君劢即曾以此攻击马克思主义唯物史观。李达从 1920 年的《马克思还原》、1921 年的《马克思派社会主义》以及 1923 年的《马克思学说与中国》、1926 年的《现代社会学》，一直在思考这一问题。李达承认：“马克思的革命观，当然要跟着资本制度发达的程序益增显著。可是自十九世纪中叶以后至于十九世纪末叶，数十年间，资本集中的步骤，并未证实马克思预言的确实”，并认为这使“马克思派主义者”怀疑“资本集中和社会自然革命的先见”、“不相信革命的必然主义，以为从旧社会到新社会的过程，只有进化而无革命，只有运动而无目的，而所谓修正派的运动，于是盛行了”。[①] 李达认为，这并不能证明马克思主义在理论上的失败。在他看来，由于俄国十月革命的胜利，“马克思社会主义在理论上是完成了的，在事实上也可以完成”[②]。首先，李达认为，马克思具有“理论家”和“实行家”的“二重资格”，“学者的马克思与实际运动家的马克思或不免略有出入的地方”，而“固

① 李达：《马克思还原》，载《李达文集》(1)，人民出版社 1980 年版，第 36 页。

② 李达：《马克思还原》，载《李达文集》(1)，人民出版社 1980 年版，第 38 页。

守师说的人则拘泥不化，自作聪明的人就妄加修改，把一个马克思的真面目弄湮没了"[①]。其次，李达批评欧洲社会党机械地而不是辩证地理解唯物史观与"人的精神的要素和意识的行动"的能动性的关系。"若说资本制度的解体是资本集中的结果，则由旧社会推移到新社会的途径，完全可以离却人的精神的要素和意识的行动，马克思的唯物史观就变为机械的史观了。若是这样解释，社会党无须干社会革命，只听资本主义自然发展好了。社会主义者也无须鼓吹革命，只努力去开发实业好了，国家当然可以利用，阶级当然可以调和了。因为资本集中的结果，自然要发生革命的。所以照这样说，马克思一面运动革命，一面唱这种机械史观的宿命论，不是自相矛盾吗？这是使人易生疑窦的地方，马克思派主义者的变态，未始不从这种怀疑点出发的"，于是，"过信资本集中论的人，对于马克思的学说，便生出一种根本的怀疑点"。[②] 因此，李达主张，马克思主义唯物史观应该与阶级斗争学说相互结合、辩证地理解。随着资本主义的发展，"社会截然分为有产者无产者两大阶级。无产阶级受了资本阶级的掠夺和压迫，久而久之，就会发生一种阶级的觉悟。有了这种阶级的觉悟，就发生一种阶级的心理。有了这种阶级的心理，就会有一种阶级的组织和阶级的运动，就自然有一种团体的结合，成为阶级斗争的行动。……所以唯物史观一方面说明资本制度发展的过程，一方面注重现社会中新兴的无产阶级的力量。若忽视这种阶级的心理和阶级的自觉，不去助长阶级斗争的运动，社会革命是不可期待的"[③]。近代以来，"资本主义虽然日见扩张，劳动阶级的人虽然日见增多，可是劳动者阶级的自觉和阶级的心理，尚属十分幼稚，所以劳动者的组织和运动还没有十分发达。因为这个理由，所以当时的产业虽然进化，虽有集中的倾向，却没有照马克思的豫言那样急速成就。小产业中产业似乎增加了；农业方面的实验，也和马克思的豫言相反，地主之数不特不减少，而且增加了；商业主的恐慌，也似乎不多见了"。其主要原因就在于欧洲社会主义者片面地理解唯物史观，未能积极促进无产阶级的阶级觉悟，"社会主义者看见了当时的状况，不晓得自己对于促进劳动者阶级的自觉的努力不足，反以为马克思的学说不易奏效，于是就改变方向，在实行和理论上发生变化了"。[④]

① 李达：《马克思还原》，载《李达文集》(1)，人民出版社 1980 年版，第 31 页。

② 李达：《马克思还原》，载《李达文集》(1)，人民出版社 1980 年版，第 35、36 页。

③ 李达：《马克思还原》，载《李达文集》(1)，人民出版社 1980 年版，第 35、36、37 页。

④ 李达：《马克思派社会主义》，载《李达文集》(1)，人民出版社 1980 年版，第 93 页。

最后，李达认为，马克思在《共产党宣言》中根据当时欧洲经济发展的状况曾断定社会革命的时机已经到来了的预言所以未中，不仅是由于当时无产阶级尚缺乏巩固的组织和革命战争的勇气，而且是由于资本主义谋求海外发展，使无产阶级与资产阶级矛盾得以缓和。这两个原因使资本主义竟能继续发展。因此，他认为，"马克思那种'无产阶级借政治革命实现社会革命'的原理丝毫没有错误，错误的处所乃在于实际应用这原理的地方"①。

李达对上述问题的解决，一方面像李大钊、陈独秀、蔡和森等那样强调应该把唯物史观与阶级斗争学说结合起来，认为只有这样才能达到对马克思主义的准确理解和应用，另一方面提出了如何将马克思主义理论应用于实践的问题。这一点也体现在他对社会主义革命为何首先发生在经济落后的俄国问题的回答上。李达一则认为俄国社会革命党充分发挥了无产阶级的阶级斗争的力量："英美的资本制度比俄国的要发达得十数倍；英美两国的工会，比俄国的也要发达得十数倍，何以社会革命不在英美两国发生，反在俄国实现呢？这就是因为俄国社会革命党实行的力量比英美两国的大的原故。"②二则认为社会主义革命的发生并不完全取决于生产力发展水平。李达在谈及马克思在《共产党宣言》中关于唯物史观的论述时，提出："照这样说，无产阶级要举行政治革命，实现社会革命，务须等待一切生产力完全发展的时候方可实行了。但是一切生产力发展的'余地'之有无，却不是用数学方法可以测量而出的。就是马克思自己对于当时社会的一切生产力有无发展余地的一点，也未能确实的测定出来。"③这当然不是否定生产力对生产关系的决定作用，而是认为决定社会主义革命发生的不仅是生产力发展水平，而且也取决于"那社会的环境和无产阶级的组织与战争的勇气"④。李达引托洛兹基的论述：

> 无产阶级随有产阶级的成长而成长，并且增加力量。由这个见地说来，资本主义的发达，便是向劳工专政前进的无产阶级之发达。但政权移到无产阶级的时日，不是由经济力的资本主义的发达程度如何所能决定，乃是由阶级斗争的关系，由国际的地位，以及种种主观要素（例如传说，能战的勇气和决心等）所决定的。所以无产阶级在资本主义较未发达的后

① 李达：《马克思学说与中国》，载《李达文集》(1)，人民出版社 1980 年版，第 208 页。
② 李达：《社会革命底商榷》，载《李达文集》(1)，人民出版社 1980 年版，第 56 页。
③ 李达：《马克思学说与中国》，载《李达文集》(1)，人民出版社 1980 年版，第 207 页。
④ 李达：《马克思学说与中国》，载《李达文集》(1)，人民出版社 1980 年版，第 208 页。

> 进国中，比之在发达到高度的资本主义国家中能够早日获得政治上的优势。若以为劳工专政在一国的技术的及生产的资源之间，有一种自动的相依的关系，便是用幼稚方法理解唯物史观了。这种想法，与马克思主义并无关系。[①]

托氏强调“社会革命”并不是完全由经济发展程度决定的，阶级斗争、国际地位、主观要素即李达所一直重视的无产阶级阶级觉悟程度与组织能力等都对“社会革命”的发生起着决定作用。托氏由此认为，无产阶级在不发达国家进行社会主义革命甚至可能比在发达国家更有优势。李达认为，托氏之说“很新颖，很透彻，真得了马克思学说的精髓。为社会革命而行的政治革命必须由这种要素决定的”[②]。李达的上述观点比较典型地代表了早期中国共产党人在认识和看待马克思主义问题强调必然性与能动性、唯物史观与阶级斗争学说辩证理解的普遍特征，同时也体现了早期中国共产党人马克思主义观重视唯物史观关于人类社会发展的必然性而一定程度地忽视生产力发展水平的决定性制约和片面夸大“人的精神的要素和意识的行动”的能动性的不足。不过，随着对马克思主义研究的深入和理解的全面、准确，尤其是在列宁和共产国际的民族与殖民地政策的指导下，李达对马克思主义的认识逐步科学。他 1926 年出版的《现代社会学》在论述“社会革命”问题时指出“社会之革命的进化，依据二种现象而成。其一为物质的现象，由生产力之发达而成；其二为精神的现象，系受前者之影响，由社会的阶级斗争而成，两者同出一源，而其任务则分途并进”[③]。虽然仍然将“精神的现象”、“阶级斗争”列为“社会之革命的进化”的原因，但明显强调了生产力的决定作用：“社会之变革，仅能由当时社会之物质的变革加以判断，而不能以当时之社会意识判断之。其物质的变革苟经吾人以自然科学的方法确实证明其足以撼动社会之基础，即可断定当时社会已达于革命时代。……吾人不能以当时之社会意识判断当时之社会变革，犹之不能以果证因也”。[④] 当然，李达并未由此否定“阶级斗争”的作用。他强调“社会之变革，一方面固须待物质的条件之具备，一方面尤赖个人之努力，始能实

① 李达：《马克思学说与中国》，载《李达文集》(1)，人民出版社 1980 年版，第 208 页。
② 李达：《马克思学说与中国》，载《李达文集》(1)，人民出版社 1980 年版，第 208～209 页。
③ 李达：《社会进化之原理》，载《李达文集》(1)，人民出版社 1980 年版，第 344 页。
④ 李达：《社会之变革》，载《李达文集》(1)，人民出版社 1980 年版，第 269～270 页。

现”[①]。所谓“物质的条件”,即生产力发展的水平。“生产力在旧社会组织内,若未发展至于一定程度以上,则旧社会组织决不灭亡,新社会组织决不实现。”因此,“能使社会组织发生变动者实生产力发展之物质的技术的原因,非人类之意志所能左右也”。[②] 人类的意志要促进生产力发展,必须建立在一定条件上。李达指出:“社会组织之历史,个人努力之结果也”,“个人能创造社会之历史,然不能任意创造之,必也依据社会历史进行之途径,应时势之要求而创造之”。[③] 因此,“各个人不能全仗其自身之努力,任意改造社会,亦不能静待社会之自然变化而怠其对于社会之努力”。[④]

(三)“采用何种范畴的社会主义,大概也是要按照国情和国民性决定的”——关于马克思主义如何运用问题的思考

李达对马克思主义、社会主义的研究绝非出于学术兴趣,而是为了探讨拯救中国的道路。他对马克思主义真谛的寻索、对“社会革命”论等问题的探讨尽管有时并未直接谈及中国问题,但无疑都是着眼于中国问题之解决的。因此,对中国革命道路的思考既是李达马克思主义观的现实起点,也构成了其马克思主义观的重要内容。

1919年6月,李达发表《陈独秀与新思想》,提出:“今日世界里面的国家,若是没有把‘新思想’来建设改造了‘新国家’,恐怕不能够立足在二十世纪!”[⑤]这里的“新思想”虽然未明所指,但对于李达来说,“新思想”应该是包含着马克思主义、社会主义的。但是,马克思主义、社会主义是否能适用于中国?或者说,中国具备了按照马克思主义实行社会主义的条件吗?李达对此问题是结合对马克思主义的理论与实践关系以及与张东荪等基尔特社会主义者的论战予以回答的。在《张东荪现原形》、《社会革命底商榷》、《讨论社会主义并质梁任公》等文章中,李达根据其对马克思主义“社会革命”论的理解比较全面地批判了张东荪、梁启超等认为中国还不具备实行社会主义的条件应当先发展资本主义的主张。首先,李达批判了所谓的“中国无地主资本家,没有阶级的区别,不能倡社会革命”的说法,指出中国有史以来就存在着“贫富两阶级的悬隔”,现在中国已进入产业革命时代,工业虽不如欧美日本发达,但无产阶级所受的压迫比欧美日本

① 李达:《社会之变革》,载《李达文集》(1),人民出版社1980年版,第286页。

② 李达:《社会之变革》,载《李达文集》(1),人民出版社1980年版,第282～283页。

③ 李达:《社会之变革》,载《李达文集》(1),人民出版社1980年版,第284页。

④ 李达:《社会之变革》,载《李达文集》(1),人民出版社1980年版,第286页。

⑤ 李达:《陈独秀与新思想》,载《李达文集》(1),人民出版社1980年版,第6～8页。

的无产阶级要大得多，而劳资两阶级的对立与欧美日本也无有不同。而且，由于国际资本主义的压迫，中国失业人数大量存在。因此，“中国是劳动过剩，并不是没有劳动阶级。在这一方面说来，是国际资本阶级和中国劳动阶级的对峙”[①]。马克思主义虽然产生于欧洲发展的资本主义背景，但同样也适用于中国现时的革命。“至说中国现时社会实况与欧美略有不同，这是我们所承认的。但是不同的地方，也只有产业发达的先后不同，和发达程度不同，而社会主义运动的根本原则，却无有不同，而且又不能独异的。”[②]其次，李达批判了张东荪、梁启超等对社会主义本质的误解，指出“梁任公误解社会主义为均产主义的说法，也就是因为忘记了社会主义更有很好的生产方法的缘故”[③]。李达认为，社会主义可以比资本主义更能促进生产事业的发达。因此，中国要开发实业就必须实行社会主义：“据现时趋势观察起来，欧美日本的社会改造运动，已显然向着社会主义进行，中国要想追踪欧美和日本，势不得不于此时开始准备实行社会主义”，“就中国现状而论，国内新式生产机关绝少，在今日而言开发实业，最好莫如采用社会主义”。[④] 再次，针对梁启超主张发展中国资本主义而反对外国资本家的看法，李达指出，当代资本主义发展已经超越国界成为国际性的，“无论何种社会主义，对于资本主义国际的势力必须采用国际的对抗方法”。“劳动者没有祖国，所以要谋国际的团结，要扫灭全世界所有的资本主义。这是马克思的教训”。[⑤] 这些看法代表了这一时期李达对于中国革命道路的基本观点，并且在此后的《马克思学说与中国》一文得到进一步强调。

通过对张东荪等的批判和对马克思主义“社会革命”论的探讨，李达明确提出了中国已经具备了进行社会主义革命的条件，可以实行社会主义革命。但在中国应该实行何种社会主义的问题上，在中国共产党成立之前李达还没有明确的思路。他在《马克思派社会主义》一文中全面论述了“正统派社会主义”、“修正派社会主义”、“工团主义”、“组合社会主义”和“多数主义”的基本主张之后，提出“中国何时能够发生社会革命？中国社会革命究竟采用何种范畴的社会主义，大概也是要按照国情和国民性决定的。未到实行的时候，我们也不能预先见到，所以不敢说中国应实行多数主义，却又不敢说中国一定不适宜

① 李达：《社会革命底商榷》，载《李达文集》(1)，人民出版社 1980 年版，第 47～48 页。

② 李达：《讨论社会主义并质梁任公》，载《李达文集》(1)，人民出版社 1980 年版，第 63 页。

③ 李达：《讨论社会主义并质梁任公》，载《李达文集》(1)，人民出版社 1980 年版，第 64 页。

④ 李达：《讨论社会主义并质梁任公》，载《李达文集》(1)，人民出版社 1980 年版，第 65 页。

⑤ 李达：《讨论社会主义并质梁任公》，载《李达文集》(1)，人民出版社 1980 年版，第 70、71 页。

多数主义"[①]。实际上,无论是从该文内容还是从李达这一时期的马克思主义观来看,他都是倾向于"多数主义"的,即俄国布尔什维克所代表"革命的社会主义"。尽管李达并未明确主张在中国实行"多数主义",但他提出实行社会主义要"按照国情和国民性决定"却是一个相当重要的理论原则。由于李达是从理论和实践两方面理解马克思主义的,并认为只有"多数主义"能代表马克思主义、是马克思主义在实践上的完成,因此,这一原则也是其对如何运用马克思主义于中国革命问题的看法。

中共"二大"之后,李达接受和支持党的民族民主革命纲领,并力图运用马克思主义基本理论理解这一纲领,阐述它的合理性。为了反击当时对于"引导无产阶级帮助民主主义革命,和国内民主革命党派(如国民党之类)合作,共同推翻军阀的政治"[②]的民主革命纲领的批评,李达在 1923 年 5 月写了《马克思学说与中国》一文,着重探讨"目前的中国可以应用马克思学说改造社会吗","假使目前中国可以应用马克思学说改造社会,中国无产阶级应该怎样准备,怎样实行";"假使中国无产阶级能够掌握政权,应该采用何种政策"。李达根据马克思主义的"社会革命"论结合近代以来中国政治、经济形势的变化,指出:"中国无产阶级经济上受本国有产阶级的压迫,政治上受封建阶级的压迫;有产阶级直接受封建阶级的压迫;而两者又同受国际帝国主义的压迫,前者是三重的,后者是二重的。"因此,"中国无产阶级处在这样的经济的政治的情形之下,中国共产党乘机起来组织无产阶级,企图社会革命,在理论上在事实上并不是没有确实的根据的"。[③] 当然,这主要是指中国共产党在民主革命之后的目标。至于中国共产党在目前与民主派合作进行资产阶级民主主义革命,李达认为也符合马克思主义。他认为:"若按照目前中国国情,参照马克思在一八四八年替波兰瑞士德国共产党设下的计画,也可以定出一个政策来。"李达引用马克思在《共产党宣言》中对波兰、瑞士、德国等国共产党的忠告证明"中国共产党联合国民党推倒军阀政治的主张,在马克思学说上也是有基础的"。[④]

---

① 李达:《马克思派社会主义》,载《李达文集》(1),人民出版社 1980 年版,第 104 页。

② 李达:《马克思学说与中国》,载《李达文集》(1),人民出版社 1980 年版,第 202 页。

③ 李达:《马克思学说与中国》,载《李达文集》(1),人民出版社 1980 年版,第 211 页。

④ 李达:《马克思学说与中国》,载《李达文集》(1),人民出版社 1980 年版,第 212 页。

第九章
瞿秋白早期马克思主义观

瞿秋白是从五四运动开始逐步走向马克思主义的，由于亲身感受到十月革命后苏俄新貌并受到比较好的马克思主义理论培养，瞿秋白不仅成为中共"二大"以后宣传、研究马克思列宁主义的重要的思想代表，而且对早期中国共产党人马克思主义观的发展作出了许多重要的理论贡献。

一、瞿秋白走向马克思主义的历程

瞿秋白早年受过良好的传统教育，也钟情于"新学"。青年时代，因"研究国故"而"有就今文学再生而为整理国故的志向"，因"研究佛学"而"有就菩萨行而为佛教人间化的愿心"，在"孤寂的生活"中从事着"文化救中国的功夫"。[①] 1917 年夏，瞿秋白考入北洋政府外交部部立俄文专修馆，这使他比较亲近地接触新文化运动并渐受其影响。在此期间，他对俄国文学大师托尔斯泰倾心服膺，欣赏其泛劳动主义，同时也受到克鲁泡特金的无政府主义思想影响。1919 年 5 月，瞿秋白投身五四运动，并成为学生运动的骨干。新文化运动的影响、五四运动的洗礼，促使了瞿秋白思想的觉醒。他后来回忆说："一九一八年开始看了许多新杂志，思想上似乎有相当的进展，新的人生观正在形成。"[②]这种正在形成的"新的人生观"当然还是相当复杂的，起初资产阶级民主主义观念影响更大，但其发展方向却是逐渐趋向于社会主义。1919 年 11 月起，瞿秋白陆续在《新社会》、《晨报》、《改造》等杂志上发表文章，积极鼓吹社会改造。在一篇题为《革新的时机到了！》的文章中，瞿秋白指出："欧战以后，全世界政治上、经济上、社会组织上的变动，一天紧似一天"，"中国人若是多能

① 瞿秋白：《饿乡纪程》，载《瞿秋白文集·文学编》(1)，人民出版社 1985 年版，第 25 页。

② 瞿秋白：《多余的话》，载《瞿秋白文集·政治理论编》(7)，人民出版社 1991 年版，第 695 页。

够趁着这个时机，极力奋斗一下，非但中国自身有无穷的希望，就是对于世界也要有极大的贡献”。在他看来，“从‘五四’运动以后，新思潮骤然膨胀起来”，其实质“是一种新文化运动”，“是本于‘德谟克拉西’的”，如果将这种新文化运动普及开来，“使全国国民觉悟”，就可以“实现真正的民主，民治，民本的国家或世界”。[①] 这篇文章显然受到了杜威的“民治主义”影响。他1920年1月发表的《社会运动的牺牲者》，提出“我们想改良社会，最好是要能做到根本改革现社会一切组织的一步”，认为改造社会的过程应该是一个“从文化运动，直到社会运动，中间一定要经过的就是一种群众运动”的过程。[②] 这一时期，瞿秋白阅读倍倍尔《妇女与社会》，对社会主义发生兴趣，对托尔斯泰的泛劳动主义做过反思，“托尔斯泰式的生活是我们安心的生活，伯伯尔式的方法是我们达到目的的方法”[③]。也许是出于这种兴趣，瞿秋白先后参加了“社会主义研究会”和“马克思学说研究会”两个进步团体，并研读过《共产党宣言》，对李大钊宣传社会主义的文章也很关注。1920年初，瞿秋白在《读〈美利坚之宗教新村运动〉》中称：“我以为历史派的——马克思主义派的直接运动不可少的”，“此其间一步有一步中的直接、间接对于劳动阶级有利益的”，“我想这或者是较普遍的较易的进步的办法”。[④] 由于社会主义学说的影响，瞿秋白不仅对劳动问题十分关注，称赞各国工人以罢工抵制资本家的压迫，感叹中国农民受压迫最苦而无法以罢工手段抗争，而工人罢工因没有组织而缺乏力量，[⑤]而且受到俄国十月革命的鼓舞，试图从中找到变革中国社会的一条“新道路”。他在1920年3月写道：“俄国布尔塞维克的赤色革命在政治上，经济上，社会上生出极大的变动，掀天动地，使全世界的思想都受他的影响。……在中国这样黑暗悲惨的社会里，人人都想在生活的现状里开辟一条新道路，听着俄国旧社会崩裂的

① 瞿秋白：《革新的时机到了！》，载《瞿秋白文集·政治理论编》(1)，人民出版社1987年版，第20、25、21页。

② 瞿秋白：《社会运动的牺牲者》，载《瞿秋白文集·政治理论编》(1)，人民出版社1987年版，第51页。

③ 瞿秋白：《伯伯尔之泛劳动主义观》，载《瞿秋白文集·政治理论编》(1)，人民出版社1987年版，第80页。

④ 瞿秋白：《读〈美利坚之宗教新村运动〉》，载《瞿秋白文集·政治理论编》(1)，人民出版社1987年版，第61页。

⑤ 参见瞿秋白：《世界底新劳动节，中国底新劳动节》，载《瞿秋白文集·政治理论编》(1)，人民出版社1987年版，第85页。

声浪,真是空谷足音,不由得不动心。”[①]由此可见,瞿秋白此时对马克思主义、社会主义已有一定了解,也相信马克思主义的一些基本主张,但其思想仍然处于不确定的状态,只能说倾向于马克思主义。他后来回忆道:“在到俄国之前,固然已经读过倍倍尔的著作,《共产党宣言》之类,极少几本马克思主义的书籍,然而对马克思主义的认识是根本说不上的。”[②]当时关于“社会主义的讨论,常常引起我们无限的兴味。然而究竟如俄国十九世纪四十年代的青年思想似的,模糊影响,隔着纱窗看晓雾,社会主义流派,社会主义意义都是纷乱,不十分清晰的”[③]。在这样的思想背景下,无政府主义成为瞿秋白接受、理解马克思主义、社会主义的思想前提:

> 记得当时懂得了马克思主义的共产社会同样是无阶级、无政府、无国家的最自由的社会,心上就很安慰了,因为这同我当初的无政府主义,和平博爱世界的幻想没有冲突了。所不同的是手段,马克思主义告诉我要达到这样的最终目的,客观上无论如何也逃不了最尖锐的阶级斗争,以至无产阶级专政——也就是无产阶级统治国家的一个阶段。为着要消灭“国家”,一定要先组织一时期的新式国家,为着要实现最彻底的民权主义(也就是无所谓民权的社会),一定要先实行无产阶级的民权。这表面上“自相矛盾”而实际上很有道理的逻辑——马克思主义所谓辩证法——使我觉得有趣。[④]

瞿秋白说:“我二十一二岁,正当所谓人生观形成的时期,理智方面是从托尔斯泰式的无政府主义很快就转到了马克思主义。”[⑤]这应该是指从 1920 年 1 月到 1922 年 1 月,也就是其赴俄前后的一年多时间。

1920 年 10 月,瞿秋白作为《晨报》、《时事新报》特派记者经哈尔滨、满洲里、赤塔到莫斯科,从事新闻采访工作,直至 1923 年 1 月回国。在这一时期,瞿秋白完成了向马克思主义的转变,并于 1921 年 9 月正式加入中国共产党。瞿秋白对赴俄期间的思想发展的陈述是:“哈尔滨得空气,满洲里得事实,赤塔

---

① 瞿秋白:《〈俄罗斯名家短篇小说集〉序》,载《瞿秋白文集·文学编》(2),人民文学出版社 1986 年版,第 248 页。

② 瞿秋白:《多余的话》,载《瞿秋白文集·政治理论编》(7),人民出版社 1991 年版,第 704 页。

③ 瞿秋白:《饿乡纪程》,载《瞿秋白文集·文学编》(1),人民出版社 1985 年版,第 26 页。

④ 瞿秋白:《多余的话》,载《瞿秋白文集·政治理论编》(7),人民出版社 1991 年版,第 704～705 页。

⑤ 瞿秋白:《多余的话》,载《瞿秋白文集·政治理论编》(7),人民出版社 1991 年版,第 701 页。

得理论。”他赴俄固然是以新闻采访为职志的，但无疑也有明确的政治目的。他说：“我要求改变环境：去发展个性，求一个‘中国问题’的相当解决，——略尽一分引导中国社会新生路的责任”，“我入俄的志愿——担一份中国再生时代思想发展的责任”。[①] 在哈尔滨期间，瞿秋白通过采访俄国社会主义者、共产党员感觉到苏俄的政治主张、政策合乎自己劳工神圣、社会大同的政治追求，认为中国要富强“不是须经更深切的资本主义化，就得行‘新式的’无产阶级化”。在离哈之际，瞿秋白已经“定了一勉力为有系统的理论事实双方研究的目的。研究共产主义，俄共产党，俄罗斯文化”。[②] 赤塔是瞿秋白接触和体验俄共执政、亲身感受社会主义的第一站。他在此得到一些马克思主义读物，“赤塔共产党委员会送我们许多书籍杂志，……所得如《俄罗斯共产主义党纲》，如第三国际之杂志《共产国际》，《社会主义史》等，披阅一过，稍稍知道俄共产党的理论”[③]。这对其思想发展的影响是相当大的。他在赤塔所写的《中国工人的状况和他们对俄国的期望》一文，赞赏苏俄的社会主义“具有国际主义性质”，“是为了全世界工人阶级的幸福”的，认为中国要走上“真正民主的道路”，不仅需要无产阶级组织起来，而且需要知识分子“帮助中国无产阶级与国际无产阶级联合起来共同为人类服务”，“新思潮已经波及到中国，未来的时代将是社会主义时代”。他并认为自己到俄国学习，“为的是使自己回国后能够给中国的无产阶级以帮助”。在文章结尾，瞿秋白高呼“全世界无产者，联合起来”并向俄国无产阶级“致共产主义敬礼”[④]！到莫斯科以后，瞿秋白写了《致俄国工人和新闻工作者呼吁书》。文章以“亲爱的同志们”开头，称“我们知道，全世界伟大的社会主义导师卡尔·马克思在其关于社会革命的天才学说里给我们指出了创造人类的无产阶级文化和文明的道路。你们正是按照他的学说在建设自己的社会”，“我们也知道，你们——俄国的无产阶级是伟大导师马克思的光辉思想的第一批继承者和传播者，你们为了全世界人民的利益正在首先实现这光辉的思想”，并表示相信“在不久的将来我国人民也将能掌握和实

① 瞿秋白：《饿乡纪程》，载《瞿秋白文集·文学编》(1)，人民出版社 1985 年版，第 82、8、31 页。

② 瞿秋白：《饿乡纪程》，载《瞿秋白文集·文学编》(1)，人民出版社 1985 年版，第 57、65 页。

③ 瞿秋白：《饿乡纪程》，载《瞿秋白文集·文学编》(1)，人民出版社 1985 年版，第 82 页。

④ 瞿秋白：《中国工人的状况和他们对俄国的期望》，载《瞿秋白文集·政治理论编》(1)，人民出版社 1987 年版，第 168、169、174 页。

现马克思主义的伟大原则”[1]。这些话语，非常清楚地向我们表明此时瞿秋白完全将自己视为俄国无产阶级、社会主义者的“同志”，已经确定无疑地建立了马克思主义信仰，成为一名马克思主义者。

瞿秋白在《多余的话》中曾回忆在俄国期间学习和研究马克思主义：“我到俄国之后，虽然因为职务的关系时常得读些列宁他们的著作、论文、演讲，可是这不过求得对于俄国革命和国际形势的常识，并没有认真去研究政治上一切种种主义”，“后来，莫斯科东方大学要我当翻译，才没有办法又打起精神去看那一些书。……我第一次在俄国不过两年，真正用功研究马克思主义的常识不过半年，这是随着东大课程上的需要看一些书，明天要译经济学上的那一段，今天晚上先看过一道，作为预备，其他，唯物史观哲学等等也是如此，这绝不是有系统的研究”。[2] 有学者根据这些追述认为：“瞿秋白成为一个马克思主义者，更多的是受到当时客观环境的推动，而非是他自我追求的结果，因此，他对马克思主义的了解更多的是被动地接受，而非是积极主动地、有意识、有目的系统学习。”[3]此说的主要问题在于：一，过信《多余的话》，没有注意到它的写作的特殊背景，由此断言“读《多余的话》，让人触摸到的是生命的真实，而非有意的虚设”[4]，显然是缺乏说服力的。二，有意忽略了瞿秋白在上述引文中称“我对于社会主义或共产主义的终极理想，却比较有兴趣”[5]一段，有断章取义之嫌。三，完全忽略瞿秋白在赴俄前对马克思主义已有相当地了解，并接受了马克思主义的一些观点，对瞿秋白在赴俄之后思想发展也避而不谈，仅凭《多余的话》的单文孤证断言其成为马克思主义者“更多的是受到当时客观环境的推动，而非是他自我追求的结果”，更属武断。我们认为，瞿秋白接受马克思主义是其思想发展的必然，乃顺理成章、水到渠成之事。《多余的话》的追

① 瞿秋白：《致俄国工人和新闻工作者呼吁书》，载《瞿秋白文集・政治理论编》(1)，人民出版社1987年版，第176、177页。

② 瞿秋白：《多余的话》，载《瞿秋白文集・政治理论编》(7)，人民出版社1991年版，第704、705页。

③ 李尚德、张桂娜：《早期瞿秋白与马克思主义》，载《内蒙古大学学报》2005年第5期。

④ 李尚德、张桂娜：《早期瞿秋白与马克思主义》，载《内蒙古大学学报》2005年第5期。

⑤ 瞿秋白：《多余的话》，载《瞿秋白文集・政治理论编》(7)，人民出版社1991年版，第704页。

述，因材料本身的特殊性，不能过信。[①] 即使这段追述真实可靠，瞿秋白在东方大学讲授马克思主义学说时已经是一名中共党员了。[②] 他之讲授马克思主义学说，或许并非完全自愿，当时也难以做到有系统的研究，但这与其成为马克思主义者并无必然关系。对于许多早期中国共产党人来说，只要了解和掌握马克思主义的基本观点，相信它能够成为拯救中国的指导思想，就完全可以建立起马克思主义信仰，成为马克思主义者。所谓"积极主动地、有意识、有目的系统学习"，并不是成为马克思主义者的决定因素。一个研究马克思主义的学者完全可以比很多马克思主义者更为"积极主动地、有意识、有目的系统学习"马克思主义，却未必就因此而成为马克思主义者。

瞿秋白 1923 年 1 月回国后，马上就投身于党的马克思主义理论建设工作。从 1923 年 1 月到 1927 年 7 月，瞿秋白在党的报刊上发表 200 余篇政治理论文章和大量译作。1927 年初，瞿秋白亲自编定《瞿秋白论文集》，收集了从 1923 年初至 1926 年底的文章 174 篇。他在《自序》中说，编此书"目的是在于呈显中国的马克思主义者应用革命理论于革命实践上的成绩，并且理出一个相当的系统，使读者易于找着我的思想的线索"[③]。这些论著及其"八七"会议前发表的文章比较全面地展示出瞿秋白早期的马克思主义观。我们认为，无论就瞿秋白本人的马克思主义观来说，还是就其对早期中国共产党人马克思主义观发展的贡献来说，瞿秋白对辩证唯物主义的认识以及由此出发提出的对马克思主义性质与理论体系的新看法、他对列宁主义的性质和意义及其与马克思主义关系的论述以及在如何对待马克思主义问题上表现出的清醒思考，都是其中的核心部分。

---

① 《多余的话》目前只见当年国民党政府保存的手抄本，至今未见作者手稿。正如《瞿秋白文集·政治理论编》(7)载录此文作为"附录"时所说"其中是否有被国民党当局篡改之处，仍难以确定"(人民出版社 1991 年版，第 693 页)，因此，使用此文尤当审慎。关于它与瞿秋白马克思主义观发展的关系，欧阳明、吴廷俊在《瞿秋白苏俄采访时期思想变革探析》(载《中共党史研究》2003 年第 4 期)作了考辨，对本小节的写作有所启发。

② 《多余的话》记载："一九二一年五月，张太雷抵莫，介绍入党。九月，任东大翻译，始正式入党。"[载《瞿秋白文集·政治理论编》(7)，人民出版社 1991 年版，第 724 页]

③ 瞿秋白：《〈瞿秋白论文集〉自序》，载《瞿秋白文集·政治理论编》(4)，人民出版社 1993 年版，第 415 页。

二、瞿秋白对早期中国共产党人马克思主义观的主要贡献

(一)“马克思主义宇宙观的基础是在于互辩法的唯物论”——对马克思主义的新认识

如上篇所述，李泽厚曾将马克思主义在中国的发展分为四期。根据这一分期，他认为，“第一期到第二期的中介人物，从理论上看，主要似应是瞿秋白”。这首先是辩证唯物主义的介绍与传播。“马克思主义在中国首先获得接受、传播和打响的，是唯物史观即历史唯物论。李大钊、陈独秀以及其他一些人是以这种历史观作为社会观、人生观来身体力行的。……但到了瞿秋白，则显然有所不同，他主要是以‘互辩律的唯物论’(即辩证唯物论)来作为宇宙观和方法论来解说历史、社会、人生、革命。我以为，这是一个非常重要的变化。”① 其次是马克思主义接受途径及内容的变化。“与李、陈诸人主要从日文、英文译著中了解马克思主义不同，瞿秋白主要是从俄文论著中了解。因此，比起马恩著作来，普列汉诺夫、列宁、托洛茨基等人的著作更成为其介绍、论证的主要依据。从历史唯物论(唯物史观)到辩证唯物论的重点转移，在一定意义上，也正是马克思主义从马克思、恩格斯、考茨基到普列汉诺夫、列宁、斯大林的某种变异和发展。即不再是从人类本体的历史进程角度而是从宇宙本体的存在角度来认识、解说、论证自然、社会、历史和万事万物。应该说，这是一个相当大的变化。”② 这是当前相关研究中有很大影响也颇具代表性的看法，对于探讨瞿秋白的马克思主义观及其对早期中国共产党人马克思主义观发展的贡献颇有启发意义。

早在1908年，列宁就指出，“马克思和恩格斯几十次地把自己的哲学观点叫作辩证唯物主义”，批判巴札罗夫、波格丹诺夫、卢那察尔斯基等“完全背弃了辩证唯物主义即马克思主义”。③ 1913年，列宁又强调“马克思主义的哲学就是唯物主义”，包括“辩证法”和“历史唯物主义”。④ 1914年，列宁指出，“马克思的整个世界观”是由“哲学唯物主义”、“辩证法”、“唯物主义历史观”、“阶

① 李泽厚：《马克思主义在中国》，三联书店1988年版，第31、32～33页。

② 李泽厚：《马克思主义在中国》，三联书店1988年版，第33～34页。

③ 列宁：《唯物主义和经验批判主义》，载《列宁选集》(2)，1995年版，第12～13页。

④ 列宁：《马克思主义的三个来源和三个组成部分》，载《列宁选集》(2)，人民出版社1995年版，第310～311页。

级斗争”组成的。[①] 但是，列宁的这些关于辩证唯物主义的论述在早期中国共产党人的论著中很难找到相关回应。李大钊等第一代中国马克思主义者在概括马克思主义理论体系时，都没有关于辩证唯物主义的论述。瞿秋白在俄期间虽未能系统地研究马克思主义，但无疑可以读到更多的马克思主义著作，尤其是列宁关于马克思主义的论述。这对其全面、准确地认识和理解马克思主义无疑有重要影响。回国后，瞿秋白根据马克思、恩格斯以及列宁、布哈林、普列汉诺夫等的相关论述先后撰写了《社会哲学概论》、《现代社会学》、《社会科学概论》三本著作和《自由世界与必然世界》、《列宁与社会主义》、《实验主义与革命哲学》、《唯物论的宇宙观概说》等重要文章，比较完整、系统地介绍和阐发马克思主义哲学尤其是辩证唯物主义。1927 年，瞿秋白为他翻译、出版的郭列夫的《无产阶级之哲学——唯物论》写了两篇附录，即《唯物论的宇宙观概说》和《马克思主义之意义》。在《唯物论的宇宙观概说》中，瞿秋白指出："马克思主义宇宙观的基础是在于互辩法的唯物论。互辩法唯物论的名称便可以表示：马克思的唯物论是唯物论与互辩法的综合，而且是这两种学说最发展的最进化的结论。"[②]这样，瞿秋白实际上将马克思主义哲学看作是辩证唯物主义和历史唯物主义的统一整体。在《社会哲学概论》等论著中，瞿秋白运用辩证唯物主义探讨哲学、社会学问题，初步论述了唯物辩证法的一些基本范畴和基本规律，指出“互辩律的（Dialectiquc）哲学”“是一切社会科学的方法论”，“社会科学中的根本方法就是互辩的唯物主义”[③]，并从辩证唯物主义出发对哲学的根本问题、唯物辩证法的三大规律以及唯物主义反映论等重要问题进行了论述。在《现代社会学》中，他着重论述了辩证法在社会领域中的运用，指出在探究社会问题时不仅要坚持唯物论，还要坚持“互辩法”和历史主义，把整个人类社会看作不断变更的社会过程。尽管瞿秋白对辩证法的理解和阐述还未能做到充分、系统、深刻，但他比较自觉运用唯物辩证法研究社会科学、研究社会现象，考查社会的实际状况，分析中国社会的矛盾与特性，提出了一些较深刻的思考，对丰富和深化早期中国共产党人马克思主义观，促进马克思主义理论水平的提高无疑是具有开拓性意义的理论贡献。

① 参见列宁：《卡尔·马克思》，载《列宁选集》(2)，人民出版社 1995 年版，第 418 页。

② 瞿秋白：《唯物论的宇宙观概说》，载《瞿秋白文集·政治理论编》(4)，人民出版社 1993 年版，第 1～2 页。

③ 瞿秋白：《社会哲学概论》，载《瞿秋白文集·政治理论编》(2)，人民出版社 1988 年版，第 334 页。

由于对辩证唯物主义的认识和理解，瞿秋白对马克思主义理论体系的认识也比李大钊、陈独秀等有了较大的进步。瞿秋白说，他写《马克思主义之意义》的目的是“帮助读者得到对于‘马克思主义’一名词的正确概念，不至于认为马克思主义就限于唯物史观及其经济学说”①。文章指出：“马克思主义，通常以为是马克思的经济学说，或者阶级斗争论，如此而已。其实这是大错特错的。”②这显然是针对李大钊、陈独秀等此前关于马克思主义的看法而发的。瞿秋白引用普列汉诺夫“马克思主义是整个儿的宇宙观。简而言之，这是现代的唯物论”的说法，然后指出，“马克思主义是对于宇宙、自然界、人类社会之统一的观点，统一的方法”，“马克思主义并不限于经济学说，也不限于社会科学，而是解释宇宙一切现象的方法总论，综合各科学的方法而说明人类知识能量的认识论——现代的唯物哲学”。这是因为马克思“对于现实世界里的一切现象都以‘现代的’或互辩法的——即第亚力克谛的唯物论观点去解释。这是马克思主义的最根本的基础，就是所谓马克思的哲学”。③ 这样，瞿秋白就将辩证唯物主义视为马克思主义的“最根本的基础”和重要组成部分。在瞿秋白看来，马克思主义是“以互辩法唯物论的总观点考察宇宙间的一切现象：天文、地理、生物界、人类社会”的学说，适用于解释宇宙自然和人类社会的“根本公律”，但人类社会有其特殊的“社会公律”，因此，“马克思主义之中，特别分出研究人类社会生活的一部分。这一部分之中包容着两种科学：一是马克思主义的社会学——唯物史观的应用；二是马克思主义的经济学——研究社会经济的”。同时，“应用马克思主义于资本主义的研究，我们得着一个结论——说资本主义社会必然覆灭而共产社会必然形成。资本主义社会怎样过渡到共产社会，将来的共产社会的特性是怎样的，应当采取怎样的行动以求达到共产社会的目的——这些理论上（党纲上）、策略上的问题，便是马克思主义的第四部分——科学的社会主义或科学的共产主义所研究的”④。这样，瞿秋白所理解

① 瞿秋白：《唯物论的宇宙观概说》，载《瞿秋白文集·政治理论编》(4)，人民出版社 1993 年版，第 1 页。

② 瞿秋白：《唯物论的宇宙观概说》，载《瞿秋白文集·政治理论编》(4)，人民出版社 1993 年版，第 18 页。

③ 瞿秋白：《唯物论的宇宙观概说》，载《瞿秋白文集·政治理论编》(4)，人民出版社 1993 年版，第 18、19、18 页。

④ 瞿秋白：《马克思主义的意义》，载《瞿秋白文集·政治理论编》(4)，人民出版社 1993 年版，第 19、19～20 页。

的马克思主义就是由"互辩法唯物论"、"唯物史观"、"无产阶级经济学"、"科学的共产主义"四个部分构成的整个系统。不过，瞿秋白的这一新认识并没有改变早期中国共产党人对马克思主义基本性质的认识，他指出："理论上说来，科学的共产主义是马克思主义前三部分：(一)互辩法唯物论，(二)唯物史观，(三)无产阶级经济学之结论；而他在实践上却是马克思主义整个儿的系统形成之动机。"在论述马克思主义各组成部分之关系时，瞿秋白又指出："马克思主义的这四大部分就是这样结合而成整个的系统。——一方面，就方法而论，都是以唯物论一以贯之的；别方面，就目的而论，都是以革命的目的为对象的。"因此，"纯正的彻底的马克思主义，必定是革命的共产主义"。[①] 与此前李大钊、李达等关于马克思主义基本内容的认识相比，最为突出的不仅是增加了辩证唯物主义的内容，而且是将辩证唯物主义视为马克思主义"最根本的基础"。显然，瞿秋白的这些论述与列宁关于马克思主义理论体系的看法是一致的，可以说代表了早期中国共产党人马克思主义观的进步。

(二)"只有列宁主义是真正的马克思主义"——对列宁主义的看法

瞿秋白马克思主义观的另一重要内容，应该是关于列宁主义在马克思主义发展方面的意义以及列宁主义与中国革命等重要问题的认识与评价。早期中国共产党人直到1920年以后才较多地了解到列宁学说，但在1923年之前，他们对列宁主义的认识还是相当有限的。中共"二大"以后，列宁的民族与殖民地革命思想成为中共领导国民革命的指导思想，如何全面、准确地认识和理解列宁主义成为早期中国共产党人迫切需要解决的问题。从1923年到1927年，瞿秋白不仅在许多文章中阐发、论证列宁的民族和殖民地革命理论，而且自觉地运用这一思想思考中国国民革命的性质、任务、领导力量、发展方向等一系列重要问题，并撰写了《列宁与社会主义》、《列宁主义与杜洛斯基主义》、《列宁主义与中国的国民革命》等集中论述列宁主义的文章。1923年12月，瞿秋白发表《自民权主义至社会主义》，初步运用列宁主义论述中国国民革命的性质、前途以及无产阶级领导权等问题。此后发表的《列宁与社会主义》，着重论述列宁作为"实行社会主义的第一人"的四种特性，即："第一，能彻底实行；第二能觉察现实；第三，有组织力与训练力；第四，能活用相反相成的政略，"指出"列宁能以妥协的方法行不妥协的策略；能组织集中革命的实力；能

① 瞿秋白：《马克思主义的意义》，载《瞿秋白文集·政治理论编》(4)，人民出版社1993年版，第20、21页。

观察客观的政治动象；能运用革命实力探悉对付客观环境的方法去实行社会主义的目的。不但如此，他更能组织成广大的革命机关，训练出适当的革命人才，来继续他进行伟大的长期的社会革命事业，一直到共产的无政府社会之实现。”文章为强调列宁“最能综合革命的理论和革命的实践”，还认为“实在说起来，列宁在马克思主义的理论上，比起十九世纪末二十世纪初的许多理论家来——如考茨基，如吉德，如朴列汉诺夫——并无何等特长——这是他自己所承认的”。[①] 这与李达 1920 年所说的“列宁并不是创造家，只可称为实行家，不过能将马克思主义的真相阐明表彰出来，善于应用，这便是列宁的伟大”[②]还没有太大的区别。但到 1925 年，瞿秋白由于改译斯大林的《列宁主义基础》为《列宁主义概说》，对列宁主义有了比较全面准确的认识，认为列宁主义绝不仅“是应用于俄国客观情形之马克思主义”，即使说“列宁主义是革命的马克思主义”也是不准确的，因为这意味着马克思主义存在着“革命的”、“改良派”、“机会派”等区别，指出“马克思主义本来只有革命的，就是只有列宁主义是真正的马克思主义”，“列宁主义是马克思主义，而且是唯一的马克思主义”。这样，就突出强调了列宁主义与马克思主义的一致性、列宁主义是马克思主义的唯一代表。《列宁主义概说》并没有将列宁主义完全等同于马克思主义，“列宁主义始终不就是等于马克思主义，列宁主义之中有许多成分是马克思主义中原来所没有的，或者虽有亦很不详尽，还未发展的”。这是因为马克思、恩格斯处于欧洲资产阶级革命时代，他们提出了无产阶级革命理论的大纲，但还没有接触到无产阶级革命和专政等具体问题，而列宁处于帝国主义时代，他依据马克思主义提出了帝国主义时代的“世界革命”、无产阶级专政、民族殖民地革命等重要思想。因此，“马克思主义是无产阶级革命的理论，然而是无产阶级革命前的，工业资本主义时代的社会革命思想之大纲；列宁主义呢，便是无产阶级革命时的帝国主义时代的马克思主义——执行无产阶级革命的实践的原理”。[③]《列宁主义概说》是瞿秋白改译而成的，也代表了他对列宁主义的认识。也正是根据这样的认识，瞿秋白在《列宁主义与杜洛斯基主义》中比较全面地论述了列宁主义与托洛茨基的差别，指出：“列宁主义和杜洛茨基主义的

① 瞿秋白：《列宁与社会主义》，载《瞿秋白文集·政治理论编》(2)，人民出版社 1988 年版，第 508、508～509、502 页。

② 李达：《马克思还原》，载《李达文集》(1)，人民出版社 1980 年版，第 39 页。

③ 瞿秋白：《列宁主义概说》，载《瞿秋白文集·政治理论编》(3)，人民出版社 1989 年版，第 22、23、23～24 页。

不同，不在于主张'革命无间断的转变'与否，而在于这两点：一，无产阶级政党是否认农民阶级绝无独立的政治作用；二，无产阶级政党是否当注意吸引农民阶级，使他积极赞助自己"，"列宁派的政策，便是：无产阶级不死守着自己社会主义的原则，而以接受小资产阶级式的农地政纲，去赞助农民阶级的利益，帮他和封建地主斗争，——这样去换取农民阶级赞助无产阶级反抗资产阶级的社会主义政策"。[①] 瞿秋白指出，列宁也有其"革命无间断"说，但"不是要无产阶级反抗资产阶级而斗争时跳过小资产阶级的农民而直接实行社会主义和所谓'工人政府'，而是合乎历史的一切阶级发展律，无产阶级在每一阶段努力执行现实上可能的社会主义职任之最大限度，同时保存并且巩固自己与农民阶级的联盟。这是俄国无间断的革命中，列宁派的策略的精义"[②]。显然，这篇文章关于列宁主义的认识对瞿秋白思考农民革命与国民革命的关系有很大的启发和指导作用。瞿秋白对列宁主义的介绍和论述是为了更好地运用马克思列宁主义来探讨中国国民革命问题，1926 年初，他为此写了《列宁主义与中国的国民革命》[③]，在具体论述列宁主义的主要内容如无产阶级革命论、无产阶级专政论以及无产阶级政党理论之时处处着眼于这些理论对中国革命的指导意义，尤其是对列宁的民族和殖民地革命理论给予了高度评价。

（三）"革命的理论必须和革命的实践相密切联结起来"——关于如何对待马克思主义问题的贡献

在如何对待马克思主义问题上，李大钊、陈独秀、李达等已经提出或在关于马克思主义的论述中表现出一些原则性的看法。对于这些看法，瞿秋白在从事马克思主义宣传、研究和运用过程中都有进一步的深入思考。其中，在我们看来比较重要的是如下几个方面：

首先，对全面理解马克思主义问题的重要贡献。如上所述，早期中国共产党人如李大钊等很早就注意到全面理解马克思主义理论体系，并在这方面提出了大体一致的看法，但由于客观条件限制和各方面因素影响，他们既不可能真正全面地把握马克思主义的庞大体系和繁富内容，对列宁在这方面早已提

① 瞿秋白：《列宁主义和杜洛茨基主义》，载《瞿秋白文集·政治理论编》(3)，人民出版社 1989 年版，第 57、57～58 页。

② 瞿秋白：《列宁主义和杜洛茨基主义》，载《瞿秋白文集·政治理论编》(3)，人民出版社 1989 年版，第 61 页。

③ 《瞿秋白文集·政治理论编》第三卷载录此文时标明"改译"，但未说明由何人著作改译。从文章内容及行文来看，此文更像是出自瞿秋白自己的手笔。

出的看法也所知甚少，因此，他们所概括的马克思主义理论体系基本是以唯物史观为基础、以阶级斗争学说为中心的。瞿秋白显然对列宁所概括的马克思主义理论体系及其主要内容非常熟悉，因此他在批评此前关于马克思主义的不全面的理解的同时，特别强调马克思主义的哲学基础是辩证唯物主义。在此基础上，瞿秋白提出了马克思主义是由“互辩法唯物论”、“唯物史观”、“无产阶级经济学”、“科学的共产主义”四个组成部分构成的整个理论系统的看法。显然，与李大钊等的相关看法相比，瞿秋白对马克思主义理论体系的概括的进步意义并不仅仅在于认识的全面，更主要的是由唯物史观到“互辩法唯物论”这一理论基础的转移，从而使早期中国共产党人对马克思主义理论意义的理解从“社会革命”理论延伸、扩展到“对于宇宙、自然界、人类社会之统一的观点，统一的方法”，“解释宇宙一切现象的方法总论”。在全面理解马克思主义的问题上，瞿秋白另一个重要的理论贡献在于对列宁主义在马克思主义发展上的意义、列宁主义的特征等重要问题的论述。在瞿秋白之前，早期中国共产党人的主要代表人物对列宁主义所知甚少，往往把列宁视为马克思主义的代表，对列宁主义与马克思主义的区别与联系都分辨不清。瞿秋白的相关论述，实际上提出了从马克思主义发展的角度认识和评价列宁主义的问题，这对促进早期中国共产党人马克思主义观的发展无疑是有重要的指导意义的。尽管如此，由于瞿秋白对马克思主义体系及其性质的看法主要受到列宁早期思想的影响，因此，他对马克思主义“革命性”尤其重视，认为“马克思主义本来只有革命的，就是只有列宁主义是真正的马克思主义”，“纯正的彻底的马克思主义，必定是革命的共产主义”，这无疑更接近于党的“二大”之前李大钊、李达等突出强调的“革命的社会主义”。瞿秋白对国民革命中一系列问题的思考所表现出鲜明的激进色彩，以及“八七”会议后在领导中国革命时的“左倾”问题，都与其这种马克思主义观有深刻联系。

其次，对坚持马克思主义在中国革命中的指导地位问题的突出强调。这本来是李大钊等第一代中国马克思主义者已经提出的问题，但对这一问题在理论上的充分论述却主要是瞿秋白的功绩。瞿秋白指出，“人类社会之发展有共同的公律”，马克思主义是“批评的革命的方法，决不是死板的‘社会主义理论’的公式”，[①]因而可以成为中国革命之指导。他根据列宁的“只有先进的理

① 瞿秋白：《东方文化与世界革命》，载《新青年》季刊，1923年第1期。

论所指导的政党，能尽革命运动中先进的斗争者之责”[①]的观点，不断强调马克思主义在中国共产党所领导的中国革命中的指导思想地位。在他看来，从五四运动到五卅运动的历史证明，“无产阶级的革命的马克思主义，不但能分析出中国社会发展的规律并且能运用这些客观的规律和力量，发展世界革命中之中国运动”，“马克思主义正在指导着中国革命行向胜利的道路”。[②] 瞿秋白从中国革命的实际出发对马克思主义对中国革命的指导地位进行了非常丰富的论述，从而使李大钊等在理论上阐述的问题得到了充分的事实证明因而显得更有说服力。正因为充分认识到马克思主义在中国革命中的指导地位，瞿秋白一直强调要充分重视马克思主义理论建设，提出“中国共产党员，连我自己在内，都需要认真地多读一些马克思列宁主义的著作，帮助我们研究和解决中国当前革命中的问题”。[③] 他对党内那种重革命实践而轻理论建设的倾向有所抵制和批评，指出党内对于“理论宣传，简直不必谈起。除译书外，主观上没有真正分析中国实际状况而宣传主义的意志”，同时也批判了对待马克思主义的公式化、教条主义倾向，指出有些人自认为“我即列宁，我即主义，我已经懂了，放在肚子里，逐段的抽出来，按公式教导党部下级人员及群众，……没有功夫来懂得全部理论和主义”。[④] 在李大钊之后，瞿秋白是早期中国共产党人中最重视马克思主义理论建设的。当然，由于各种条件限制，即使他自己也没有能够很好实现这一美好愿望。

最后，对理论与实践相结合原则的丰富论述。在李大钊等之后，瞿秋白通过运用马克思主义思考中国革命问题对理论与实践相结合原则有了更深切的认识和更为充分的重视。他根据对列宁主义的研究指出，“革命的理论必须和革命的实践相密切联结起来，否则理论便成空谈”，“实行革命运动而没有理论，也就要变成盲目的妄动”，因此，中国共产党人不但要掌握“真确”的马克思主义，而且要重视将马克思主义运用于中国革命的具体实际，“理论的真确与否，对于革命的实际运动非常之重要；理论若与实际相结合，他自身也就成为

① 瞿秋白：《列宁主义概说》，载《瞿秋白文集·政治理论编》(3)，人民出版社1989年版，第30页。

② 瞿秋白：《中国革命的五月与马克思主义》，载《瞿秋白文集·政治理论编》(4)，人民出版社1993年版，第103页。

③ 转引自朱钧侃、刘福勤等主编：《总想为大家辟一条光明的路——瞿秋白大事记述》，南京大学出版社1999年版，第538页。

④ 瞿秋白：《中国革命中之共产党党内问题》，载《瞿秋白选集》，人民出版社1985年版，第338页。

革命运动里的一种很大的实际力量"。[①] 基于这种认识，瞿秋白在坚持马克思主义的指导地位的前提下，一方面"力求应用马克思主义于中国的所谓国情"[②]，特别注重运用马克思主义观点、方法分析论述中国社会的性质、经济构成、阶级关系，从而对国民革命的特殊性、无产阶级在国民革命中的领导权问题、农民在国民革命中的地位与作用等重要问题进行了深刻的理论阐述，对党领导国民革命产生了重大影响。另一方面，他又特别强调马克思主义理论建设应该注重现实问题的解决，指出"革命的理论永不能和革命的实践相离"，因此研究马克思主义"要有利于革命的实践的"，[③]就是要寻求解释现实的社会现状、解决现实的社会问题、分析现实的社会运动以求得最终解决中国问题的方法。

① 瞿秋白:《列宁主义概说》，载《瞿秋白文集·政治理论编》(3)，人民出版社 1989 年版，第 29、31 页。

② 瞿秋白:《〈瞿秋白论文集〉自序》，载《瞿秋白选集》，人民出版社 1985 年版，第 310 页。

③ 瞿秋白:《〈瞿秋白论文集〉自序》，载《瞿秋白选集》，人民出版社 1985 年版，第 310、312 页。

第十章
毛泽东早期马克思主义观

在“五四”精神的感染和推动下，毛泽东积极参与社会改造运动，并在多次失败的尝试之后最终选择了成功的马克思主义道路。早年的这一特殊经历使毛泽东善于从参与和领导中国革命的直接实践中体会和理解马克思主义及其与中国革命的关系，既能始终坚持马克思主义基本原则，又能根据中国国情和革命实践进行创造性思考，从而在马克思主义与中国革命具体实际的科学结合方面积极促进了中国共产党人马克思主义观的发展。

一、毛泽东的马克思主义之路

从 1917 年 4 月在《新青年》杂志第 3 卷 2 号发表《体育之研究》到 1927 年中共“八七”会议是毛泽东思想发展的第一个十年。① 毛泽东的早期思想受到了《新青年》所传播的进步思潮的影响，陈独秀、胡适等代替了他原本尊崇的资产阶级改良派人物康有为、梁启超，成为他的“楷模”。② 正是在进步思潮推动下，毛泽东 1917 年与蔡和森等组织了进步团体——新民学会。《体育之研究》既体现了毛泽东对中国面临“亡国”厄运的深切关注和寻求救国之路的热切愿望，也表明了毛泽东早期思想所受到的“来自西方和中国的许多近代的、反传统思想影响”③。这一时期，毛泽东对社会问题尚未形成明确的思想观念。正如他自己所说：“在这个时候，我的思想是自由主义、民主改良主义、空想社会

---

① 美国毛泽东研究专家斯图尔特·R·施拉姆在他的名著《毛泽东的思想》中将毛泽东一生的思想发展分为六个阶段，约每十年为一个阶段。（参见《毛泽东的思想·导论》，田松年、杨德译，中国人民大学出版社 2005 年版，第 10 页）

② 参见[美]埃德加·斯诺：《西行漫记》，董乐山译，三联书店 1979 年版，第 125 页。

③ [美]斯图尔特·R·施拉姆：《毛泽东的思想》，田松年、杨德译，中国人民大学出版社 2005 年版，第 5 页。

主义等思想的大杂烩。我憧憬‘十九世纪的民主’、乌托邦主义和旧式的自由主义，但是我反对军阀和反对帝国主义是明确无疑的。”①其中影响比较大的是带有空想性、并具有无政府主义色彩的“新村建设”思潮。1918 年 6 月从湖南第一师范毕业后，毛泽东曾偕蔡和森、张昆弟等踏遍岳麓山下各乡村，想建立个半工半读、平等友爱的新村。②

1918 年 6 月，为组织新民学会会员赴法“勤工俭学”，毛泽东第一次来到北京，并在北京大学图书馆作了一名助理馆员。这使他有机会结识新文化运动的众多领袖人物，从而更为切近地体会各种新思潮。这次北京之行，也成为毛泽东马克思主义道路的起点。在京期间，毛泽东很可能读过李大钊这一时期发表的《庶民的胜利》、《Bolshevism 的胜利》等宣传十月革命和布尔什维克主义的文章。他后来回忆道：“我在李大钊手下国立北京大学当图书馆助理员的时候，就迅速地朝着马克思主义的方向发展”③，“在他的帮助下我才成了一个马列主义者”④。当然，毛泽东此时尚处于对各种进步思潮的选择取舍阶段，还没有确立马克思主义信仰。“在这个时候，我的思想还是混乱的，用我们的话来说，我正在找寻出路。”⑤他对陈独秀激情宣扬的资产阶级民主主义和公理战胜强权的主张、胡适的自由主义和实验主义等同样有兴趣，而他原来的无政府主义倾向也有所发展。在京期间，“我读了一些关于无政府主义的小册子，很受影响。我常常和来看我的一个叫朱谦之的学生讨论无政府主义和它在中国的前景。在那个时候，我赞同许多无政府主义的主张”⑥。

五四运动爆发后，毛泽东在湖南积极组织学生运动予以声援，并主编湖南学生联合会刊物《湘江评论》。他所撰写的《创刊宣言》，响应“世界革命”呼声和“人类解放”运动，提出了“民众联合的力量最强”和反抗强权的观点，认为“各种改革，一言蔽之，‘由强权得自由’而已。各种对抗强权的根本主义，为

---

① [美]埃德加·斯诺：《西行漫记》，董乐山译，三联书店 1979 年版，第 125 页。

② 1917 年 10 月，恽代英在武昌组织带有无政府主义色彩的“互助社”。毛泽东后来在与斯诺谈话时曾提到这个组织：“大约就在这个时候，湖北成立了另外一个团体，叫做互助社同新民学会性质相近。”（参见埃德加·斯诺：《西行漫记》，董乐山译，三联书店 1979 年版，第 124 页）

③ [美]埃德加·斯诺：《西行漫记》，董乐山译，三联书店 1979 年版，第 132 页。

④ 胡哲峰、孙彦编：《毛泽东谈毛泽东》，中共中央党校出版社 1993 年版，第 258 页。

⑤ [美]埃德加·斯诺：《西行漫记》，董乐山译，三联书店 1979 年版，第 127～128 页。

⑥ [美]埃德加·斯诺：《西行漫记》，董乐山译，三联书店 1979 年版，第 128 页。

'平民主义'"[①]。《宣言》代表了毛泽东的"平民主义"即民主主义改造世界的主张。1919 年七八月间,毛泽东在《湘江评论》连载长文《民众的大联合》。这篇文章正式提出了根本改造中国社会的主张:"国家坏到了极处,人类苦到了极处,社会黑暗到了极处。补救的方法,改造的方法,教育,兴业,努力,猛进,破坏,建设,固然是不错,有为这几样根本的一个方法,就是民众的大联合。"在毛泽东看来,"历史上的运动不论是那一种,无不是出于一些人的联合"。他所特别称道的是"法兰西以民众的大联合,和王党的大联合相抗,收了'政治改革'的胜利","自去年俄罗斯以民众的大联合,和贵族的大联合资本家的大联合相抗,收了'社会改革'的胜利以来,各国如匈,如奥,如截,如德,亦随之而起了许多的社会改革,虽其胜利尚未至于完满,要必可以完满,并且可以普及于世界,是想得到的"。[②] 但毛泽东并不主张采取俄国十月革命所奉行的马克思主义:"联合以后的行动,有一派很激烈的,就用'即以其人之道还治其人之身'的办法,同他们拼命的倒担。这一派的首领,是一个生在德国的,叫做马克斯。一派是较为温和的,不想急于见效,先从平民的了解入手。人人要有互助的道德和自愿工作。贵族资本家,只要他回心向善能够工作,能够助人而不害人,也不必杀他。这派人的意思,更广,更深远。他们要联合地球做一国,联合人类做一家,和乐亲善——不是日本的亲善——共臻盛世。这派的首领,为一个生于俄国的,叫做克鲁泡特金。"[③]这段论述将马克思学说理解为同强权者"拼命的倒担(捣蛋)",说明毛泽东对马克思主义显然还缺乏了解,甚至对十月革命与马克思的关系也并不清楚。同时,他认为克鲁泡特金的"互助论""更广,更深远",显然是与马克思主义相比较而言的。这不仅代表了毛泽东一直以来的无政府主义倾向,而且说明他所谓的"根本的一个方法"是倾向于改良主义的。毛泽东后来参与工读互助团体,以至谋求"湖南自治"、主张建立"湖南国",都与他这一思想有关。

1919 年 12 月,毛泽东为驱逐湖南军阀张敬尧再赴北京。在京期间,他开始认真地了解俄国革命和马克思主义。"我第二次到北京期间,读了许多关于俄国情况的书。我热心地搜寻那时候能找到的为数不多的用中文写的共产主

① 毛泽东:《〈湘江评论〉创刊宣言》,载《毛泽东早期文稿》,湖南出版社 1990 年版,第 292～293、293 页。

② 毛泽东:《民众的大联合(一)》,载《毛泽东早期文稿》,湖南出版社 1990 年版,第 338、339 页。

③ 毛泽东:《民众的大联合(一)》,载《毛泽东早期文稿》,湖南出版社 1990 年版,第 341 页。

义书籍。有三本书特别深地铭刻在我的心中，建立起我对马克思主义的信仰。我一旦接受了马克思主义是对历史的正确解释以后，我对马克思主义的信仰就没有动摇过。”[①]这三本书是《共产党宣言》、考茨基的《阶级斗争》、柯卡普的《社会主义史》。不过，毛泽东此时仍未确立马克思主义信仰，直到1920年3月，毛泽东在致周世钊的信中还坦率地承认：“老实说，现在我于种种主义，种种学说，都还没有得到一个比较明了的概念。”但他对俄国的兴趣显然更加浓厚了，不仅称道“俄国是世界第一个文明国”[②]，而且希望在国内用一二年时间研究古今中外学术，“然后组一留俄队，赴俄勤工俭学”[③]。此后，毛泽东致力于“湖南自治运动”。1920年4月，他在上海会见正在筹建上海共产主义小组的陈独秀，相互交流自己所了解的马克思主义学说。这对于毛泽东马克思主义信仰的确立起了直接的促进作用，“我第二次到上海去的时候，曾经和陈独秀讨论我读过的马克思主义书籍。陈独秀谈他自己的信仰的那些话，在我一生中可能是关键性的这个时期，对我产生了深刻的印象”[④]。

但只是由于湖南自治运动的失败，才使毛泽东“越来越相信，只有经过群众行动取得群众政治权力，才能保证有力的改革的实现”，他的马克思主义信仰由此得到最终确立。“到一九二O年夏天，在理论上，而且在某种程度的行动上，我已成为一个马克思主义者了，而且从此我也认为自己是一个马克思主义者了。”[⑤]1920年底，毛泽东在总结他所领导的“驱张运动”和“自治运动”时指出：“这两种运动，都只是应付目前环境的一种权宜之计，决不是我们的根本主张，我们的主张远在这些运动之外。”他从此致力于“从事于根本改造之计划和组织，确立一个改造的基础，如蔡和森所主张的共产党”。[⑥] 当时在法留学的蔡和森“以为应用俄国式的方法去达到改造中国与世界，是赞成马克思的方法的”，“对于中国将来的改造，以为完全适用社会主义的原理与方法”，“以为先要组织共产党，因为它是革命运动的发动者，宣传者，先锋队，作战部”。毛

① [美]埃德加·斯诺：《西行漫记》，董乐山译，三联书店1979年版，第131页。

② 毛泽东：《致周世钊信》(1920年3月14日)，载《毛泽东早期文稿》，湖南出版社1990年版，第474、476页。

③ 参见毛泽东：《致陶毅信》(1920年2月)，载《毛泽东早期文稿》，湖南出版社1990年版，第467页。

④ [美]埃德加·斯诺：《西行漫记》，董乐山译，三联书店1979年版，第133页。

⑤ [美]埃德加·斯诺：《西行漫记》，董乐山译，三联书店1979年版，第131页。

⑥ 毛泽东：《“驱张”和“自治”不是我们的根本主张》，载《毛泽东早期文稿》，湖南出版社1990年版，第571、572页。

泽东则“于和森的主张,表示深切的赞同”。此后,英国学者罗素来长沙演讲,“主张共产主义,但反对劳农专政,谓宜用教育的方法使有产阶级觉悟,可不至要妨碍自由,兴起战争,革命流血”,毛泽东认为罗素的主张“理论上说得通,事实上做不到”。[①] 1921年初,新民学会长沙会员集会讨论学会方针以及“改造中国与世界”问题。毛泽东在会上指出:“现在国中对于社会问题的解决,显然有两派:一派主张改造,一派则主张改良。前者如陈独秀诸人,后者如梁启超、张东荪诸人。”在他看来,“改良是补缀办法,应主张大规模改造”,“社会政策,是补苴罅漏的政策,不成办法。社会民主主义,借议会为改造工具,但事实上议会的立法总是保护有产阶级的。无政府主义否认权力,这种主义恐怕永世都做不到。温和方法的共产主义,如罗素所主张极端的自由,放任资本家,亦是永世做不到的。激烈方法的共产主义,即所谓劳农主义,用阶级专政的方法,是可以预计效果的,故最宜采用”[②]。显然,在经历了多次社会改造运动的失败之后,毛泽东选择了俄国十月革命的道路,“因俄式系诸路皆走不通了新发明的一条路,只此方法较之别的改造方法所含可能的性质为多”。[③] 在会后不久给蔡和森信中,毛泽东指出:“唯物史观是吾党哲学的根据,这是事实,……我现在不承认无政府的原理是可以证实的原理,有很强固的理由。……况乎尚有非得政权则不能发动革命,不能保护革命,不能完成革命,在手段上又有十分必要的理由呢。”[④]这表明,毛泽东此时已经明确地在思想上与他原本的“呼声革命”、“无血革命”以及无政府主义倾向告别了,不仅接受了马克思的唯物史观,而且赞成阶级斗争学说和无产阶级专政。这是毛泽东马克思主义信仰确立的明显标志。

毛泽东从接触马克思主义到确立马克思主义信仰虽然为时较短,但却是相当艰难曲折的。一方面是他所从事的社会改造活动如“驱张运动”、“湖南自治运动”的不断失败迫使他最终走向“另造环境一法”,另一方面他又是在诸种

---

① 毛泽东:《给蔡和森的信》(1921年1月21日),载《毛泽东文集》(1),人民出版社1993年版,第8、4、3～4、5页。

② 毛泽东:《在新民学会长沙会员大会上的发言》,载《毛泽东文集》(1),人民出版社1993年版,第2页。

③ 毛泽东:《在新民学会长沙会员大会上的发言》,《毛泽东文集》(1),人民出版社1993年版,第1页。

④ 毛泽东:《给蔡和森的信》(1921年1月21日),载《毛泽东文集》(1),人民出版社1993年版,第4页。

“世界解决社会问题的方法”的比较中自觉地选择马克思主义的。在确立了马克思主义信仰后，他面临的问题是如何将马克思主义与中国的具体国情科学地结合起来，寻找一条中国革命的独特道路。

二、毛泽东早期马克思主义观“理论上的创造性”

(一)“所谓国民革命运动，其大部分即是农民运动”——对中国革命道路的思考

在认识和评价毛泽东早期的马克思主义观时，我们以为应该特别注意把握毛泽东早期马克思主义观的特殊性。与李大钊、陈独秀等很多早期中国共产党人明显不同的是，毛泽东无论是在其马克思主义信仰确立之前还是之后都很少直接阐述对马克思主义以及如何运用马克思主义指导中国革命问题的看法。这当然与其接受马克思主义为时甚短有关。毛泽东直到 1919 年底再次赴京才开始认真阅读马克思主义著作，因而，他对马克思主义的了解、掌握远不如李大钊、李达、陈独秀等那样全面、深刻。此外，中共成立以后，毛泽东马上投身对工人运动的领导之中，此后又从事繁忙的组织工作，这些都在一定程度上影响了他对马克思主义的学习。但是，在我们看来更为重要的是，毛泽东从来都不是仅凭书本知识空发议论的人，他是通过“新村建设”、“驱张运动”、“湖南自治运动”的不断失败、在“诸路皆走不通”之后才最终选择马克思主义的，他所以选择马克思主义，就是认定“激烈方法的共产主义，即所谓劳农主义，用阶级专政的方法，是可以预计效果的，故最宜采用”[①]。他始终是根据社会改造实践的需要去理解马克思主义的。因此，毛泽东早期的马克思主义观主要不是表现在他对马克思主义基本问题的具体理解和阐述，而且表现在对马克思主义与中国实际如何结合、如何运用马克思主义解决中国革命道路问题的思考上。他是通过对中国革命道路的认识显示出其对马克思主义的独特理解的。毛泽东这一时期的马克思主义观或许不如李大钊、陈独秀等那样丰富、系统，那样多向面地展开，但却富有个性和创造性。由于以上原因，对毛泽东早期马克思主义观的探讨，一方面要结合早期中国共产党人马克思主义观的发展来认识，另一方面将不得不主要依靠他对中国革命道路的独特思考。

自 1920 年夏天在上海与陈独秀会面起，毛泽东实际已经参与了建党活

① 毛泽东：《在新民学会长沙会员大会上的发言》，载《毛泽东文集》(1)，人民出版社 1993 年版，第 2 页。

动。1921 年 7 月中国共产党成立后，毛泽东积极参与和领导中国早期共产主义运动。1925 年底，毛泽东在填写“少年中国学会”改组委员会征询会员意见调查表时，曾总结自己从湖南第一师范毕业之后的主要经历：“教过一年书，做过两年工人运动，半年农民运动，一年国民党的组织工作。”而在“对于目前内忧外患交迫的中国究抱何种主义”一项下写到：

> 本人信仰共产主义，主张无产阶级的社会革命。惟目前的内外压迫，非一阶级之力所能推翻，主张用无产阶级、小资产阶级及中产阶级左翼合作的国民革命，实行中国国民党之三民主义，以打倒帝国主义，打倒军阀，打倒买办、地主阶级（即与帝国主义、军阀有密切关系之中国大资产阶级及中产阶级右翼），实现无产阶级、小资产阶级及中产阶级左翼的联合统治，即革命民众的统治。

这段话比较集中地代表了中共成立之后毛泽东对国民革命性质、任务、前途的基本看法。在调查表的“学业”一栏，毛泽东写到：“研究社会科学，现在注重研究中国农民问题。”[①]这则体现了 1925 年下半年以后毛泽东对中国革命道路关注重心的转移。

美国学者斯图尔特·R·施拉姆将毛泽东自 1921 年 7 月中共成立到 1927 年 4 月大革命结束之前的经历分为三个阶段：“前两年他在湖南从事工人运动的组织工作，这一阶段可称作他的‘工人’时期。此后的 1923 年和 1924 年，他作为中国共产党中央委员会委员和中国国民党上海执行部的一个成员，在广州和上海工作，这一阶段可称作他的‘组织者’时期。最后，正如大家都知道的，他在 1925 年～1927 年主要从事农民运动，这一阶段可称作他的‘农民’时期。”施拉姆还认为，“根据所有可能得到的原始资料和第二手资料，就可以看出毛泽东在从事工人运动的两年中，和它的前后阶段相比较，一个显著的特征是缺乏理论上的创造性。也就是说，这两年中毛泽东的文章不多，而且缺少热情和雄辩，而在其他阶段，他的这些方面是能够得到充分表现的”。[②]早期中国共产党人马克思主义观以 1922 年 7 月的中共“二大”为标志发生了

---

① 毛泽东：《答少年中国学会改组委员会问》，载《毛泽东文集》(1)，人民出版社 1993 年版，第 18～19 页。

② [美]斯图尔特·R·施拉姆：《毛泽东的思想》，田松年、杨德译，中国人民大学出版社 2005 年版，第 22 页。

一个从社会主义革命向民族民主革命的转变。毛泽东的"'工人'时期"主要处于社会主义革命阶段，他这一时期的文章，如1921年11月的《所希望于劳工会的》，强调"劳动组合的目的，不仅在团结劳动者以罢工的手段取得优益的工资和缩短工作时间，尤在养成阶级的自觉，以全阶级的大同团结，谋全阶级的根本利益。这是宗旨所在"①。无疑是主张工人阶级领导社会主义革命的。毛泽东"'组织者'时期"文章同样不多，而且限于阐述中共国民革命纲领，如《外力、军阀与革命》、《北京政变与商人》等，或阐述革命的"三民主义"以及批判国民党右派，如《〈广东省党部代表大会会场日刊〉发刊词》和《国民党右派分离的原因及其对于革命前途的影响》等。这些文章主要是在民族民主革命框架内思考中国革命问题，在如何运用马克思主义以解决中国革命问题上，与党的反帝反封建的国民革命纲领是一致的。

施拉姆所说的毛泽东"理论上的创造性"主要是指他"'农民'时期"的思想。1924年冬，毛泽东开始在湖南领导农民运动。组织起来的农民在反帝反封建斗争中所表现出来的伟大革命力量使他逐渐认识到农民运动在国民革命中的重要地位。1925年12月，他在论及"革命的三民主义"时指出："革命的民生主义叫我们反抗大商买办阶级，尤其是那封建宗法性一切反动势力根本源泉之地主阶级，使中国大多数穷苦人民得享有经济幸福，"并提出"打倒勾结帝国主义、军阀惨杀农民的地主阶级！"②毛泽东将地主阶级视为"封建宗法性一切反动势力根本源泉"，说明他对中国社会的"半封建"性质以及国民革命的主要对象已经有了更为明确的认识。1925年12月，毛泽东在《中国社会各阶级的分析》中以"谁是我们的敌人？谁是我们的朋友？"为立足点细致地分析了中国社会各阶级的经济地位、政治态度以及随着革命形势的发展这种政治态度可能发生的变化。文章一则突出强调了地主阶级和买办阶级是国民革命的主要对象，二则指出了农民是无产阶级最广大、最忠实的同盟军。最后指出："一切勾结帝国主义的军阀、官僚、买办阶级、大地主阶级以及附属于他们的一部分反动知识界，是我们的敌人。工业无产阶级是我们革命的领导力量。一切半无产阶级、小资产阶级，是我们最接近的朋友。那动摇不定的中产阶级，

① 毛泽东：《所希望于劳工会的》，载《毛泽东文集》(1)，人民出版社1993年版，第6页。

② 毛泽东：《〈广东省党部代表大会会场日刊〉发刊词》，载《毛泽东文集》(1)，人民出版社1993年版，第16～17页。

其右翼可能是我们的敌人，其左翼可能是我们的朋友。”[①]如果说《中国社会各阶级的分析》是毛泽东的思想转变的开始，那么当1926年9月他在为《农民问题丛刊》作序时，这种转变已经变得非常明显了。毛泽东指出：

> 农民问题乃国民革命的中心问题，农民不起来参加并拥护国民革命，国民革命不会成功；农民运动不赶速地做起来，农民问题不会解决；农民问题不在现在的革命运动中得到相当的解决，农民不会拥护这个革命。——这些道理，一直到现在，即使在革命党里面，还有许多人不明白。[②]

“农民问题乃国民革命的中心问题”“这一声明本身毫无异乎寻常之处，因为自1925年下半年以来，甚至于完全是城市出生的人也注意到农村革命活动高涨的形势，以至于共产党以及（或者）国民党的发言人几乎在每一次谈话中都不自觉地把屈从于农民运动的言论变成了一腔陈词滥调”。但“毛泽东是从分析农民在中国社会结构中的地位来说明农民革命的重要性的，这是他的最大特点”。[③] 在毛泽东看来，“经济落后之半殖民地革命最大的对象是乡村宗法封建阶级（地主阶级）”：

> 经济落后之半殖民地，外而帝国主义内而统治阶级，对于其地压迫榨取的对象主要是农民，求所以实现其压迫与榨取，则全靠那封建地主阶级给他们以死力的拥护，否则无法行其压榨。所以经济落后之半殖民地的农村封建阶级，乃其国内统治阶级国外帝国主义之唯一坚实的基础，不动摇这个基础，便万万不能动摇这个基础的上层建筑物。中国的军阀只是这些乡村封建阶级的首领，说要打倒军阀而不要打倒乡村的封建阶级，岂非不知道轻重本末？
>
> 有人以为买办阶级之猖獗于都市，完全相同于地主阶级之猖獗于乡村，二者应相提而并论。这话说猖獗对，说完全相同不对。买办阶级集中的区域，全国不过香港、广州、上海、汉口、天津、大连等沿海沿江数处，不

---

① 毛泽东：《中国社会各阶级的分析》，载《毛泽东选集》(1)，人民出版社1991年第2版，第3、9页。

② 毛泽东：《国民革命与农民运动——〈农民问题丛刊〉序》，载《毛泽东文集》(1)，人民出版社1993年版，第37页。

③ [美]斯图尔特·R·施拉姆：《毛泽东的思想》，田松年、杨德译，中国人民大学出版社2005年版，第34页。

> 若地主阶级之领域在整个的中国各省各县各乡。政治上全国大小军阀都是地主阶级(破产的小地主不在内)挑选出来的首领,这班封建地主首领即封建军阀利用城市买办阶级以拉拢帝国主义,名义上实际上都是军阀做主体,而买办阶级为其从属。财政上军阀政府每年几万万元的消耗,百分之九十都是直接间接从地主阶级驯制下之农民身上括得来,买办阶级如银行公会等对北京政府有条件的借债,究竟比较甚少。[①]

"农村封建阶级"既然是帝国主义和军阀压榨中国的"唯一坚实的基础",国民革命的中心任务就应该是"动摇这个基础",而"动摇这个基础"的"革命势力"也在农村。因此,"中国革命的形势只是这样:不是帝国主义、军阀的基础——土豪劣绅、贪官污吏镇压农民,便是革命势力的基础——农民起来镇压住土豪劣绅、贪官污吏。中国的革命,只有这一种形势,没有第二种形势。……因此,乃知所谓国民革命运动,其大部分即是农民运动"。[②] 这是因为农民运动代表着国民革命的性质:

> 我们知道中国的农民运动乃政治争斗、经济争斗这两者汇合在一起的一种阶级争斗的运动。内中表现得最特别的尤在政治争斗这一点,这一点与都市工人运动的性质颇有点不同。都市工人阶级目前所争,政治上只是求得集会结社之完全自由,尚不欲即时破坏资产阶级之政治地位。乡村的农民,则一起来便碰着那土豪劣绅大地主几千年来持以压榨农民的政权(这个地主政权即军阀政权的真正基础),非推翻这个压榨的政权,便不能有农民的地位,这是现时中国农民运动的一个最大的特色。[③]

显然,毛泽东并非是说工人运动比农民运动落后,但由于国民革命的性质是资产阶级民主革命,动摇作为军阀和帝国主义这两大统治势力之基础的"宗法封建的地主阶级之特权"的农民运动无疑更能代表国民革命的性质。因此,毛泽东指出城市无产阶级、小资产阶级不仅应该加强反帝反封建的"政治斗争"性

① 毛泽东:《国民革命与农民运动——〈农民问题丛刊〉序》,载《毛泽东文集》(1),人民出版社1993年版,第37、38～39页。

② 毛泽东:《国民革命与农民运动——〈农民问题丛刊〉序》,载《毛泽东文集》(1),人民出版社1993年版,第38页。

③ 毛泽东:《国民革命与农民运动——〈农民问题丛刊〉序》,载《毛泽东文集》(1),人民出版社1993年版,第40～41页。

质，而且强调没有农民从基础上动摇军阀和帝国主义势力，国民革命同样难以取得成功："我总觉得都市的工人、学生、中小商人应该起来猛击买办阶级，并直接对付帝国主义，进步的工人阶级尤其是一切革命阶级的领导，然若无农民从乡村中奋起打倒宗法封建的地主阶级之特权，则军阀与帝国主义势力总不会根本倒塌。"①在写《国民革命与农民运动》一年后，毛泽东为了矫正"所有各种反对农民运动的议论"，为了变更"革命当局对农民运动的各种错误处置"，写了著名的《湖南农民运动考察报告》。文章高度评价了农民运动动摇封建经济基础的作用："农民的主要攻击目标是土豪劣绅，不法地主，旁及各种宗法的思想和制度，城里的贪官污吏，乡村的恶劣习惯。这个攻击的形势，简直是急风暴雨，顺之者存，违之者灭。其结果，把几千年封建地主的特权，打得个落花流水。"因此，农民运动并非人们所批评的"糟得很"，"乃是广大的农民群众起来完成他们的历史使命，乃是乡村的民主势力起来打翻乡村的封建势力"②。文章发挥了《国民革命与农民运动》的观点，指出："宗法封建性的土豪劣绅，不法地主阶级，是几千年专制政治的基础，帝国主义、军阀、贪官污吏的墙脚。打翻这个封建势力，乃是国民革命的真正目标。孙中山先生致力国民革命凡四十年，所要做而没有做到的事，农民在几个月内做到了。这是四十年乃至几千年未曾成就过地奇勋。……一切革命同志须知：国民革命需要一个大的农村变动。辛亥革命没有这个变动，所以失败了。现在有了这个变动，乃是革命完成的重要因素。"③

施拉姆认为，"到此时为止，毛泽东已形成了这样一种观点，即中国革命的重心应转移到农村去。此观点形成后就没再动摇过"④。可以肯定的是，毛泽东"'农民'时期"关于农民运动与国民革命关系的论述，是其思想发展的第一个十年最有"理论上的创造性"之处，也是其早期马克思主义观的集中表现。

① 毛泽东：《国民革命与农民运动——〈农民问题丛刊〉序》，载《毛泽东文集》(1)，人民出版社1993年版，第39页。

② 毛泽东：《湖南农民运动考察报告》，载《毛泽东选集》(1)，人民出版社1991年第2版，第14、15页。

③ 毛泽东：《湖南农民运动考察报告》，载《毛泽东选集》(1)，人民出版社1991年第2版，第15、16页。

④ [美]斯图尔特·R·施拉姆：载《毛泽东的思想》，田松年、杨德译，中国人民大学出版社2005年版，第28页。

(二)“一个边缘的孤立的趋向”——早期马克思主义观的特殊性及其历史地位

早期中国共产党人马克思主义观形成发展的关键问题在于,如何运用马克思主义达到对中国革命的性质、任务、主要领导力量、道路、前途等重要问题的科学认识,并且在这一前提下能做到将马克思主义科学地运用中国革命的实际。而要达到上述认识,一个关键问题在于正确认识中国社会的性质。中共“二大”在列宁主义和共产国际指导下提出了反帝反封建的民主革命纲领,是早期中国共产党人马克思主义观向科学化迈进的第一步。其中的重要原因就在于对中国社会的半封建半殖民地性质的科学认识。但这一认识起初仍然是相当笼统的,尤其是在“反封建”问题上主要理解为打倒封建军阀,很少指向半封建生产关系和作为封建军阀的经济基础的地主阶级统治。这也是大革命后期中共主要领导人在农民革命问题上产生争论的重要原因。中国共产党成立之后严格按照马克思主义无产阶级领导社会主义革命原则开展城市工人运动,对农民问题关注甚少。即使在“二大”之后,中共仍然将主要精力集中在领导工人运动上。但列宁在共产国际“二大”发表的《讨论民族与殖民地问题》的讲话已经指出:“毫无疑问,任何民族运动都只能是资产阶级民主性质的,因为落后国家的主要居民群众是农民,而农民是资产阶级资本主义关系的代表。认为无产阶级政党(一般地说,如果它在这种国家里能够产生的话)不同农民运动发生一定的关系,不在实际上支持农民运动,就能在这些落后国家里实行共产主义的策略和共产主义的政策,那就是空想。”[①]1923年5月,共产国际指示中国共产党:“在中国进行民族革命和建立反帝战线之际,必须同时进行反对封建主义残余的农民土地革命。只有把中国人民的基本群众,即占有小块土地的农民吸引到运动中来,中国革命才能取得胜利。”“因此,全部政策的中心问题乃是农民问题。无论出于任何考虑而回避这一基本点,都意味着不理解这个社会经济基础的重大意义,而只有在这个基础上才能胜利地进行反对外国帝国主义和彻底消灭中国封建制度的斗争。”《指示》还强调,“共产党作为工人阶级的政党,应当力求实现工农联盟”,并开展“土地革命”。[②] 正是在列

① 列宁:《讨论民族与殖民地问题》,载中国社会科学院、近代史研究所翻译室编译:《共产国际有关中国革命的文献资料(1919～1928)》(1),中国社会科学出版社1981年版,第21页。

② 《共产国际执行委员会给中国共产党第三次代表大会的指示》,载中国社会科学院、近代史研究所翻译室编译:《共产国际有关中国革命的文献资料(1919～1928)》(1),中国社会科学出版社1981年版,第78、78～79页。

宁思想和共产国际的指导下,1925 年 1 月中共“四大”明确提出了无产阶级领导权和建立工农联盟问题。

但是,党的领导人在对待农民与国民革命关系问题上一直存在着较大的争议。陈独秀虽然较早集中探讨了农民与国民革命关系问题,但他对农民参加国民革命的可能性及其地位问题持消极态度。这种态度也曾影响到毛泽东。1924 年 1 月,中共党团会议讨论国民党“一大”宣言,在关于是否要提出反对大地主的口号时,毛泽东认为,“我们的组织还不够强大,影响还到不了群众,恐怕还不适宜马上提出反对大地主的口号。经验告诉我们,一旦提出这样的口号,立即就会遭到官员和商人们的反对,我们必然会失败。可以肯定,目前中国农民的阶级分化还远未到开始为土地而斗争的这一步,这种口号现在吸引不了农民群众。”[①]瞿秋白则积极支持共产国际的政策,对农民与国民革命的关系给予了高度重视,并批评和抵制陈独秀的消极态度。李大钊也在 1925 年以后着重思考了农民革命问题。大革命时期陈独秀与瞿秋白在农民革命问题上的争论固然与共产国际在此问题上的前后矛盾政策有关,但起决定作用的仍然是他们的马克思主义观。当然,这并不意味着陈独秀与瞿秋白在马克思主义观上有原则的冲突。实际上,他们都是严格按照马克思主义原则来理解中国革命的性质及其主要力量的,也就是说,他们都坚持中国革命应该由城市无产阶级领导,并且主要依靠城市工人运动。即使积极支持并高度重视毛泽东等所领导的农民运动的瞿秋白,也仍然强调农民革命必须置于城市无产阶级的领导之下,并始终处于从属地位。而毛泽东 1925 年下半年以后对中国革命道路的思考则突出强调了这样几个方面:(1)在坚持反帝反封建的国民革命纲领的同时将封建地主阶级视为国民革命的“最大的对象”,因为封建地主阶级代表着落后的半封建生产关系,是帝国主义和军阀统治的真正基础。(2)在坚持工业无产阶级是国民革命的领导力量的同时不仅强调农民阶级是最广大、最忠实的同盟军,而且认为直接以封建地主阶级为革命对象的农民运动甚至比城市工人运动更有“经济争斗”和“政治争斗”相结合的“阶级争斗”意义。(3)由此提出了农民运动应该成为国民革命的中心的看法,“所谓国民革命的运动,其大部分即是农民运动”。毛泽东的上述观点表明了他“中国革命的重心应转移到农村去”的主张,从而在中国道路问题上提示出一条从主要依靠城市工人阶级和工人运动领导中国革命向主要依靠农民阶级的力量开展中国革命的转变的思路。“尽管中国共产党或党内有一部分重要成员在 20 年代中期就把他们的注意力转向了农民,但毛泽东的

① 杨奎松:《毛泽东与莫斯科的恩恩怨怨》,江西人民出版社 1999 年版,第 8 页。

情况是独一无二的。他的独特之处不但是指他后来成为农村包围城市的革命的领导，而且是指在1926年初他就系统地阐明了中国革命的理论主张，预示了中国革命发展的未来道路。”[①]毛泽东的思考是如此的卓尔不群，以致美国学者史华兹称：“有充分理由相信，即使在当时，毛泽东代表的是中国共产主义运动中一个边缘的孤立的趋向。”[②]但也正是这一“边缘的孤立的趋向”体现了早期中国共产党人马克思主义观已经开始了另一个转向，这个转向也显示出中国共产党人在如何运用马克思主义以解决中国革命问题上正逐渐向更为科学的认识迈进。

因此，在早期中国共产党人中，尽管毛泽东可能不是最早关注农民与中国革命关系问题的，但在马克思主义观发展上最早提示出上述转变的，无疑是毛泽东。但这是否意味着毛泽东认为中国革命完全是一场农民革命因而无需无产阶级领导呢？事实上，毛泽东即使在高度评价农民革命的“阶级争斗”意义的《国民革命与农民运动》中仍然承认：“进步的工人阶级尤其是一切革命阶级的领导。”无论农民运动多么重要，甚至成为中国革命的重心，毛泽东始终是坚持无产阶级对国民革命的领导。而作为无产阶级政治代表的中国共产党对农民运动的领导，在理论上、在实际上都符合马克思主义的无产阶级领导革命原则。因此，“毛泽东的理论贡献不在于用与它[③]相对立的东西来取代这个基本原则，而在于把无产阶级领导的原则和他所坚持的中国革命胜利最终要依靠乡村的坚定信念有机地结合起来”[④]。此外，尽管从后来中国革命的发展来看确如施拉姆所说，毛泽东的这些思考“预示了中国革命发展的未来道路”，但这是否意味着毛泽东当时已经找到了中国革命的“成功的公式”呢？史华兹指出：“在这个《报告》[⑤]中我们没有发现任何军事力量问题的讨论。在毛泽东的热情中，他似乎感到‘疾风暴雨’将以某种方式清除它前进道路上的一切，但还没有意识到群众支持与军事力量相结合的问题以及农村根据地的重要性。”[⑥]

---

① [美]斯图尔特·R·施拉姆：《毛泽东的思想》，田松年、杨德译，中国人民大学出版社2005年版，第28～29页。

② [美]本杰明·I·史华兹：《中国的共产主义与毛泽东的崛起》，陈玮译，中国人民大学出版社2006年版，第70页。

③ 指“无产阶级领导的原则”。——引者注

④ [美]斯图尔特·R·施拉姆：《毛泽东的思想》，田松年、杨德译，中国人民大学出版社2005年版，第36页。

⑤ 指《湖南农民运动考察报告》。——引者注

⑥ [美]本杰明·I·史华兹：《中国的共产主义与毛泽东的崛起》，陈玮译，中国人民大学出版社2006年版，第68页。

事实上，直到1927年4月12日国民党开始以武力镇压工农运动后，毛泽东才真正意识到军事运动的重要性。他在“八七”会议上批评中共“不做军事运动专做民众运动”，强调“以后要非常注意军事”，指出“政权是由枪杆子取得的”。[①] 因此，以上述思考为代表的毛泽东早期的马克思主义观还远不能说是成熟的，它只是个萌芽。但这颗幼芽在经历了长期的艰苦卓绝的革命实践的考验和或“左”或右的风吹雨打之后终将长成参天大树。

① 毛泽东：《在中央紧急会议上的发言》，载《毛泽东文集》(1)，人民出版社1993年版，第47页。

结语

一、全书概要

本书在坚持和遵循"'史''论'结合、以'史'为主","立足于基本书献"和"总体研究与具体研究相辅相成"三个方法论原则前提下从影响因素、历史发展、基本内容、主要特征、理论贡献及历史局限和主要代表人物六个方面全面系统地研究、论述了早期中国共产党人马克思主义观。我们认为:早期中国共产党人马克思主义观研究可以科学地总结早期中国共产党人在马克思主义观问题上所取得的理论成果及其经验教训,从而有利于更为科学地探讨中国共产党人马克思主义观的发展;可以从科学马克思主义观树立的角度准确地把握建党以来中国共产党人对中国革命道路的思考及其经验教训;可以更为清楚地认识和把握那些影响中国共产党人科学马克思主义观树立的重要因素;可以改变当前对中国共产党人马克思主义观研究重后期(主要指毛泽东思想形成之后)而轻早期的倾向,弥补学术研究空白。

就存在状态而言,马克思主义观应有"感性"、"知性"、"悟性"三个基本层次;就理论形态而言,马克思主义观又存在着"一般"与"特殊"之分。"一般马克思主义观"是对所有马克思主义观拥有者的马克思主义观的共同性质的概括和总结,"特殊马克思主义观"主要是指那些信仰马克思主义并以之为社会实践的思想指南的人或政党的马克思主义观,是对于如何认识和理解、如何看待和评价、如何运用和发展马克思主义等问题的观点体系,是由"认识论"、"价值论"和"实践论"三个理论层次紧密联系构成的统一整体。中国共产党人马克思主义观属于"特殊马克思主义观"范畴,是中国共产党人在如何认识和理解、如何看待和评价、如何运用和发展马克思主义等问题上的基本看法,包括所有中国共产党人的马克思主义观、党的历史上各时期的党章以及路线方针政策所体现的马克思主义观、党的历史上各时期的主要代表人物的马克思主义观三个基本层次。根据马克思主义在中国的发展和马克思主义指导下中国革命和建设的历史进程，早期中国共产党人马克思主义观应该是中国共产党人从俄国十月革命到1927年“八七”会议这一历史时期的马克思主义观。

早期中国共产党人马克思主义观是在多重社会历史因素影响下形成、确立和发展、转变的，这些影响因素大体可以分为政治、经济和思想文化三个方面。具体来说，十月革命、巴黎和会、国际共产主义运动、辛亥革命、五四运动、国共合作等国际国内政治事件是政治方面的影响因素；中国近代以来的经济形势和民族命运、经济结构、半殖民地半封建的社会性质以及工人、农民、资产阶级等阶级力量的兴衰消长等是经济方面的影响因素；近代以来尤其是新文化运动以后西方近现代进步思潮的传播、“五四”以后思想界的多次论战、中国传统文化的一些重要观念等是思想文化方面的影响因素。

早期中国共产党人马克思主义观的历史发展可以分为三个阶段：从俄国十月革命到五四运动是初步接受期。这一时期，早期中国共产党人在十月革命启发下开始接触、认识马克思主义，如李大钊等甚至已经建立起马克思主义信仰；从五四运动到党的“二大”是形成确立期。这一时期，早期中国共产党人基本上完成了向马克思主义的转变，并根据马克思主义原则提出了社会主义革命纲领，致力于领导工人运动；从党的“二大”到“八七”会议是转变发展期。这一时期，早期中国共产党人在列宁主义和共产国际政策指导下认识到中国社会半殖民地半封建的性质，提出了反帝反封建的民族民主革命纲领，转向对国民革命的领导，并在坚持马克思主义原则前提下深入思考中国革命的性质、任务、道路等问题。

根据对马克思主义观内涵的界定，结合早期中国共产党人对马克思主义宣传、介绍和阐释、评价，早期中国共产党人马克思主义观的基本内容可以概括为三个主要方面：首先是如何认识和理解马克思主义的基本性质。早期中国共产党人都比较准确地把握到马克思主义“革命性”和“科学性”相统一的基本性质，他们在这个问题上的认识以党的“二大”为界存在着一个从强调“革命的社会主义”向重视“科学的社会主义”的转变；其次是如何全面认识和理解马克思主义的理论体系与基本内容。早期中国共产党人很早就注意到全面地认识马克思主义，对马克思主义的理论体系和基本内容作出了比较系统的、科学的理论概括。同时，对唯物史观和阶级斗争学说高度重视并作出了比较全面、丰富的理论阐述，并根据马克思主义原则结合对中国革命问题的思考深入探讨了马克思主义的科学社会主义问题，在社会主义革命和建设问题上提出了一些有价值的思考；最后是如何对待马克思主义。早期中国共产党人普遍意识到马克思主义在人类社会发展和中国救亡图存运动中的伟大意义，在认识和理解马克思主义之时既注意全面把握马克思主义的理论体系和基本内容，又重视掌握马克思主义的基本性质和“精髓”，提出了要以科学的态度辩证地理解和对待马克思主义的看法，在将马克思主义运用于中国革命问题上提出了理论联系实际的基本原则。

由于多重社会历史因素的影响，早期中国共产党人马克思主义观的形成、发展、演变表现出一些比较突出的特征。这些特征概括来说就是：个性与共性统一、必然性与能动性结合、不断在转变中进步、革命实践的性格等。早期中国共产党人马克思主义观的形成、发展虽然为时甚短，但却作出了相当重要的理论贡献。具体来说，早期中国共产党人比较准确地认识和理解了马克思主义的科学性和革命性统一的基本性质；全面把握到了马克思主义的理论体系和基本内容，并对唯物史观和阶级斗争学说及其关系、科学社会主义问题作出了比较全面的论述；充分认识和高度评价了马克思主义在人类历史发展和中国革命中的伟大意义；初步形成了如何将马克思主义运用于中国革命实践的一些基本原则。同时，也正由于多重因素的影响和客观条件的限制，早期中国共产党人对马克思主义的认识和理解还存在不足，片面强调能动性而一定程度地忽视生产力发展水平，重视革命实践活动而相对忽视理论研究导致了马克思主义理论建设相对滞后，尚未能科学地解决如何将马克思主义与中国革命的具体实践相结合的问题。

李大钊、陈独秀、李达、瞿秋白、毛泽东是对早期中国共产党人马克思主义观的形成、发展发挥重要作用的主要思想代表。早期中国共产党人马克思主义观的发展历程、基本内容、主要特征、理论贡献和历史局限等都在他们的马克思主义观的基本内容及其形成、确立和发展、转变中得到全面而突出的表现。概括来说，他们的马克思主义道路大体上都存在着从资产阶级民主主义向马克思主义、从主张社会主义革命到赞同资产阶级民主革命、从强调“革命的社会主义”到重视“科学的社会主义”的发展转变，他们也都对马克思主义的理论体系、基本内容进行了总体上相近的理论概括，并且都表现出对唯物史观、阶级斗争学说、科学社会主义等问题的充分重视，而在如何对待马克思主义问题上，他们的看法基本相近但又各具特色。

二、早期中国共产党人马克思主义观的当代价值

严格来说，早期中国共产党人马克思主义观是个思想史课题，但是，在“一切历史都是当代史”的观念上，这一课题研究的意义就不单纯是对历史负责，还应该包含着对现实负责的价值取向。这一价值取向，当然并不完全是按照现实需要从当代视角去评判、选择历史，而更要在真切领会历史、充分尊重历史的前提下珍视历史对现实的提示。在“导论”部分，我们曾经探讨过研究早期中国共产党人马克思主义观的价值与意义问题，现在我们所面对的是早期中国共产党人马克思主义观自身的当代价值问题。这无疑是个相当复杂繁难的问题，本书试提出几点原则性思考。

首先，树立科学的马克思主义观已经成为中国当代马克思主义建设的关键课题，只有在科学的马克思主义观指导下才能真正把握马克思主义对有中国特色社会主义建设的指导意义和如何科学地将马克思主义与中国当代国情结合问题，也才能在新的社会历史条件下更好地发展马克思主义。在如何树立科学的马克思主义观问题上，我们将有许多可资借鉴的思想资源，而早期中国共产党人马克思主义观就是其中的重要方面。历史是不断发展的，历史的发展又是一脉相承的。当代中国共产党人对如何正确认识、评价、运用马克思主义问题的认识无疑超越了早期中国共产党人，但这却是从早期中国共产党人那里发展而来的，仍然与早期中国共产党人的思考有着极强的历史联系。虽然时过境迁，但当代中国共产党人仍然和早期中国共产党人一样面临着如何正确认识、评价、运用马克思主义的问题，很多在科学的马克思主义观建立上所遇到的问题其实并不都是新问题，这些问题既可以在早期阶段找到产生的根源，也可以从前人的思考中汲取经验教训。这是我们在思考早期中国共产党人马克思主义观当代价值问题上所应确立的基本理念。

其次，早期中国共产党人在马克思主义观问题上所取得的成就、所存在的局限可以为当代中国共产党人科学马克思主义观的树立提供有益的启示和借鉴。中国共产党人马克思主义观的历史可以说就是科学的马克思主义观形成、确立和发展的历史，早期中国共产党人马克思主义观处在这一历史的开端阶段，尽管不能说早期中国共产党人已经形成了科学的马克思主义观，但它无疑为科学的马克思主义观的形成确立提出了一些非常有价值的思考。如全面地认识和理解马克思主义的基本内容，准确地把握马克思主义的理论体系，注重掌握马克思主义的基本性质和理论“精髓”，以科学的态度辩证地而不是机

械地理解马克思主义,在坚持马克思主义对中国革命的指导的前提下要遵循理论与实践相结合的原则等。这些基本原则既是此后中国共产党人马克思主义观不断向科学化进步的重要基础,同时,对当代科学马克思主义观的树立来说,也仍然是需要坚持和遵循的。同样,早期中国共产党人在马克思主义观问题上所存在的历史局限,如重视革命行动而忽视理论建设的倾向、脱离实际的激进倾向、马克思主义运用上的教条主义倾向等,也是当代科学马克思主义观建设所应深刻反省和汲取的教训。虽然当代中国马克思主义无论在马克思主义理论建设上还是在对马克思主义的全面深刻的理解上,以及在科学地运用马克思主义指导中国社会主义建设的实践上,都取得了远远超出早期中国共产党人的成就,但是在不同的社会历史条件下同样的问题会以不同面目出现,只有树立科学的马克思主义观,我们才能从容应对马克思主义自身发展和马克思主义与中国社会主义建设关系上不断出现的新问题。

再次,早期中国共产党人马克思主义观的当代价值最突出地表现在,它向我们提示了树立科学的马克思主义观的重要意义。尽管李大钊、陈独秀等早期中国共产党人的思想领袖很早就意识到要以科学的态度对待科学的理论,要准确地认识和理解马克思主义,在将马克思主义运用于中国问题之解决时既要坚持马克思主义基本原则又要使理论适用于实践的要求,但是由于主客观条件的限制和诸多因素的影响,他们对马克思主义基本内容有畸轻畸重的选择、对马克思主义的运用有机械教条倾向。这在很大程度上是由于他们对马克思主义的"科学性"尚缺乏真切的领会和把握。尽管他们普遍认识到马克思主义的"科学的社会主义"性质,但在党的"二大"之前,马克思主义的"科学性"主要被用于论证它的"革命的社会主义"性质和共产党人选择社会主义革命道路的正确性,而在党的"二大"以后,马克思主义的"科学的社会主义"性质虽然得到突出重视,但在将马克思主义运用于中国革命的问题上却出现了明显的教条主义倾向,这主要表现在将国民革命的主要支持力量归之于城市无产阶级和城市资产阶级,长期没有解决好农民在国民革命中的地位和作用问题,这其实也就是中国革命的独特道路问题。即使在毛泽东正确地提出中国革命重心应该转向农村、无产阶级领导下的农民运动更具有反帝反封建的国民革命意义之后,中国共产党也是在经历了长期的党内路线斗争和多次领导革命的失败之后才最终走上了这条正确道路的。我们不应过责前人,但只有真正继承前人的成就,尤其是真正地领会前人的教训对当代人的启示,才算是不负前人。从这个意义上讲,当前加强对早期中国共产党人马克思主义观的研究也是对前人贡献的一种尊重和负责。

最后，早期中国共产党人马克思主义观的特殊性也使其具有特别值得重视的当代价值。如果说中国共产党人马克思主义观的发展是一条历史长河，那么早期这一阶段无疑是这条历史长河的发源期。"发源期"的特殊性在于，在这一历史阶段，人们在如何认识、评价、运用马克思主义问题上可能提出很多复杂的思考，而这些思考本身也可能隐含着更复杂的问题，但只有那些充分满足时代、历史需要的思考和问题才能被充分意识到并得到理论化表述。然而，这并不意味着那些未上升到理论层面的问题就由此不再存在或失去价值，在一定的社会历史条件下，它们可能成为一种意识、一种观念甚至是作为一种冲动表现出来，发生影响。早期中国共产党人是从不同道路走向马克思主义的，同时也是在多重社会历史动因下认识理解和运用马克思主义，他们对马克思主义的理解同样也是复杂多样的，其中渗入了许多一时尚未被意识到的因素、提出了一些当时尚未引起重视的问题。这些因素和问题是可能在一定历史条件下对中国共产党人马克思主义观发生影响的。例如，当前学界重视探讨的"民粹主义"问题，其实在早期中国共产党人理解和运用马克思主义之时就已初露端倪。在我们看来，民粹主义最根本的特征并不在于企图依赖"村社"直接过渡到社会主义，而在于试图超越生产力发展水平直接实现社会主义。陈独秀、李大钊等在党的"二大"之前都曾为中国近代工业不发达而庆幸，因为在他们看来这使中国可以在资本主义和社会主义之间有所选择，可以通过社会主义革命实现产业的高速发展。尽管这一思考由于此后接受列宁主义的指导、承认资本主义一定发展的进步意义而未能继续发展，但事实证明它并没有从中国共产党人的观念中完全消除。无政府主义的影响也是如此。很多早期中国共产党人尤其是其中的代表人物如李大钊、瞿秋白、毛泽东等在接受马克思主义过程中都曾受到无政府主义的影响，尽管他们在确立马克思主义观之后都自觉地从思想上与无政府主义划清界限。但在我们看来，无政府主义作为一种激情仍然在影响着他们对马克思主义的认识和运用。早期中国共产党人的激进的马克思主义观就包含着无政府主义那种迅速打破丑恶的旧制度、建立理想的新社会的激情冲动。回顾中国共产党领导中国革命和建设的历史，我们会发现，中国共产党人在科学的马克思主义观树立过程中所遇到的一系列新问题很多其实是老问题的花样翻新。历史固然不可能重演，但人们在历史进程中所遭遇的问题却可能改头换面地重新出现。这就是思想史研究的重要意义之所在。因此，当代中国马克思主义建设经常需要回归到"发源期"去寻找现实问题的历史根源,并从前人的相关思考中汲取解决问题的智慧。

三、早期中国共产党人马克思主义观当代价值的实现

在确定早期中国共产党人马克思主义观具有当代价值,并对其当代价值之所在提出原则性思考后,我们需要讨论的就是如何实现早期中国共产党人马克思主义观的当代价值。在这个问题上,本书认为应当充分重视以下几个关键问题:

首先,加强研究,充分重视并准确把握早期中国共产党人马克思主义观的当代价值。显然,只有在准确把握早期中国共产党人马克思主义观的当代价值的前提下,才能提到如何实现其当代价值问题。这就需要提高对早期中国共产党人马克思主义观的重要性及其价值与意义的重视程度。正如我们在"导论"中指出的那样,学界关于中国共产党人马克思主义观研究一直存在着重后期而轻早期的倾向。早期这一阶段只有李大钊得到突出重视,对陈独秀虽有研究,但评价尚不公允,而李达、瞿秋白、毛泽东等的早期马克思主义观还没有真正涉及。这种情况如不改变,就根本谈不上把握与实现当代价值问题。因此,当前不仅需要从整个中国共产党人马克思主义观形成发展的研究上提高对早期阶段的重视,而且需要从当代中国共产党科学马克思主义观建设出发加强和深化对早期中国共产党人马克思主义观的研究。本书的研究可以说就是建立在这一观念基础之上的。

其次,端正观念,提高研究层次。所谓"端正观念",是指要改变以往对早期中国共产党人马克思主义观研究的一些不适宜的思路。这些不适宜的思路包括:(1)重视比较成熟的理论表述,轻视那些看来尚不成熟的思考。(2)重视那些看来正确的观点,忽视那些似乎不甚正确的观点。(3)以政治的功过和后来的思想作为评价早期马克思主义观的标准。前两种思路导致研究的以偏概全,如对毛泽东,往往只注重探讨其成熟期的马克思主义观,而对其早期提出的一些思考的意义与价值估计不足。而对李大钊,则只注意到其《我的马克思主义观》第一次提出对马克思主义的许多正确看法,却很少注意或无视这篇文章其实并不足以表明李大钊马克思主义观的确立。后一种思路突出表现为对李大钊、瞿秋白等的高度评价而对陈独秀评价过度批评。这在很大程度是因为陈独秀被认为在领导中国革命过程犯了右倾错误、后来又滑向了"托派"。前两种思路缺乏历史感,后一种思路则缺乏客观性。这几种不适宜思路的长

期存在，实际上是这方面研究长期停留在低水平重复、一般性研究而难以取得创新和突破的主要原因。早期中国共产党人马克思主义观作为思想史课题，它要求研究要充分尊重历史，从历史本身出发，立足于基本文献探讨思想、观念产生的根源、它的发生发展轨迹、主要特征，并在此基础上给予客观的科学的评价。因此，要深化对早期中国共产党人马克思主义观的研究，提高研究层次，准确地把握其当代价值，就必须提倡“史”的意识和客观的研究态度。

再次，充分重视总体研究。以往早期中国共产党人马克思主义观研究的主要取向是主要代表人物研究，实际上如上所述即使在这方面也做得并不充分。这方面研究有必要加强，尤其要突出对李达、瞿秋白、蔡和森、施存统等人马克思主义观研究的重视。但对早期中国共产党人马克思主义观研究来说，主要代表人物研究仅仅是必要的前提和基础，还必须由此走向整体的、综合的、全面的研究。只有这种总体研究才能弄清早期中国共产党人马克思主义观形成发展的历史动因、形成发展轨迹、基本内容、主要特征等重要问题，也才能在此基础上对其成就与局限作出客观的历史评价。总体研究之所以重要，还在于只有从总体研究入手，我们才能对那些对早期中国共产党人马克思主义观产生、发展影响重大的问题如民主主义、无政府主义、民粹主义与早期中国共产党人马克思主义观的关系、列宁主义和共产国际与早期中国共产党人马克思主义观的关系等进行比较深入的探讨。而这些探讨对于认识和把握早期中国共产党人马克思主义观对树立科学的马克思主义观的当代价值都是至关重要的。

最后，发扬从早期阶段开始的中国共产党人马克思主义观的优良传统，积极推进科学的马克思主义观的树立。早期中国共产党人在对待如何认识、评价、运用马克思主义问题上提出的一系列有价值的原则性思考，尽管在当时并没有完全得到坚持，但这些思考既构成了此后中国共产党人科学的马克思主义观形成确立的基础，又没有因为时过境迁而丧失价值和意义。因此，应该根据当代中国马克思主义建设的具体需要继承和发扬从早期阶段开始的中国共产党人马克思主义观优良传统，这是当前树立科学的马克思主义观必须认真对待的问题。

参考文献

一、基本文献

1.《马克思恩格斯选集》(1～4),人民出版社1995年版。

2.《列宁选集》(1～4),人民出版社1995年版。

3.《李大钊文集》(1～5),人民出版社1999年版。

4.《陈独秀文章选编》(上、中、下),三联书店出版社1984年版。

5.《李达文集》(1～4),人民出版社1980年版。

6.《瞿秋白文集·政治理论编》(1～8),人民出版社1996年版。

7.《瞿秋白文集·文学编》(1～2),人民出版社1985版。

8.《蔡和森的十二篇文章》,人民出版社1980年版。

9.《毛泽东文集》(1～4),人民出版社1993年版。

10.《毛泽东选集》(1),人民出版社1991年版。

11.《毛泽东早期文稿》,湖南出版社1990年版。

12.《毛泽东书信选集》,人民出版社1983年版。

13.《孙中山选集》,人民出版社1981年版。

14.《共产国际有关中国革命的文献资料》(一)(1919～1928),中国社会科学出版社1981年版。

15.中央档案馆编:《中共中央文件选集》(一～二)(1921～1925),中共中央党校出版1987年版。

16.林代昭、潘国华编:《马克思主义在中国——从影响的传入到传播》(上、下),清华大学出版社1983年版。

二、研究论著

17.庄福龄主编:《简明马克思主义史》,人民出版社2004年版。

18. 梁怡、李向前主编:《国外中共党史研究述评》,中共党史出版社 2005 年版。

19. 胡绳:《从鸦片战争到五四运动》,红旗出版社 1990 年版。

20. 高军、王桧林、杨树标等编:《五四运动前马克思主义在中国的介绍与传播》,湖南人民出版社 1986 年版。

21. 钟家栋、王世根主编:《20 世纪:马克思主义在中国》,上海人民出版社 1998 年版。

22. 李泽厚:《马克思主义在中国》,三联书店 1988 年版。

23. 汪青松:《马克思主义中国化与中国化的马克思主义》,中国社会科学出版社 2004 年版。

24. 中国社会科学院近代史研究所编:《五四运动回忆录》,中国社会科学出版社 1979 年版。

25. 彭明:《五四运动史》(修订本),人民出版社 1998 年版。

26. 李新、陈铁健主编:《伟大的开端》,上海人民出版社 1991 年版。

27. [美]周策纵著:《五四运动:现代中国的思想革命》,周子平等译,江苏人民出版社 1999 年版。

28. 高军等编:《中国现代政治思想史资料选辑》(上),四川人民出版社 1984 年版。

29. 李泽厚:《中国现代思想史论》,东方出版社 1987 年版。

30. 赵明义、赵永宪:《科学社会主义中国化问题研究》,山东人民出版社 2002 年版。

31. 中共中央党史研究室科研局编:《李大钊研究文集》,中央文史出版社 1991 年版。

32. [美]莫里斯·迈斯纳:《李大钊与中国马克思主义的起源》,中共北京市委党校党史研究室编译组译,中共党史资料出版社 1989 年版。

33. 韩一德、王树棣编:《李大钊研究论文集》(上、下),河北人民出版社 1984 年版。

34. 吕明灼:《李大钊思想研究》,河北人民出版社 1983 年版。

35. 晋荣东:《李大钊哲学研究》,华东师范大学出版社 2000 版。

36. 朱志敏:《李大钊传》,山东人民出版社 1998 年版。

37. 郭成棠:《陈独秀与中国共产主义运动》,联经出版事业公司 1992 年版。

38. 郑学稼:《陈独秀传》,时报文化出版企业有限公司 1989 年版。

39. 贾兴权:《陈独秀传》,山东人民出版社 1998 年版。

40. 任建树、唐宝林:《陈独秀传》,上海人民出版社 1989 年版。

41. 丁晓强、李立志:《李达学术思想评传》,北京图书馆出版社 1999 年版。

42. 丁景唐等:《瞿秋白研究文选》,天津人民出版社 1984 年版。

43. 张琳璋:《瞿秋白》,中国华侨出版社 1999 年版。

44. 龙德成:《马克思主义者——瞿秋白》,中共党史出版社 2005 年版。

45. [美]斯图尔特·R·施拉姆著:《毛泽东的思想》,田松年、杨德译,中国人民大学出版社 2005 年版。

46. [美]本杰明·I·史华兹著,《中国的共产主义与毛泽东的崛起》,陈玮译,中国人民大学出版社 2006 年版。

47. [美]莫里斯·迈斯纳著:《毛泽东的中国及后毛泽东的中国》,杜蒲、李玉玲译,四川人民出版社 1989 年版。

48. [美]魏斐德著,李君如等译:《历史与意志——毛泽东思想的哲学透视》,中国人民大学出版社 2005 年版。

49. [美]莫里斯·迈斯纳著:《马克思主义、毛泽东主义与乌托邦主义》,张宁、陈铭康等译,中国人民大学出版社 2005 年版。

50. [美]罗斯·特里尔著:《毛泽东传》,胡为雄、郑玉臣译,中国人民大学出版社 2006 年版。

51. [美]约翰·布莱恩·斯塔尔著:《毛泽东的政治哲学》,曹志为、王晴波译,中国人民大学出版社 2006 年版。

52. 邱守娟:《毛泽东的思想历程》,人民出版社 2003 年版。

53.《毛泽东传》(1893～1949),中央文献出版社 1996 年版。

54. [美]埃德加·斯诺:《西行漫记》,董乐山译,三联书店 1979 年版。

55. 杨奎松:《毛泽东与莫斯科的恩恩怨怨》,江西人民出版社 1999 年版。

56. 郭湛波:《近五十年中国思想史》,山东人民出版社 1997 年版。

57. [美]阿里夫·德里克著:《革命与历史——中国马克思主义历史学的起源》(1919～1937),翁贺凯译,江苏人民出版社 2005 年版。

58. 张国焘:《我的回忆》,现代史料编刊社 1980 年版。

59. 李泽厚:《中国古代思想史论》,人民出版社 1985 年版。

60. 胡适:《胡适文存》(2),亚东图书馆 1927 年版。

61. 唐德刚:《胡适口述自传》,华东师范大学出版社 1993 年版。

62. 左玉河:《张东荪传》,山东人民出版社 1998 年版。

63. 杨必宁等:《论邓小平的马克思主义观》,云南人民出版社 2001 年版。

64. 梁树发:《“西方马克思主义”的马克思主义观辨析》,博士学位论文,中国人民大学马克思主义学院,1999 年。

65. 张琳:《科学马克思主义观与马克思主义中国化》,博士学位论文,中国人民大学马克思主义学院,2000 年。

后记

本书是在我的博士学位论文的基础上修改、完善而成的。2001 年,我有幸考入山东大学政治学与公共管理学院,师从周向军教授,攻读博士学位。在和周老师讨论博士论文选题时,他建议我研究"中国共产党人马克思主义观",参与他所主持的山东省社会科学规划项目,这使得苦于找不到合适选题的我茅塞顿开。但由于时间和能力有限,我只能根据自己的兴趣和以往的科研基础选择"早期中国共产党人的马克思主义观研究"这一选题。2006 年 7 月,我的博士学位论文顺利地通过了答辩。之后,我利用教学之余,继续思考和研究博士论文写作之时未尽完善或因时间关系未能深入探讨的若干问题,相继完成并发表了《试论毛泽东的早期马克思主义观》(载《毛泽东思想研究》2008 年第 5 期)、《李达早期马克思主义观探析》(载《湖南大学学报》2009 年第 3 期)、《"问题与主义"论争与李大钊马克思主义观之确立》(载《东岳论丛》2011 年第 9 期)、《早期中国共产党人马克思主义的历史分期》(载《山东大学学报》2012 年第 1 期)、《关于李大钊与民粹主义关系的辨析》(载《中共党史研究》2012 年第 1 期)等论文,并把这些研究所得充实到本书的修改完善之中。

在博士论文和本书的研究、写作过程中,个人的一孔之见、一愚之得,经各位老师、专家的指点迷津,就少了一些皮相之谈,多了一点深邃之思。在本书交付出版之际,请允许我对所有真诚无私帮助指导我的老师和专家学者们表示最诚挚的谢意!

衷心感谢我敬爱的导师周向军教授。周老师为人正直,治学严谨,在马克思主义观研究方面很有造诣。在博士论文的写作过程中,从论文选题到最终成稿,周老师都给了我耐心细致的指导和鼓励,促使我坚持不懈、克服困难,最终顺利完成论文的写作并通过了答辩。

衷心感谢山东大学政治学与公共管理学院的赵明义先生、张乐岭先生、刘玉安先生、王韶兴先生、王建民先生、孔令栋先生;感谢山东省社会科学联合会包心鉴老师；感谢教育部奚广庆先生、北京大学薛汉伟先生。以上各位前辈都以不同的方式、从不同的角度对本书写作给予了指教、指点和启发，提出了很多建设性的意见和建议，使我能汲各家精华，受益匪浅。

衷心感谢国内外马克思主义观方面研究的前辈学者、专家以及所有在马克思主义观研究领域辛勤耕耘的学界同仁。他们的研究成果，启发了我的思路，拓展了我的视野。

衷心感谢山东大学出版社的朱以青老师，她为本书的编辑、出版付出了很多辛劳；衷心感谢本书编辑傅侃的严谨态度和辛勤工作。她们的修改润色使本书增色不少。

最后，还要感谢我的先生和儿子的理解与支持。

总之，感谢博士在学期间、特别是论文写作期间关心、帮助我的所有师友！我能做的就是在以后的人生旅途上，尽心竭力地为学做人，来回报那一份份对我真诚的付出！

由于本人学术水平、认识水平的局限，对于该课题的研究在广度和深度上还有许多不足，某些观点和看法也可能显得浅薄、偏颇，敬请广大专家、学者、读者批评指正！

陈桂香
2012 年 9 月 5 日

图书在版编目(CIP)数据

早期中国共产党人马克思主义观研究/陈桂香著.
—济南:山东大学出版社,2012.9
ISBN 978-7-5607-4718-7

Ⅰ.①早…
Ⅱ.①陈…
Ⅲ.①马克思主义哲学—发展—研究—中国
Ⅳ.①B27

中国版本图书馆 CIP 数据核字(2012)第 318273 号

策划编辑:傅　侃
责任编辑:傅　侃
封面设计:牛　钧

出版发行:山东大学出版社
　　社　址　山东省济南市山大南路 20 号
　　邮　编　250100
　　电　话　市场部(0531)88364466
经　销:山东省新华书店
印　刷:东港股份有限公司印刷
规　格:720 毫米×1000 毫米　1/16
　　14.25 印张　247 千字
版　次:2012 年 9 月第 1 版
印　次:2012 年 9 月第 1 次印刷
定　价:28.00 元
